南京历史文化

干部读物

南京市地方志编纂委员会办公室　编

南京出版传媒集团
南京出版社

图书在版编目（CIP）数据

南京历史文化干部读物 / 南京市地方志编纂委员会办公室编. -- 南京：南京出版社, 2023.7
ISBN 978-7-5533-4028-9

Ⅰ. ①南… Ⅱ. ①南… Ⅲ. ①文化史－南京－干部教育－学习参考资料 Ⅳ. ①K295.31

中国版本图书馆CIP数据核字（2022）第243957号

书　　名　南京历史文化干部读物
编　　者　南京市地方志编纂委员会办公室
出版发行　南京出版传媒集团
　　　　　南　京　出　版　社
社址：南京市太平门街53号　　邮编：210016
网址：http://www.njcbs.cn　　电子信箱：njcbs1988@163.com
联系电话：025-83283893、83283864（营销）　025-83112257（编务）

出 版 人　项晓宁
出 品 人　卢海鸣
责任编辑　卢海鸣　徐　智
封面设计　有品堂
版式设计　王　俊
责任印制　杨福彬

排　　版　南京新华丰制版有限公司
印　　刷　南京凯德印刷有限公司
开　　本　787 毫米 × 1092 毫米　1/16
印　　张　23.25
字　　数　290千
版　　次　2023年7月第 1 版
印　　次　2023年8月第 2 次印刷
书　　号　ISBN 978-7-5533-4028-9
定　　价　69.00 元

用微信或京东APP扫码购书

用淘宝APP扫码购书

编委会

序　言

※

叶兆言

长期以来，关注南京文化的大有人在，有关南京历史的研究成果琳琅满目，数不胜数。最近几年，又产生并流行了一门专门学问——“南京学”。它推出了许多好作品，收获满满，成绩喜人。相对于大家耳熟能详的那些词，什么“京派文化”和“海派文化”，什么“岭南文化”和“天府文化”，“南京学”一词更让人耳目一新，既新颖别致，又丰富多彩。

南京市地方志编纂委员会办公室为了进一步讲好中华文明故事南京篇章，发掘历史文化名城南京的历史文化价值，以南京的广大干部作为读者对象，组织一流学者编写了这本《南京历史文化干部读物》，深入浅出，简明扼要。从某种意义上来说，就是“南京学”成果的一种展示，更是坚定文化自信的有益实践。它面面俱到，用提纲挈领式的写法，以图文并茂的形式，让广大干部在较短时间内，可以高效地认识和理解南京的历史文化。

我们生活的南京，山清水秀，历史悠久，与中华民族的发展历程紧密相连、息息相关。从古都命运的载沉载浮中，我们能够读懂薪火相传的大历史。从文学艺术的推陈出新里，我们能够领略传统文化的魅力。从文化遗产的斑驳痕迹中，我们看到了中华文明的发展，看到了不同历史阶段的时代特征。通过领导干部对地方历史文化的体悟和价值践行，我们甚至还能够寻找到中华优秀传统文化中向上向善的力量。

总之一句话，这本书事半功倍，特别适合公务繁忙的广大干部。对于普通市民来说，为了认识南京这座城市的前世今生，它同样值得我们去阅读，去欣赏。

目　录

※

品读南京

在北纬 30 度线穿越的世界四大文明古国轴线上，矗立着一座与中国历史命运息息相关的古都。她曾历经劫难，一次次凤凰涅槃，为中华民族存亡赓续做出杰出的贡献。这就是古老而又依然充满青春活力的城市——南京！

南京，别称金陵、秣陵、石头城、建业、建康、江宁、集庆、应天、天京等，是我国四大古都之一，也是 1982 年国务院公布的首批国家历史文化名城，享有“六朝古都”“十朝都会”的美誉。早在距今 50 万年前，“汤山猿人”（又称“南京猿人”“南京人”）就在汤山葫芦洞一带繁衍生息。至距今 1.1 万年前，生活在溧水区回峰山神仙洞的先民们开始制作陶器，证明文明的火种已经播散在南京这片大地上。距今 5000—6000 年前，鼓楼北阴阳营迎来了南京城最早的居民——北阴阳营人。距今约 2500 年前，越王勾践在秦淮河南岸的长干里修筑越城，标志着南京建城史的开端。此后，伴随着中国历史的演进，孙吴，东晋，南朝的刘宋、萧齐、梁、陈，南唐，明，太平天国，中华民国相继在南京建都，时间近 450 年之久。

南京，在我国当代近 3000 座城市中卓尔不群，主要有以下七个方面特质。

一、得天独厚的山川形胜

南京坐落在我国东南地区，位于长江下游中部，东连富饶的长江三角洲，西靠皖南丘陵，南接太湖水网，北邻辽阔的江淮平原。

南京辖区面积 6587 平方千米，从北到南跨越淮河、滁河、长江干流（又称沿江）、秦淮河、水阳江（又称石臼湖—固城湖）和西太湖六大水系。在今天的南京辖区内，不仅有钟山、石头山（今清凉山和国防园一带）、幕府山、狮子山、雨花台环绕在明城墙围合的南京主城区周围，而且有栖霞山、黄龙山、青龙山、牛首山、老山、灵岩山等分布在大江南北；同时，还有秦淮河、滁河、胥河舟楫之利，更有“黄金水道”长江沟通内外。

历史上的南京，以 35.267 千米长的明城墙围合的约 50 平方千米主城区为核心，依山傍水，襟江带湖。“钟山龙盘，石头虎踞，此乃帝王之宅也”，三国蜀汉政治家诸葛亮慧眼识珠；“江南佳丽地，金陵帝王州”，南朝山水诗人谢朓赞美有嘉。伟大的革命先行者孙中山先生更是溢于言表：“南京为中国古都，在北京之前，而其位置乃在一美善之地区。其地有高山，有深水，有平原，此三种天工，钟毓一处，在世界中之大都市诚难觅如此佳境也。……南京将来之发达，未可限量也。”

南京因水而生，因水而兴，因水而盛，经历了由依偎、拥抱秦淮河时代到跨越、拥抱长江时代的巨大变化。独特的地理区位优势，使得南京在我国历史发展的长河中脱颖而出，成为长江流域跨江城市的杰出代表，也是我国唯一跨越江南、江北的古都。

二、源远流长的辉煌历史

南京历史，载浮载沉。既有六朝、明朝“黄金时代”，也有秦汉、隋唐宋元的沉寂期，还有太平天国、晚清民国的悲欢交织期。

大约在公元前 5 世纪思想家辈出的人类历史“轴心时代”，也就是春秋战国时期，地处“吴头楚尾”之地的南京，以越城这样一座军事城堡的面貌阔步登上中国历史的舞台。

秦汉时期，南京纳入大一统的中央集权专制王朝的版图，在思想、文化上深受中原王朝的影响。

魏晋南北朝时期，中原地区战乱频仍，江南地区相对安宁。南京（孙吴称建业，东晋南朝称建康）因其“龙盘虎踞”的地理形胜而受到吴大帝孙权的垂青，于公元 229 年成为吴国的都城，由默默无闻的江南小邑一跃成为天下闻名的偏霸政权的都城，南京建都史由此开启。随之，因东晋和南朝的宋、齐、梁、陈相继定都于此而赢得“六朝古都”美名。

589 年，隋灭陈，统一中国，将建康城垣宫殿夷为平地，南京政治地位一落千丈。唐朝中央政权沿袭隋贬抑南京的国策，南京降格为一座江南地方城市。

五代十国时期，中国又一次进入分裂动乱时代。937 年，

南京现行行政区划示意图

杨吴权臣徐知诰（即南唐先主李昪）于金陵称帝，建立南唐，沉寂三百多年的南京再次成为国都。

976年，北宋灭南唐，统一中国。宋元时期的南京，是江南政治、经济和文化重镇，有“江南第一州”之美誉。

1368年，明太祖朱元璋在应天府称帝，改称“南京”，南京有史以来第一次成为大一统王朝的都城。1420年12月，明成祖朱棣宣布迁都北京。此后两百余年间，南京成为留都，又称南都、陪都，中央机构犹存，仍然是南方地区的政治、军事、经济和文化中心。明朝276年，南京话作为官话在全国推广开来。明朝南京应天府的管辖范围首次跨过长江，成为跨江而治的城市。

清代早中期200余年间，南京的地位仅次于北京。1842年中英《南京条约》的签订，彻底改变了中国历史发展的进程，也改变了南京历史发展的轨迹。1853—1864年，太平天国农民政权定都南京，改称天京，与清王朝分庭抗礼。在太平军与清军多次交战中，南京及周边地区饱受战火兵燹，到处是残垣断壁，满眼是凄凉疮痍。

1912年元旦，孙中山在南京就任中华民国临时大总统，结束了延续两千多年的封建帝制，创建了中国历史上第一个资产阶级共和国——中华民国。1927年，蒋介石定都南京，名义上实现全国统一。1931年，日本发动侵华战争，严重阻断了中国发展进程。1937年12月，侵华日军侵占南京，制造了震惊中外、惨绝人寰的大屠杀。经过中国人民14年艰苦卓绝的抗战，1945年8月日本终于无条件投降。1949年4月，中国人民解放军百万雄师横渡长江，南京真正获得新生，中华民族进入了一个全新的发展时代。

三、绵延不绝的灿烂文化

南京文化文脉悠长，绵延不绝，在十朝定都时期（除太平天国之外）

屡次成为中国文化的高原，涌现出一座又一座文化高峰，留下了一大批脍炙人口的传世名作，开创了文学、艺术等多方面的先河。

六朝政权定都南京300余年间，处在南北对峙的历史大动荡时期，义无反顾地承载起传薪播火、救亡图存的重任，都城建康成为中华传统文化的中心。六朝的文学、艺术、史学、思想、宗教等成就超迈前人，独领风骚，堪称中国文化的“文艺复兴时期”。南京，不仅诞生了我国第一所分科大学——南朝的经学、玄学、儒学和文学“四学馆”，而且涌现了《世说新语》《文选》《文心雕龙》《千字文》《诗品》《画品》《后汉书》《宋书》《南齐书》，以及《女史箴图》《洛神赋图》和《竹林七贤与荣启期》壁画、南朝陵墓石刻等不朽之作。

南唐立都江宁（今南京）近40年，是五代十国时期南方地区的一个重要政权，其诗词书画独步天下，开创一代文学之风。诗词以中主李璟、后主李煜造诣最深，书画则以宫廷画家顾闳中《韩熙载夜宴图》享有盛名。在五代十国纷争中，南唐成为传承中华文化的中心。

明朝初期，南京作为大一统王朝的都城，文化成就达到了封建社会的顶峰。明朝文化的集大成之作《永乐大典》，由解缙、姚广孝等人奉明成祖朱棣之命在南京编纂，《大英百科全书》称之为“世界有史以来最大的百科全书”。300多年后清代乾隆年间编纂的《四库全书》就是受到《永乐大典》的直接影响。明代的南京是全国最重要的出版中心，刊刻《元史》《永乐南藏》《西游记》《本草纲目》《萝轩变古笺谱》《十竹斋书画谱》等众多传世名著。

民国时南京的影响在中国文坛举足轻重。朱自清《背影》《桨声灯影里的秦淮河》、巴金《死去的太阳》、赛珍珠《大地》、张恨水《丹凤街》、路翎《云雀》、郭沫若《南京印象》、唐圭璋《全宋词》，或是在南京创作，或是以南京为背景创作。以侵华日军南京大屠杀为主题或题材的报告文学、日记、回忆录、小说，如《拉贝日记》《龙子》《南京血祭》等，从不同视角揭露了侵华日军在南京犯下的滔天罪行和南京人民经历的苦难，形成了现代中国的“战争文学”。

在六朝、南唐、明初和民国定都南京的近450年里，南京文化高峰迭起；而在“非都”的2000余年里，南京文化也是高潮不断。隋唐时期李白、刘禹锡、杜牧、李商隐、韦庄等人的金陵怀古诗，宋元时期王安石、姜夔、辛弃疾、萨都剌等人的金陵怀古词，清代孔尚任《桃花扇》、袁枚《随园诗话》、吴敬梓《儒林外史》、曹雪芹《红楼梦》等文学作品，不仅延续了南京文脉，而且是中华文化宝库中的杰作。2019年10月31日，南京被评为世界“文学之都”，可谓实至名归。

四、敢为人先的创新精神

创新是一个民族的灵魂，是一个国家兴旺发达的不竭动力。千百年来，南京创造了一个又一个科技奇迹。

六朝是南京科技创新的第一个高峰期。数学方面，南朝宋、齐时期，科学家祖冲之将圆周率精确到小数点之后的第七位有效数字，直到约1000年后才被15世纪的阿拉伯数学家阿尔·卡西和16世纪的法国数学家维叶特超越。城市规划建设方面，六朝建康城的规划建设是当时我国城市建设的典范。南齐时期，北魏孝文帝派遣将作大匠蒋少游作为副使来到建康，实地考察建康城，最终“图画而归”，北魏代京（平城，今大同）太极殿和洛阳的宫殿就是模仿建康宫殿而建。水利工程方面，吴大帝孙权在位期间开凿的破岗渎，是南京历史上最早的越岭运河。它沟通秦淮河与太湖水系，是六朝建康城水上交通的生命线。破岗渎穿越茅山丘陵，中间为高岗地带，东西两头地势低下，因此在运河上下修建了14个拦河水坝，储存足够的水量，形成梯级航道，确保船只得以顺利航行。破岗渎工程之浩大，水利设施之先进，堪称南京古代运河工程之最，也为隋唐大运河类似工程的修建提供了样板。“非遗”方面，东晋末年，权臣刘裕灭掉后秦，迁关中“百工”之人于建康，并在秦淮河畔设置“斗场锦署”，专门管理和从事锦缎的生产。斗场锦署是南京历史上的第一个官办织锦机构，标志着南京云锦织造业的发端。

明朝是南京科技创新的第二个高峰期。南京城由内到外的四重城垣构造，不仅体现了南京至高无上的国都地位，而且在中外都城建设史上也是一个创举，其中南京城墙砖文揭示的层层包干的生产责任制，对于今天的廉政制度建设仍有借鉴意义。明代南京皇宫规制直接影响到明代北京紫禁城的规划和建设。明孝陵陵寝制度为明清两代帝陵所沿用，在中国古代帝陵制度史上具有里程碑的地位。大报恩寺琉璃塔（俗称“瓷塔”）开创了我国琉璃塔的先河，与万里长城并列为中国最具特色的标志性建筑物，被誉为“世界第八大奇观”，同时，被西方人认为是吉祥和繁荣的象征，18 世纪的欧洲国家纷纷进行仿造。龙江船厂和宝船厂是明代南京的两个官办造船机构，其中龙江船厂是明代建立最早、规模最大的造船厂，所造船只种类有预备大黄船、大黄船、小黄船、战船等，是全国同类船只的样板；而宝船厂专门制造郑和船队下西洋的船只。

晚清民国是南京科技创新的转型发展期。1864 年，徐寿、华蘅芳等人在南京长江边成功研制出我国第一艘蒸汽机轮船“黄鹄”号并试航成功。次年，署理两江总督李鸿章将苏州洋炮局迁到南京，创办金陵机器制造局，专门制造枪炮，揭开南京近代工业的序幕，南京成为中国近代工业的启航地和科技创新的重镇之一。1881 年，两江总督刘坤一在金陵机器制造局内设置江南官电局，这是南京最早的地方官办电报机构。1890 年，两江总督曾国荃在南京创立江南水师学堂，专门培养海军人才。1896 年，两江总督张之洞创办江南陆师学堂及附设矿路学堂，专门培养陆军和实业人才。1897 年，两江总督刘坤一创办江南铸造银元制钱总局，以维护清政府的金融秩序。1900 年，江南官电局在南京建立“德律风总汇处”，南京成为我国较早开通市内电话的城市之一。1910 年，两江总督端方在南京西华门外设立金陵电灯官厂，南京开始有了电灯照明。

民国时期，在南京建立的中国科学社生物研究所、紫金山天文台和地磁台、北极阁气象台和地震台、中央地质调查所，以及金陵兵工厂、首都电厂、中国水泥厂、江南水泥厂、永利铔厂、首都水厂、中央无线电器材厂等科研机构和工厂，为南京乃至中国创造了一个又一个科技奇迹。

值得一提的是，1928 年，南京国民政府聘请美国建筑师墨菲、古力治等人，吸收西方都市规划成功经验和失败教训，编制了《首都计划》，于 1929 年 12 月正式公布，标志着南京成为我国历史上第一座按照国际标准，运用西方都市的现代功能、技术，采用棋盘格和放射状规划模式，进行综合分区规划的城市，奠定了现代南京城市布局的基本框架。以海外留学归来的建筑师吕彦直设计的中山陵为代表的南京民国建筑，融会南北，参合中外，在中国建筑史上占有承上启下的重要地位。

五、百折不挠的城市品格

回顾中国历史，在中华民族处于危亡的紧要关头，南京往往首当其冲，忍辱负重，从而使中华文明绵延不绝。南京以其自身扮演的独特角色，为中华民族的生存和发展谱写了壮丽的篇章。

南京的城市品格在我国近代史中得到了淋漓尽致的展示。1840 年鸦片战争爆发后，南京作为东南地区乃至全国政治、经济、军事、文化中心，多次处在风口浪尖，经历了外敌的入侵和内战的困扰，饱受战火的蹂躏，其中影响巨大的事件有三次。

第一次是 1842 年。英国舰队抵达南京下关江面，兵临南京城下。在英军坚船利炮的威胁下，清政府被迫签订了丧权辱国的中英《南京条约》，中国从此沦为半殖民地半封建社会。第二次是 1853—1864 年太平天国政权定都天京（今南京）期间，清军和太平军持续十余年的拉锯战，将昔日繁华的南京城变为“废都”，明故宫、明孝陵、天王府、大报恩寺琉璃塔等遭到不同程度损毁。第三次是 1937 年 12 月 13 日侵华日军占领南京后，制造了惨绝人寰的南京大屠杀事件，30 万无辜同胞被日军杀害，南京沦为人间地狱。

经过战火洗礼后的南京，创造了一个又一个辉煌。1912 年 1 月 1 日，孙中山先生在南京就任临时大总统，建立中华民国，推翻两千多年的封建帝制，开辟了中国历史的新纪元。1945 年 9 月 9 日上午 9 时，中国战区日本投降签字仪式在南京举行，中国人民终于迎来了扬眉吐气的高光时刻。1949 年 4 月 23 日，中国人民解放军占领南京，标志着蒋家王朝在大陆统治的历史终结，中国的历史从此翻开了新的一页。

著名文史学家朱偰先生在《金陵古迹图考》中比较了长安、洛阳、南京、北京后写道：“此四都之中，文学之昌盛，人物之俊彦，山川之灵秀，气象之宏伟，以及与民族患难相共、休戚相关之密切，尤以金陵为最。”

由于在历史上饱受战火蹂躏，南京人民对和平倍加珍惜。多年来，南京在“铭记历史、珍爱和平”方面做了大量的工作，在国际上产生了一定的影响力。2017 年，南京成为世界上第 169 个国际和平城市、中国首座国际和平城市。

六、开放包容的全球视野

“文明因交流而多彩，文明因互鉴而丰富。”南京在历史上对外交流互鉴频繁，显示了开放包容的全球视野。

魏晋南北朝时期，南北对峙，以南京为中心的六朝政权，因陆上对外交往路线受到北方王朝限制，选择积极拓展海上交往。东亚的高句丽、百济和新罗（今朝鲜半岛）以及倭国（今日本），东南亚的林邑（今越南中部）、扶南（今柬埔寨），南亚的五天竺（今印度）、师子国（今斯里兰卡），西亚的波斯（今伊朗），中亚的大月氏和昭武九姓诸国，以及西方的大秦（罗马帝国和拜占庭帝国）等，纷纷通过海路或陆路来到南京，南京成为当时我国对外交流的中心之一。梁元帝萧绎的《职贡图》真实地再现了当年波斯、倭国、百济等国使臣云集南京的盛况。而东晋高僧法显西行求法，回国后在南京撰写的《佛国记》，则是我国与南亚、东南亚友好交流的重要文献。

明代的南京是一个国际化的大都市，对外交流达到新的高峰。朱元璋一反元朝的四出用兵政策，采取对外睦邻友好国策。1368 年，首先派使臣出使高丽（今朝鲜半岛）和安南（今越南），由此拉开了明朝对外交往的序幕。明朝的对外睦邻友好取得了积极的反响，周边诸国不断遣使朝贡。在洪武、永乐和宣德朝，一些国家的国王也纷纷前来南京访问，如渤泥（今文莱）、满剌加（今马来西亚马六甲）国王等。与此同时，日本、高丽、琉球、暹罗（今泰国）等国，纷纷派遣留学生到南京国子监学习。南京的回回钦天监，聚集了伍儒等一批来自撒马尔罕（今乌兹别克斯坦境内）等中亚国家的天文、历法专家。明朝对外交流的巅峰当属郑和下西洋。在 1405—1433 年的前后 29 年间，郑和率领船队七下西洋，最远到达西亚和非洲东海岸，前后途经 30 多个国家和地区，开辟了贯通太平洋西部与印度洋等大洋的直达航线，是人类航海史上的最伟大壮举之一。

晚清时期，随着 1842 年《南京条约》的签订，中国国门被迫打开。这一时期，南京作为江南重镇，其对外交流以“西学东渐”为特征。19 世纪 60—90 年代洋务运动时期，主要是模仿西方兵工制造、培养军事人才及学习西方科学技术，李鸿章等人先后在南京创办金陵机器制造局、江南水师学堂、江南陆师学堂及附设矿路学堂等，促进了南京军事科技的发展。1899年南京正式对外开埠和1901年的清末新政，吸引西方传教士、商人、医生和游客等各类人士纷纷来到南京，建工厂，兴教堂，办学校，开医院。伴随着西方基督教的传入，西方教育制度、医疗技术、体育制度，以及管理模式、男女平等观念等，相继传入南京，对南京的政治、经济、思想、文化、科技和社会生活等产生重大影响。1910年，清政府在南京举办为时近半年的南洋劝业会，这是我国首次举办的大型国际博览会。全国22个省和国外14个国家参加展览，参展展品约100万件，吸引了近30万的观摩者，包括来自美国、日本等国的考察团，对于振兴工商业、推动南京城市建设、开拓国人视野、促进中外交流，都起到了开风气之先的作用。《中国实业杂志》1914年第1期刊登的向瑞琨《论南洋劝业会之影响》称："南京之以后，电灯、电话、旅馆、宁省铁路、沪宁铁路等，亦较前发达。"

1912年1月1日，孙中山在南京就任中华民国临时大总统，颁布具有资产阶级共和国性质的《临时约法》。南京临时政府的组织架构，模仿美国，按照立法、司法、行政三权分立原则建立。临时政府废除前清皇帝纪年，用民国纪年；舍弃农历，改用阳历，以1月1日为元旦（原来是农历正月初一为元旦）。1912年3月5日上海《时报》第六版刊登吴冰心《新陈代谢》一文，形象地概括了民国元年的新气象：

共和政体成，专制政体灭；中华民国成，清朝灭；总统成，皇帝灭；新内阁成，旧内阁灭；新官制成，旧官制灭；新教育兴，旧教育灭；枪炮兴，弓矢灭；新礼服兴，翎顶补服灭；剪发兴，辫子灭；盘云髻兴，堕马髻灭；爱国帽兴，瓜皮帽灭；爱华兜兴，女兜灭；天足兴，缠足灭；放足鞋兴，菱鞋灭；阳历兴，阴历灭；

> 鞠躬礼兴，拜跪礼灭；卡片兴，大名刺灭；马路兴，城垣巷栅灭；律师兴，讼师灭；枪毙兴，斩绞灭；舞台名词兴，茶园名词灭；旅馆名词兴，客栈名词灭。

1918 年第一次世界大战结束后，次年在我国爆发了轰轰烈烈的五四运动，民主与科学的思想深入人心。南京成为中西方文化交流的中心之一。时在南京河海专门工程学校读书的张闻天，于 1919 年 8 月 19 日至 21 日，在《南京学生联合会日刊》第 50 期、51 期、52 期上连续发表了《社会问题》一文，马克思主义从此在南京传播开来。国外著名学者，如美国教育家、心理学家孟禄，美国哲学家、教育家、心理学家、实用主义的集大成者杜威，美国进步主义教育家克伯屈，以及英国哲学家、数学家、逻辑学家罗素，印度诗人泰戈尔等，先后来到南京讲学或访问交流。在西方教育理念影响下，南京诞生了陶行知"生活教育"、陈鹤琴"活教育"等我国教育史上著名的现代教育理论。1914—1915 年间由中国留学生胡明复、赵元任等 9 人在美国发起成立的中国科学社，以"提倡科学，鼓吹实业，审定名词，传播知识"为宗旨。1918 年 10 月，中国科学社总部迁到南京，直到 1931 年总部迁到上海新址为止。中国科学社在南京的 12 年，对于推动中国科学体制化的形成、促进近现代高等教育的发展等起到了重要作用。

1927 年国民政府定都南京，南京成为对外交流中心。美国、英国、日本、德国、法国、苏联等 30 多个国家在南京设立使领馆。1928 年，民国学术研究最高机关——国立中央研究院成立，至 1937 年全面抗战爆发时为止，共设立物理、化学、工程、地质、天文、气象、历史语言、心理、社会科学及动植物十个研究所。除了理、化、工三研究所设在上海外，其余各所均设于南京，并在南京设立总办事处。

七、舍生取义的家国情怀

家是最小国，国是千万家。“家国情怀”是一个人发自内心的质朴情感，是对家庭、国家的全面认同、衷心维护和深沉热爱。

往事越千年。在古都南京历史文化中，流淌着舍生取义的伟大基因。东晋大将卞壸父子三人忠心报国，为平定苏峻之乱同时慷慨捐躯，其事迹令人为之动容，朝天宫卞壸墓碣千百年来完好保存至今就是最好的纪念。南宋抗金名将杨邦乂在建康城失守后被俘，面对金人的威逼利诱，发出了“宁做宋朝鬼，不做异邦臣”的怒吼，最后被金人剖腹取心，南京“铁心桥”地名和雨花台杨邦乂取心碑承载了这段可歌可泣的故事。抗元英雄文天祥兵败被俘，羁押金陵驿期间，写下了“从今别却江南路，化作杜鹃啼血归”的诗词，表达了视死如归的冲天豪情。在金陵驿旧址上建立的文天祥诗碑表达了南京人民对文天祥的崇敬之情。明朝文臣方孝孺宁可株连十族，亦不愿为发动“靖难之役”夺取政权的燕王朱棣草拟即位诏书，南京的正学路和方孝孺墓铭记了他为了信仰舍身殉道的事迹。出生于南京门西万竹园的民族英雄邓廷桢在鸦片战争中力主禁烟，与林则徐并肩作战，同甘共苦，最后魂归故里，其墓地成为世人瞻仰的重地。民国驻外使节九烈士——杨光泩、莫介恩、朱少屏、姚竹修、杨庆寿、卢秉枢、萧东明、王恭玮和卓还来，面对日军的酷刑，视死如归，不辱使命，维护了民族尊严，名传千秋。

从1919年五四运动爆发至1949年新中国成立前，南京长期是国民党政权的中枢所在地，也是中国共产党人和先进分子与敌斗争的龙潭虎穴。在伟大的中国人民解放事业中，无数仁人志士为了实现共产主义理想，为了国家独立和民族解放而英勇斗争，在南京献出了宝贵的生命，谱写了中国革命史上的英雄篇章。

1925年5月30日，英、日帝国主义国家在上海制造了震惊中外的“五卅”惨案。消息传到南京，南京人民群情激愤，抵制英国风潮勃发。

在中共南京党、团组织的发动下，6 月 5 日，和记洋行工人宣布：“自今日起，全体罢工，为被害同胞后援。”一场声势浩大的罢工斗争就此拉开序幕。大罢工前后历时 42 天，终于获得胜利。和记洋行工人的罢工斗争，在南京人民革命史上写下了光辉的一页。

1930 年，中共早期重要领导人，著名的政治活动家、理论家、青年运动领袖恽代英在上海进行革命活动时不幸被捕，被押解到南京。当他的身份暴露后，蒋介石闻讯，特意让表弟王震南带了一张恽代英在黄埔军校时期的照片前来劝降。恽代英回答道：“我是共产党员，必须革国民党反动派的命。这就是我现在的庄严任务。”他在狱中写下了令人荡气回肠的诗篇：“浪迹江湖忆旧游，故人生死各千秋。已摈忧患寻常事，留得豪情作楚囚。”1931 年英勇牺牲在监狱刑场。

1933 年 5 月，中国共产党早期重要领导人，中国工人运动的杰出领袖，无产阶级革命家、理论家邓中夏在上海不幸被俘后，被押解到南京。面对敌人的威逼利诱，他毫不动摇，在狱中慷慨陈词：“即使把我邓中夏烧成灰，我也是共产党的人！”表达了伟大革命家坚贞不屈的信念，1933 年 9 月 21 日，他在南京雨花台刑场被杀害。

中共北平地下情报组织成员赵良璋于 1946 年加入中国共产党，秘密潜伏于国民党空军部队，为中国共产党输送了大量军事情报。1947 年 10 月由于北平地下情报系统遭破坏，不幸身陷囹圄，被秘密押到南京，1948 年 10 月 19 日牺牲于南京中央军人监狱。临上刑场前，他脱下皮夹克送给难友，写下绝笔——“人生无不散的筵席，我是带着勇敢和信心就义。我虽倒了，但顽强的性格仍使我精神永不灭亡”，表达了视死如归的英雄气概。

2014 年 12 月，习近平总书记在视察江苏时指出：“在雨花台留下姓名的烈士就有 1519 名。他们的事迹展示了共产党人的崇高理想信念、高尚道德情操、为民牺牲的大无畏精神。”雨花英烈堪称南京历史文化中舍生取义的杰出代表。据统计，雨花英烈牺牲时的平均年龄不到 30 岁，年龄最小的袁咨桐烈士牺牲时年仅 16 岁；他们中很多人受过高等教育，还有部分留学海外，可以说是社会的精英阶层。他们在长期的理论学习和残酷的斗争实践中，建立了坚定的马克思主义信仰和共产主义信念。正是以雨花英烈为代表的无数仁人志士用自己坚定的革命信仰和慷慨赴死的实际行动捍卫了革命理想，用自己的鲜血和生命铺就了新中国成立的道路。这些英烈的革命精神将永远激励人们为实现共产主义的崇高理想和中华民族伟大复兴的“中国梦”而奋斗。

南京历史文化源远流长，内涵丰富，汇古今中外于一体，熔东西南北于一炉，具有多元一体的属性。从内容上看，包含思想、文学、艺术、史学、科技、教育、民俗、宗教等；从时段上看，囊括了北阴阳营文化、湖熟文化、六朝文化、南唐文化、明文化、清文化、民国文化等；从种类上来看，涉及金陵文化、古都文化、钟山文化、秦淮文化、石城文化、绿色文化、和平文化、长江文化、廉政文化、红色文化等。同时吸收融合了吴越文化、荆楚文化、运河文化、江南文化、北方文化和海外文化等，可谓包罗万象，气象万千，具有博大精深的内涵和宏大磅礴的力量。

习近平总书记指出：“历史文化是城市的灵魂，要像爱惜自己的生命一样保护好城市历史文化遗产。”南京历史文化是推动南京高质量发展的独特“战略资源”，是建设“强富美高”新南京的精神力量，是南京屹立于世界名城之林的重要根基。为进一步发挥方志“存史、资政、育人”的作用，坚定文化自信、增强文化自觉，发展社会主义先进文化，传承革命文化，推进马克思主义基本原理同中华优秀传统文化相结合，推动中华优秀传统文化创造性转化、创新性发展，构筑中华民族共有精神家园，提升南京文化的软实力和影响力，在中共南京市委、市政府的领导下，在市委宣传部和市委组织部的具体指导下，南京市地方志编纂委员会办公室牵头组织国内一流专家学者，编写了这本《南京历史文化干部读物》。

本书以南京现行行政区域为空间范围，以 1949 年南京解放为下限（部分章节适当延长），吸收国内外最新学术研究成果和地下考古发掘成果，采用分篇叙事的结构、深入浅出的笔触、图文并茂的形式，从自然、历史、文化、艺术、科教、宗教、文化遗产，以及和平文化、廉政文化、红色文化、对外交流和长江文化等多个角度，全景式展现南京历史文化的丰富内涵和独特魅力。希望广大干部通过阅读本书，能够进一步了解南京、认识南京、热爱南京，为打造“思想文化引领高地、道德风尚建设高地、文艺精品创作高地”先行示范区，更好地传承发展中华优秀传统文化，争做中国式现代化城市实践引领者，谱写中华民族伟大复兴中国梦的南京篇章而贡献我们这一代人的智慧和力量。

第一章

钟灵毓秀佳丽地

南朝萧齐永明九年（491）的春天，27 岁的太子舍人谢朓离开京城建康（今南京），赶赴荆州治所江陵（今湖北江陵），就任随郡王、镇西将军、荆州刺史萧子隆文学侍从官。途中，他接受萧子隆的教令，创作了《鼓吹曲》十首，其中“颂藩德”的《入朝曲》云：

江南佳丽地，金陵帝王州。
逶迤带绿水，迢递起朱楼。
飞甍夹驰道，垂杨荫御沟。
凝笳翼高盖，叠鼓送华辀。
献纳云台表，功名良可收。

及至 1500 余年后的 2006 年 2 月，百万读者参与、百日斟酌评出的“南京城市名片”——十张当选名片、十张提名名片正式揭晓，其中，“江南佳丽地，金陵帝王州”入选提名名片，乃至成为高铁驶入南京时的欢迎语。

“江南佳丽地”，这是自然的绿水、垂杨、风光秀丽、物产富饶；“金陵帝王州”，这是人文的朱楼、飞甍、王气勃郁、京都辉煌。这样自然与人文交融的江南金陵，既促发着青年谢朓立志成就一番事业，也牵引出后世文人怀古感慨几度历史沧桑。

后世文人之怀古感慨，注入佳丽地的南京山水以鲜活的生命，赋予帝王州的金陵宫阙以丰富的思考：

如在唐朝诗家的笔下，李白的“地拥金陵势，城回江水流。当时百万户，夹道起朱楼。亡国生春草，王宫没古丘。空余后湖月，波上对瀛洲”；刘禹锡的“千寻铁锁沉江底，一片降幡出石头。人世几回伤往事，山形依旧枕寒流”；韦庄的“江雨霏霏江草齐，六朝如梦鸟空啼。无情最是台城柳，依旧烟笼十里堤”，如此等等，深刻诠释着金陵“兴废由人事，山川空地形”的鉴戒警励。

如在现代文人的眼里，苏童仰观俯察，见到南京的“城市上空，有个灿烂的文明大光环，这光环如今笼罩着十足平民的生活”；余秋雨左顾右盼，目睹“别的故都，把历史浓缩到宫殿；而南京，把历史溶解于自然”，如此等等。这就是天造一半、人造一半的金陵佳山丽水，记忆着历史、浸润着文化的南京钟灵毓秀。

第一节　龙盘虎踞

萧齐谢朓的“江南佳丽地，金陵帝王州”，如果更加具象一些，又可以表达为“钟灵毓秀佳丽地，龙盘虎踞帝王州”。“钟灵毓秀”正如上文的引述，写照了聚合天地灵气、孕育古今人才的一方环境，而“龙盘虎踞”作为南京的别称，则象征着这座六朝古都、十朝都会的自然禀赋。

一、“龙盘虎踞”，“版权”归谁

言及南京的“龙盘虎踞”，传世文献与地方胜迹多将“版权”归属于汉末的诸葛亮。例如唐人许嵩《建康实录》云：“刘备曾使诸葛亮至京，因观秣陵山阜，曰：‘钟山龙盘，石头虎踞，此乃帝王之宅也。’”今天清凉山公园有诸葛亮挽缰的驻马坡，乌龙潭畔则是诸葛亮饮马所在。如此这般，诸葛亮遂成为南京的“地理之神”，与南京的“规划之神”刘伯温前后辉映。诸葛亮“帝王之宅”的预言，也真的反复应验在了这“龙盘虎踞”之地。

不过颇显尴尬的是，检索更加权威的典籍，如西晋陈寿的《三国志》、南朝刘宋裴松之的《三国志注》，我们得知：首先，赤壁之战前，诸葛亮与孙权见面的地点在柴桑（今江西九江）而不在京口（今镇江），所以诸葛亮没有机会途经秣陵（今南京），发出“龙盘虎踞”“帝王之宅”感叹的可能性也不大。其次，《三国志·吴书·张纮传》云：建安十五年（210），“刘备之东，宿于秣陵，周观地形，亦劝（孙）权都之。权曰：‘智者意同。’遂都焉”。果然，建安十六年（211）孙权从京徙治秣陵，并于次年改秣陵为建业。从此，寓意“建功立业”的建业，成为事实上的孙吴政权之都、东南首善之地。换言之，“龙盘虎踞”“帝王之宅”云云，更可能是刘备说的。比如辅佐西晋琅琊王司马睿重建晋朝、开创东晋南朝局面的“千古一相”王导就曾明确指出：“建康，古之金陵，旧为帝里，又孙仲谋、刘玄德俱言王者之宅。”

图 1-1　诸葛亮（《历代名人绣像选》）

然则“龙盘虎踞”的“版权”，

究竟归属诸葛亮还是刘备，“泾渭”之间似也分明，其大致的情况是：社会大众乃至地方文人多倾向于诸葛亮，毕竟相对于鞠躬尽瘁、死而后已、亦人亦神亦仙的卧龙孔明先生，号称“皇叔”、动不动就哭鼻子的“大耳”刘备不那么受南京人的待见；而在求真多疑的不少学者那里，或持刘备的说法，或视诸葛亮的说法为不太可靠的“传说”。

那么如何“实事求是”呢？其实，只要跳出诸葛亮与刘备的上述纠葛，回归中华传统文化的语境中，则因为“龙盘虎踞”、所以“帝王之宅”的地理与人事的关联，仍是毫无疑问的“南京的光荣”。这样的“南京的光荣”，体现在“帝王之宅”上，就是南京历为孙吴、东晋、宋、齐、梁、陈、南唐、大明、太平天国、中华民国十朝之都，累计建都的时间将近450年；其中，孙吴之开发南方，东晋、宋、齐、梁、陈之传承华夏文化，大明之“反元复宋”，中华民国之“恢复中华”，又具有特别的经济贡献、文化意义、民族象征。至于选择、保障这样的“帝王之宅”的地理条件，则在“龙盘虎踞”。

所谓“龙盘虎踞”，从字面义看，是说“钟山龙盘”，即钟山像条青龙，盘曲在南京的东面；“石头虎踞”，即石头山像只白虎，踞坐在南京的西面。显然，这样的“龙盘虎踞”来源于风水理念，具体来说，又来源于风水系统之生气、觅龙、察砂、观水、点穴、取向中的“察砂”。“察砂”指对“吉地”周围群山的考察，最重要者当属“四神砂”，即左（东）青龙、右（西）白虎、前（南）朱雀、后（北）玄武。它们不仅要周旋围护着吉地，而且外观要秀丽端庄。南京正是具备了这样“四神砂”的地方。如以“理想风水模式”对照，南京城市的自然山水，可谓青龙、白虎、朱雀、玄武完备秀美，影响所及，甚至大明皇宫（今称明故宫）也有这样的四方风水守护神，即以东华门象征青龙，以西华门象征白虎，以午门五凤楼象征朱雀，以玄武门象征玄武；不仅如此，若幕府山为坐，雨花台（聚宝山）为案，牛首山为朝，西、南有秦淮河，东北有金川河，东有燕雀湖，北有玄武湖，外围之西、北为长江，中间为宽平宏衍之区，这正是“山环水抱必有气”的风水宝地，而历久流传的“金陵王气”之说也正因此发生。

南京“山环水抱”之“山环”，也可认作广义的“龙盘虎踞”，这就诚如南宋马光祖修、周应合纂《景定建康志》卷十七《山川志序》的精彩描述：

> 疆域，帝王之所定也。山川，天地之所作也。金陵未邑、秣陵未县、建邺未都之前，或言地有王气，或言有天子气，非山川融结，气何所指哉？……尝以山川形势验之，钟山来自建邺之东北而向乎西南，大江来自建邺之西南而朝于东北。
>
> 由钟山而左，自摄山、临沂、雉亭、衡阳诸山以达于东，又东为白山、大城、云穴、武冈诸山以达于东南，又东南为土山、张山、青龙、石硊、天印、彭城、雁门、竹堂诸山以达于南，又南为聚宝山、戚家山、梓潼山、紫岩、夏侯、天阙诸山以达于西南，又西南绵亘至三山而止于大江。此（诸葛）亮所谓龙盘之势也。
>
> 由钟山而右，近之为覆舟山，为鸡笼山，皆在宫城之后。又北为直渎山、大壮观山、四望山以达于西北，又西北为幕府、卢龙、马鞍诸山以达于西，是为石头城，亦止于江。此（诸葛）亮所谓虎踞之形也。

而面对如此“龙盘虎踞”的地理形势，周应合由衷感慨“帝王之宅宜哉”！历代文人也发出由衷的兴叹，如唐人许浑的“英雄一去豪华尽，惟有青山似洛中”，宋人苏轼的“千古龙蟠并虎踞，从公一吊兴亡处”，元人萨都剌的“空怅望，山川形胜，已非畴昔……到如今，

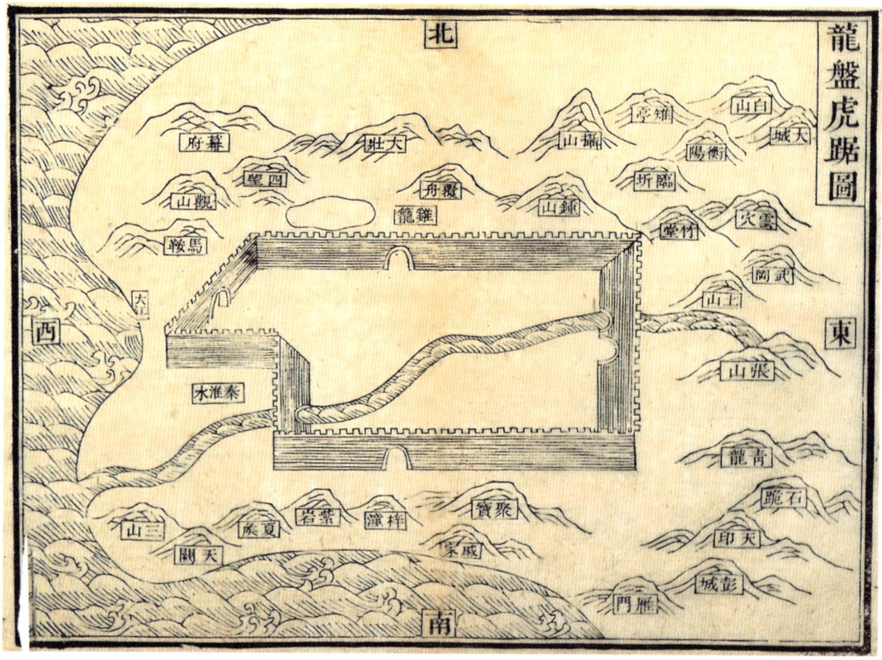

图 1-2　龙盘虎踞图（《景定建康志》）

只有蒋山青，秦淮碧”，乃至毛泽东的“虎踞龙盘今胜昔，天翻地覆慨而慷”！于是本无感情的、质朴的南京的山，转为有人物、有感情、有故事、有传说的中国历史与中华文化的象征，这也就是自然的“龙盘虎踞”与人文的“帝王之宅”所共同赋予南京的山以永恒的生命了！

二、四方名山，“天人合一”

生命永恒的南京的山，据上引《景定建康志 · 山川志序》，已是眼花缭乱，加上古今名称的变迁、别名异称的众多，更有头绪繁杂之感。此又不仅《景定建康志》如此。这里不妨选择成书于《景定建康志》前后的各两部具备总志性质的著作，即前之唐李吉甫所撰《元和郡县图志》所记唐朝润州上元县、北宋乐史所撰《太平寰宇记》所记北宋昇州，后之明末清初顾祖禹所撰《读史方舆纪要》所记大明应天府、清朝官修《嘉庆重修一统志》所记大清江宁府，统计出有条目的山的数量，以见南京之山的“眼花缭乱”与“头绪繁杂”。

根据统计，《元和郡县图志》记有6座山；《太平寰宇记》记有37座山，其中江宁县14座，上元县10座，溧水县3座，溧阳县4座，句容县6座;《读史方舆纪要》记有47座山,其中上元、江宁二县24座，句容县5座，溧阳县5座，溧水县3座，高淳县1座，江浦县2座，六合县7座；《嘉庆重修一统志》记有116座山，其中上元县23座，江宁县25座，句容县17座，溧水县23座，江浦县5座，六合县18座，高淳县5座。

需要说明的是，北宋昇州辖有江宁、上元、溧水、溧阳、句容五县，大明应天府辖有上元、江宁、句容、溧阳、溧水、高淳、江浦、六合八县，大清江宁府则辖上元、江宁、句容、溧水、江浦、六合、高淳七县，而与现今南京政区对照，句容已属镇江，溧阳已属常州，其他也不乏一些局部政区的调整，所以今天南京市域内山的数量，较之唐宋总志的记载要多一些，较之明清总志的记载要少一些。下面拎出东、西、北、南四方的六座“名山”，立足名实互证、自然与人文兼备的角度，稍做阐释。

1. 钟山

钟山，东西蜿蜒8千米，南北宽约3千米，略呈弧形，由三座东西并列的山峰组成。主峰居中偏北，故称北高峰，海拔448.9米，为宁镇山脉最高峰；东峰小茅山海拔365.8米，西峰天堡山海拔244.5米。

钟山古名金陵山。在先秦楚语中，陵就是山的意思。秦汉时称钟山。三国吴大帝孙权为避祖父孙钟名讳，并借以纪念追捕盗贼至钟山、受伤而亡之汉末秣陵尉蒋子文，改名蒋山。东晋始称紫金山，以其山上的砂页岩中多含云母矿物，在阳光照映下呈泛紫金之色而得名；附会之说则称西晋琅琊王司马睿东渡时，山有紫气缭绕，此为祥瑞之征。南朝以降，陆续又有北山、圣游山等名称。隋朝称蒋山。唐、宋多用钟山之名。明初朱元璋在北高峰南麓独龙阜玩珠峰营建孝陵，嘉靖时遂改名神烈山。现代通称钟山、紫金山。

钟山“其形像龙”，蜿蜒于南京城东，遂有“钟山龙盘”的美誉，自古即为军事险要之地，今则号称“中华城中人文第一山”。而从“城东”到“城中”，也反映了钟山与作为城市的南京之间区位关系的几次变化。大体明朝以前，钟山为较远的郊外之山。如梁朝沈约《郊居赋》中，所谓“惟钟岩之隐郁，表皇都而作峻”“近循则一岩异色，远望则百岭俱青”；北宋王安石所居的半山园，地处江宁府城东门至钟山十四里半道，故名“半山”，此处人迹罕至，远离喧嚣，遂为隐居胜境。及至明朝初年，建起城周达 30 多千米的京城城墙，而钟山仍在城外，但已处于城缘近郊，如新筑的皇城就在钟山的西南麓；也因为此，后来再筑外郭，将东之钟山、南之聚宝山、北之幕府山等制高点圈入“城”中，只是此“城”仍属京城城墙与外郭之间的近郊，而非城市意义上的城。民国以降，在南京城市扩展的过程中，钟山区域逐渐成为南京城区的东隅。至于近三十年来，随着钟山之北的南京经济技术开发区的发展，特别是钟山之东的仙林新市区的迅速崛起，钟山于是成为南京城中之山，而介于新、老市区或主、副城区之间的钟山，也就名副其实地成为“中华城中人文第一山”。今日钟山，巍巍群峰、茫茫林海、座座伟陵、处处胜迹，与环绕其周围的南京城市交相辉映，这便是钟山作为“中华城中人文第一山”的形象诠释。

钟山的显要，其实不在自然，而在人文。钟山乃是山水形势与历史文化交融、自然生态与人文景观合一的山体，其中尤要者又在历史文化、人文景观。钟山的历史文化，按照常规的说法，以纵向时间论，有六朝文化、大明文化、民国文化三大块；按横向类别分，有陵寝文化、宗教文化、礼仪文化、名人文化、文学成就、休闲文化六大类。钟山的人文景观，就显而易见者言，传统时代，“钟阜祥云”历为“金

图 1-3　明朝郭存仁《金陵八景》之“钟阜祥云”

陵八景”“金陵四十八景”之一，时至今日，中山伟陵（中山陵）、陀岭登高（头陀岭）、孝陵烟岚（明孝陵）、紫峰神境（紫金山天文台）、植物阆苑（中山植物园）、灵谷松风（灵谷寺）、祭坛夕照（六朝地坛）、梅岭暗香（梅花山）、紫霞烟雨（紫霞湖）、琵琶胜境（琵琶湖）、红楼艺文（红楼艺文苑）等，意蕴异常丰富。其中最值得彰显的钟山之历史文化、人文景观，还在孙权陵、明孝陵、中山陵。孙权是建都南京、开发南方的第一人，朱元璋是大明皇朝的开国皇帝，孙中山是中国民主革命的伟大先驱，如此，他们三位的埋骨钟山，便具有了广泛而深刻的政治、经济、民族之象征意义与符号作用。

这样的“钟山龙盘”，实为金陵一方圣山与南京形势所在；这样的“钟山风雨”，见证了南京的历史沧桑、城市变迁！

2. 石头山

南京东有“钟山龙盘”，西有“石头虎踞”，“虎踞”的“石头”即指石头山。南京别称雅号众多，论其使用频率，得名与钟山有关的“金陵”居于首位，次位就是直接来源于石头山的“石头城”。“石头城”又简称“石城”。因为这个简称“石城”，古称“石城”的湖北钟祥的“大堤艳姬”莫愁女，变成了也称“石城”的南京的莫愁女；而“安家落户”在南京的莫愁女，又非常恰当地代言了南京这座古都“有愁请你不要愁、化愁为不愁”的城市性格。同样，因为“石头城”就是南京城，又给南京城与《红楼梦》增添了剪不断、理还乱的缘分：南京云锦联系着江宁织造，江宁织造联系着曹家，曹家联系着曹雪芹，曹雪芹联系着《红楼梦》，《红楼梦》写的是绛珠仙子黛玉与神瑛侍者宝玉的“木石前盟”、红尘恩怨，而《红楼梦》本名《石头记》，《石头记》离不开石头城……

在今天的南京，“石头山”已经较少被人提及。20 世纪 70 年代，因为开通虎踞路（后改造为城西干道），石头山被分隔为国防园（西）、清凉山公园（东）两个地理实体，石头山体也颇失旧时的面貌。而原之旧时的面貌，唐代以前，因为长江逼近山麓，西部岩壁受到江水的冲刷，紫红色砂页岩和砂石裸露在外，所以得名石头山；又或曰“自江北以来，山皆无石，至此山始有石，故名”。战国楚威王熊商初建金陵邑于此，邑相当于县，是为南京主城区政区建置之始。东汉建安十七年（212），孙权“城楚金陵邑地，号石头”，即在楚国金陵邑故址上筑城，并因山取名为“石头城”。及至东晋义熙年间，加砖累甓，城周“七里一百步”，约合今 3200 米。

石头山、石头城乃六朝时代南京西面重要的制高点和防御要塞。其地依山为城，因江为池，西俯长江，南控淮水（秦淮河）入江之口，形势奇险，故为兵家必争之地，一旦“江边有警，必先据石头以为捍御”；在外患内乱中，石头城之得失，也往往关系到六朝都城的安危。而自隋朝灭陈之后，六朝都城既沦为平常州县，长江之水又西移渐远，于是石头山、石头城的地位不复重要，并转为文人墨客咏史怀古之佳处。如刘禹锡《金陵五题》的首题《石头城》：“山围故国周遭在，潮打空城寂寞回。淮水东边旧时月，夜深还过女墙来。”此诗不用人之目睹，而以群山、潮水、明月、女墙，烘托出一派苍莽悲凉、寂寞凄清的氛围；这种氛围，唐人感慨六代韶华易逝是如此，今人追忆南京历史的兴衰起落也是如此吧。

相较于军事色彩浓重、怀古意味悠长的石头山、石头城，石头山的另名清凉山似乎更多了一些文化的积淀。清凉山的得名，或说缘于南唐时曾在山中建避暑宫，后改清凉寺，辟为清凉道场；或说北宋移建幕府山的清凉广惠寺于此，故名。明清时期，清凉山上佛寺颇盛。又清凉山西麓崖壁有块稍黑凸出的砂砾岩，因风化作用而酷似一张面目狰狞的“鬼脸”，民间于是习称石头城为“鬼脸城”。清凉山南麓又有“扫叶楼”，相传与明末遗民龚贤有关。龚贤曾经自写小照，身着僧服，手持扫帚，作扫落叶状，因名所居为“扫叶楼”。实际上龚贤所居，为清凉山下不远处的虎踞关半亩园。然而无论如何，“清凉扫叶”总归透露着一份超脱世俗的遗民精神。1930 年，清凉山建为公园。如今，入园沿着清凉古道拾级而上，古朴幽静之中，可见扫叶楼、清凉寺、还阳井、崇正书院、一拂祠等古迹，清凉山也由此获得了“城

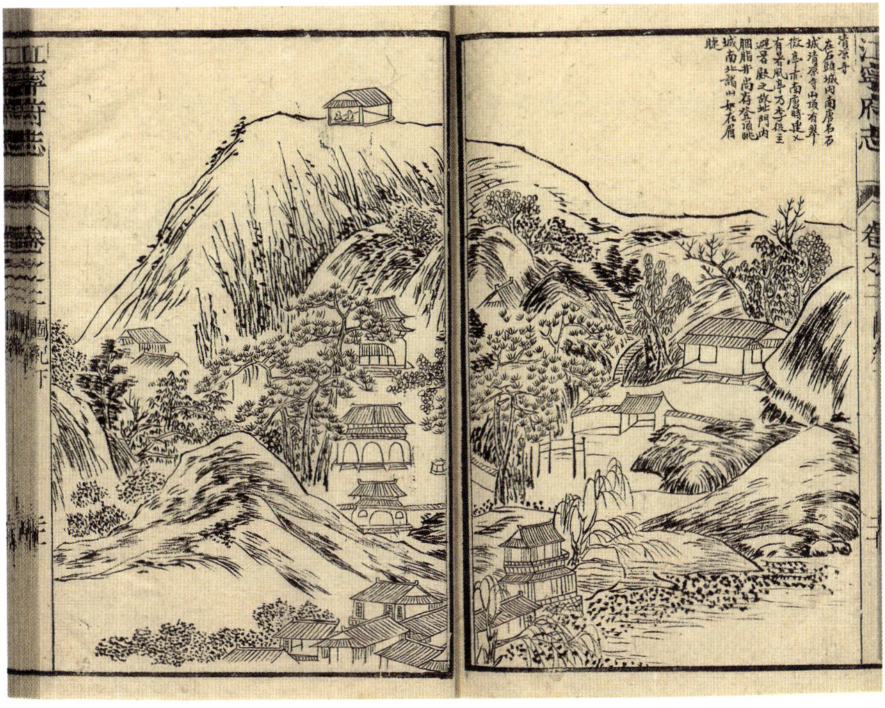

图 1-4　明末清初高岑《金陵四十景图》之“清凉寺”

市山林”的美誉。

曾经临江控淮、兵家必争的“石头虎踞”，现在花木扶疏、环境清幽的“城市山林”，石头山、鬼脸城、清凉山、扫叶楼的自然与人事变迁，留给古往今来的人们多少历史的感慨、文化的体悟！

3. 幕府山

今天所谓的幕府山，西南起上元门，东北至燕子矶，西南、东北走向，长约6千米，宽约1.5千米。山有五峰，主峰北固峰偏西，海拔205米。现为幕府山风景区与幕燕滨江风光带，每至佳日，游人如织。而回顾历史，俯江险要、巉岩陡壁、溶洞散布、沟壑纵横的幕府山，既为南京北郊门户，不乏兵争战事，也因“五马渡江”等史事与达摩夹骡等传说，留下了诸多所系匪浅、意义非凡的胜迹。

如“五马渡江”，《读史方舆纪要·南直》“幕府山”条有云：

> 晋元帝渡江，王导开幕府于此，因名。北滨大江，有五马渡，元帝初与彭城等五王渡江至此也。

虽然东晋王导开幕府于此，因名幕府山之旧说，已为20世纪70年代考古发现孙吴砖刻地券上的“莫府山”地名所破，但幕府山与王导、晋元帝的密切关系，仍然不必质疑。当建都洛阳的西晋王朝陷入“八王之乱”的局面时，永嘉元年（307）九月，琅琊王导辅佐琅琊王司马睿避乱过江，来到建邺（今南京），再造晋朝（史称“东晋”），而其时过江上岸之处，按照地方史志的记载，就在后人称作“五马渡”的幕府山前。“五马”指晋朝司马氏皇族的琅琊、彭城、西阳、汝南、南顿五王，童谣“五马浮渡江，一马化为龙”中的“真龙天子”，则是317年建元、318年称帝的琅琊王司马睿。

幕府山前的“五马渡”，开启了历时百余年的东晋皇朝以及接续其后的宋、齐、梁、陈，如此才成就了南京作为“六朝古都”的显赫地位，才奠定了“华夏正统”南京“割疆场于华戎，拯生灵于宇内，不被发而左衽，繄明德其是赉”的民族意义，才引发出陈寅恪先生对于王导的高度评价：王导“结合南人北人两种实力，以抵抗外侮，民族因得以独立，文化因得以续延，不谓民族之功臣，似非平情之论也”。进而言之，这样的幕府山、五马渡，既激发了洪武大帝朱元璋“燕子矶兮一秤砣，长虹作杆又如何。天边弯月是挂钩，称我江山有几多”的开国豪情，也寄托了乾隆皇帝弘历在燕子矶头“当年闻说绕江澜，撼地洪涛足下看。却喜涨沙成绿野，烟村耕凿久相安”的盛世美愿吧！

而达摩夹骡，可谓幕府山的一抹特别亮色。在印度佛教“华夏化”为中土禅宗的过程中，来自印度的高僧菩提达摩被推为禅宗的创始人。公元6世纪初，达摩从印度乘船，登陆广州，开始传教。笃信佛教的梁武帝萧衍迎达摩至建康，以礼相待。然而因为萧衍喜好形式主义、主张自我解脱，达摩修行面壁静坐、主张普度众生，所以双方交流得并不融洽，达摩遂“一苇渡江”，意欲去往北魏嵩洛一带传教。相传

图 1-5　五马渡雕塑（平涛 摄）

当梁武帝得知达摩要离开建康时，骑骡追赶，追至幕府山西端时，达摩施展大法，使得两峰相合，将梁武帝所骑骡子夹住，梁武帝动弹不得，达摩则折下江边的一根芦苇，吹气成舟，乘风破浪而去，幕府山也因此留下了“夹骡峰”“达摩洞”等地名与胜迹，长久记录着佛都南京的一段传奇。

“五马渡江”、达摩夹骡，只是幕府山史事、传说的一斑。其他诸如幕府山因为富集石灰岩、白云岩，又称石灰山、白石山，于是东晋南朝时山之南麓筑有白石垒、白下城，南京的旧名、别称“白下”因此得名；而白石垒、白下城作为南京古代防御江北的军事屏障，又显示了幕府山的战略地位同样所系匪浅、意义非凡。

4. 雨花台

雨花台位于南京城南中华门外，原名聚宝山。因佛教故事而得名。据南宋张敦颐《六朝事迹编类》：“梁武帝时有云光法师讲经于此，感得天雨赐花。”然而刘宋山谦之《丹阳记》曰：“江南登览之地三，曰甘露，曰雨华，曰凌歊。”可见此说不确。另一说因石得名。据现代科学解释，则是古长江及秦淮河冲刷携带而来的大量砾石（石英石与玛瑙石）沉积于此，随着地壳变动，河床逐渐上升成为山岗，雨花石即出于砾石层中。而因其地岗峦起伏并出产五彩斑斓、纹理奇巧的雨花奇石，所以又

图 1-6　清朝施葆生《金陵四十景》之“雨花台”

有石子冈、石子坑、石子罡、聚宝山等名，清时统称“雨花台”。

雨花台有山峰三座，海拔高度在55—65米之间。因顶部皆为平台状，故都冠以“台”字。东岗因东晋豫章内史梅赜曾居岗下，有功朝廷，逝后得立“梅将军庙”，故亦名梅岗，人们又广植梅花以附岗名；中岗为雨花台主峰，名叫凤台岗或凤台山；西岗孤立数里之外，曾沿用石子岗旧称，清初始改名菊花台。今则西岗称石子岗，东岗与中岗合称雨花台。

雨花台旧为南京城南制高点，乃兵家必争之地。汉末孙策在此攻破刘繇；陈朝萧摩诃在此擒获叛乱的始兴王陈叔陵；南宋时金兵入侵，在此扎营；元兵南侵，由此进入建康；太平天国时，忠王李秀成与曾国荃率领的湘军在此血战多年。1937年侵华日军在此炮轰中华门和新街口，然后攻陷南京。时至今日，雨花台一带还残存着不少的地道和碉堡，刻印着战火硝烟的痕迹。

今日雨花台主要分为烈士陵园区、名胜古迹区两大部分。1927年至1949年南京解放前夕，雨花台成为国民党反动派的刑场，不计其数的烈士在这里英勇就义，目前已知姓名的有1519位，而绝大部分是无名烈士。中华人民共和国成立后，为缅怀先烈、寄托哀思，继承与弘扬革命精神，党和政府决定在雨花台兴建烈士陵园。雨花台烈士陵园现为全国重点文物保护单位、国家级烈士纪念设施、全国百家红色旅游经典景区等；雨花台烈士纪念馆现为国家一级博物馆，截至2022年12月，收有藏品5493件（套），其中一级文物19件（套）、二级文物109件（套）、三级文物482件（套）。传统、新建、移置等情形，又使得该区域成为怀古忆旧的游览景区，如杨邦乂剖心处、李杰墓、方孝孺墓、乾隆御碑、辛亥革命人马冢以及江南第二泉、雨花阁等。另有雨花石文化区、雨花茶文化区、游乐活动区、生态度假区等，共同构建了别具意义、内容丰富的风景旅游胜地。

佛寺、奇石、战火硝烟、烈士热血、名胜古迹、登高佳处，如此等等，在雨花台这片土地上，书写着历史的沧桑、文化的本纪、民族的坚韧、精神的不朽……

5. 牛首山

这里所述牛首山，包括了其南延支脉祖堂山，盖二山自然相连，文化也多同枝同源。牛首山最高峰海拔 242.9 米；祖堂山芙蓉峰海拔 255.9 米，为南京南部诸山中的最高峰。

牛首山因为双峰对峙、形似牛首而得名，民间又俗称牛头山。东晋奠都建康之初，元帝司马睿曾拟于都城正南门宣阳门外兴建双阙，以示皇权之至尊。丞相王导则以中兴大业草创，府库空虚，不宜大事营造，于是婉言劝阻元帝：牛首山东、西二峰壮丽高耸，“此天阙也，岂烦改作”？于是牛首山渐得天阙山之名。又相传南朝刘宋高僧辟支在牛首山南坡山洞中修炼，“立地成佛，上天为仙”，因有仙窟洞之名。梁朝司空徐度乃建仙窟寺，山也一度以寺为名，称作仙窟山。祖堂山南又有刘宋始建的幽栖寺，因名幽栖山。及至唐朝初年，法融禅师在此讲经说法，开创中土佛教重要宗派牛头禅（牛头宗），法融遂被推为“南宗第一祖师”，山也得名祖堂山。而延续这样的宗教传统，明清时期，牛首山伽蓝遍布，梵音缭绕，佛教胜迹甚多，其中宏觉寺是金陵最著名的八大寺之一，法融坐禅修行的献花岩与祖师洞、法持坐禅修行的四祖洞、智威坐禅修行的五祖洞都富有传奇色彩，又有明代摩崖石刻，计有大小石佛 129 尊，雕工精美，价值不凡。

除了璀璨的佛教文化，牛首山还有众多的人文景点与历史旧事，颇具底蕴。如作为南京南面的天然屏障，牛首山至将军山之间尚存岳飞抗金故垒 4 千余米，铭刻着宋金硝烟的记忆；又如传为昭明太子萧统饮马处的饮马池，南唐烈祖李昪的钦陵和中主李璟的顺陵即所谓的“南唐二陵”，七下西洋的三宝太监郑和墓及副使洪保墓，郑和携归

图 1-7　晚清民初陈作仪《金陵四十八景》之“牛首山”

异域药材植种牛首山麓，李时珍为撰《本草纲目》亲赴牛首山进行实地考察，如此等等，点缀着自然秀美的“牛首烟岚”。

“牛首烟岚”“献花清兴”“祖堂振锡”都位列清代“金陵四十八景”之中。每当清明前后，牛首山“满目苍翠，桃李飘飞”，景致极佳，为赏春踏青胜地，南京民间至今仍有“春牛首、秋栖霞”的游山习俗。实际上，牛首山四季均有特色，春季多姿多彩，夏季苍翠浓郁，秋季满山黄花，冬季江天寥廓，所以明代即有“金陵多佳山，牛首为最”的说法。及至现代，作为与钟山齐名的南京“绿肺”，由牛首山、祖堂山、东西天幕岭、隐龙山等诸多大小山体组成的牛首山森林公园，自然植被保存完好，其珍稀植物种类之多，又堪称南京之冠。

在岁月的流逝中，牛首山也不乏自然的遗憾与人文的欣慰。20 世纪 30 年代至 50 年代，牛首山西峰因遭破坏性的露天采矿，主体被挖去削平，成为一个直径 200 余米、深 60 多米的巨大矿坑，此后，牛首双峰只余东峰独秀，牛首之名也从此名不副实。令人欣慰的是，2008 年 7 月，考古工作者在南京大报恩寺遗址发掘清理时，发现了长干寺地宫及铁函；2010 年 6 月 12 日，南京市博物馆考古人员从铁函的银椁金棺里，捧出了密藏千年的释迦牟尼佛顶骨真身舍利，举世震惊。其后，经过各方人士的反复论证，决定在牛首山兴建世界级的佛禅文化旅游区，永久供奉这件盛世重光的佛界无上圣物。2012 年 9 月项目开工建设，2015 年 10 月牛首山文化旅游区开园迎客。其核心建筑佛顶宫，坐落在牛首山西峰，建基于历史遗留矿坑之上，总建筑面积达 10 万平方米，规模宏大，建筑奇伟，与牛首山东峰遥相呼应。又西峰新建的佛顶塔外形古朴雍容，与之相对，东峰的宏觉寺塔历经 900 年时光依旧雄伟傲立，如此，牛首得名的“双峰双阙”并峙景观，终于天造一半、人造一半地得以重现。又有值得惊艳者，牛首山下 2021 年 5 月开园的“金陵小城”样板区“燕集里”，以六朝仕女的微笑为标识，以六朝生活的体验为追求，以桃蹊、文心馆、邻曲巷、凌霄台、满庭芳、绿筱园诠释六朝风雅，于是山上的佛禅、山下的浪漫彼此辉映、相互彰显。

6. 栖霞山

栖霞山，位于南京城东北方向约 20 千米处，北临长江。山体略呈方形，由三条山岭组成，南为景致岗，中为千佛岭，北为黑石挡、平山头和三茅峰。全山长约 2.5 千米，宽约 1.5 千米，东北、西南走向，主峰三茅峰（又名凤翔峰）海拔 284.7 米。

栖霞山名称众多。因形状得名者，以凤翔峰为中心，全山形势如同一把张开的伞，故名伞山；因动物得名者，南朝以前，山中常见猛虎出没，故名虎窟山；因植物得名者，旧时山中盛产野参、当归、茯苓之类的中草药，有益滋养摄生，故名摄山；因宗教得名者，南朝宋齐隐士、经学家明僧绍建栖霞精舍于此，后来捐赠法度禅师，寺名栖霞寺，山也得名栖霞山。至于栖霞山被推为“第一金陵明秀山”，则缘于六下江南、五次驻跸栖霞行宫的清高宗爱新觉罗·弘历（乾隆皇帝）的题诗。

图 1-8　明朝文伯仁《金陵十八景》之“摄山”

栖霞山名称众多，也鲜活地反映了其自然资源与人文资源的丰富。

栖霞山的自然资源有石灰岩、砂页岩、火山岩、火山碎屑岩、花岗岩，铅、锌、银矿，古生物化石，还有褶皱和断裂构造，以及多样的植物与动物种类，所以专家们称栖霞山为“天然地质博物馆”“地学教科书”。其中，自然奇观“叠浪岩”“青锋剑”“天开岩”“一线天”，都备受赞誉。至于深秋枫红耀眼，乃至明代以来，南京民间就有了“春牛首，秋栖霞”的游赏习俗。其实栖霞逢春，桃花争妍，如明代名士盛时泰《栖霞小志》中的描述：“春暮夏初，则红英绿荫，错满左右，游人行其下，衣袂皆有香色。然知者亦少。”

栖霞山的人文资源更是蔚为大观。“六朝胜迹”栖霞寺，为“三论宗”的“祖庭”之一，曾与山东长清灵岩寺、湖北当阳玉泉寺、浙江天台国清寺并列为佛教“四大丛林”。“千佛名蓝”千佛岩，虽因民国时寺僧若舜以水泥涂补，导致古意颇失，原貌不再，但仍为江南难得一见的佛教石窟。唐高宗李治撰文、书法家高正臣书写、书法家王知敬篆额、李治亲笔撰写碑阴“栖霞”二字的《明徵君碑》，富有历史、文化、艺术价值。隋朝始建、南唐重修的舍利塔，造型典雅秀美，雕饰内容丰富，堪称江南石刻杰作。至于唐朝“茶圣”陆羽品泉，明末道士张瑶星隐居，清初名妓李香君芳魂归葬，乾隆皇帝命名“彩虹明镜”、改名“纱帽峰”为“玉冠峰”，寂然上人与志开上人在侵华日军南京大屠杀期间救助无辜平民，以及历代帝王络绎不绝、礼敬有加，古今文人悠游盘桓、吟诗作文，于是栖霞山实至名归地成为人文名山！

这样的栖霞山，正如明朝状元焦竑撰碑所评言：“牛首山以山胜，燕子矶弘济寺以水胜，栖霞山兼有山水之胜。”

然则钟灵毓秀的南京的山山水水，正是如上举例的“天造一半、人造一半”的钟山、石头山、幕府山、雨花台、牛首山、栖霞山，也是接续将要讨论的“天造一半、人造一半”的长江、秦淮河、玄武湖、莫愁湖，这就是既自然又人文、既养眼又润心的南京的山水……

第二节　襟江带河

南京从建城之初开始，便是一座襟江带河的城市。南京位于长江下游中段，境内水资源丰富，有长江、秦淮河、金川河、滁河、胥河、天生桥河等河流，以及玄武湖、莫愁湖、固城湖、石臼湖等湖泊。

一、河道纵横

1. 长江

长江南京段上起江宁区和尚港，下至江宁大道河口，全长约 97 千米。“大江东去”，万里长江自西向东是大趋势。但是在苏皖交界一带，江流被江南山势阻遏，由西南折向东北。六朝时的长江东岸，大致在今南京明城墙西垣外秦淮河一线，紧邻雨花台、凤台山、清凉山、马鞍山、狮子山西麓，过狮子山后无山阻遏，才转折复向东行，形成了一个“厂”字形的大曲折，所以江南地区又被称为“江左”“江东”。诞生于秦淮河与长江交汇处的南京江南城区，恰好被环抱在这个曲折之中，正符合美国城市学家刘易斯·芒福德的理论：城市首先出现在大河流域，是一个世界性的规律。

长江的入海口，先秦时期近在镇江、扬州一线。西汉枚乘在《七发》中描写广陵潮，虽出于文学语言，却并非凭空虚构。直到东晋，登北固山仍可以瞻望大海。当时长江南京段水面开阔，最宽处约 20 千米，不愧为“天堑”。因邻近入海口，受海潮顶托，泥沙沉积量大，江中形成较多沙洲，近岸沙洲与江岸之间遂形成夹江和天然港湾。两千年沧桑变化，现南京长江段最宽处为 3 千米，主航道流速较平缓，江面从不封冻，全年可以通航，是优良的内河港区，也是南京通向世界的黄金水道。江中上游方向有江心洲，面积约 15 平方千米，下游方向有八卦洲，面积约 56 平方千米。秦淮河、金川河、滁河都是长江的支流。

2. 秦淮河

秦淮河流域是南京人和南京城的发祥地。在长江文明的浪潮中，秦淮河是一颗耀眼的明珠。

秦淮河古名龙藏浦，汉、魏、六朝称小江，是相对于习称大江的长江而言，亦称淮、淮水。六朝时已有秦淮之名。东晋孙盛《晋阳秋》云：“秦开，故名秦淮。”随着唐代诗人杜牧名作《泊秦淮》广泛流传，秦淮河之名也不胫而走。

秦淮河有南、北两个源头。北源句容河，来自宁镇山脉的宝华山，南行过句容城后折转向西行，与赤山湖水汇合，经江宁区湖熟街道，在方山埭西北村与南源合流。南源溧水河，来自横山山脉的东庐山，经江宁区石湫、秣陵街道至方山，与北源合流，形成秦淮干流。复由方山西侧蜿蜒北行，过禄口、东山街道，经雨花台区，在七桥瓮附近西折，由通济门南的东水关进入今南京城区，自东向西穿城而过，由水西门附近的西水关出城，折而向西北流，在三汊河附近汇入长江。此外，秦淮河尚有支流南河在大胜关入江。1975—1980 年开挖秦淮新河时，南河被截断，秦淮新河成为新的入江水道。

从南京地区的地形图上可以看出，秦淮河上、中游的流域范围，位于宁镇山脉之南，茅山之西，横山之北，云台山、牛首山之东，四周山脉丘陵围合成一个较为完整的盆地。这个盆地大部位于今江宁区范围内，可以称为江宁盆地。江宁盆地周边低山、丘陵的来水，汇合而成的并不只是句容河与溧水河，还有横溪河、十里长河、云台山河、牛首山河等，秦淮河的主要支流就多达 19 条。盆地中部的方山，是典型的火山地貌，其东北与茅山余脉相连，所以秦淮河只能从方山西侧北上。方山与牛首山东、西相对，两山之间只留下一条狭窄通道，秦淮河的北源与南源，至此遂不得不合流。

进入今南京城区的秦淮河下游，俗称“十里秦淮”，流域变化非常大。1983 年通过地质钻探，发现了埋藏在地表之下的秦淮河古河道，当年绘制的《史前时期古河道位置示意图》显示，距今两三万年前，南京地区水域的分布远远大于现代。数百米宽的秦淮河由东南而来，在赤石矶以北、今白鹭洲公园一带入城，一支西行，从凤台山与石头山之间汇入长江；一支北行，浩浩荡荡纵贯南京城区，从鸡笼山和覆舟山之间的垭口穿出，折向西北，在狮子山东侧进入长江。也就是说，玄武湖（古桑泊）与金川河都曾是秦淮河入江水道的一部分。其间的山丘岗地，包括凤台山、石头山、五台山、

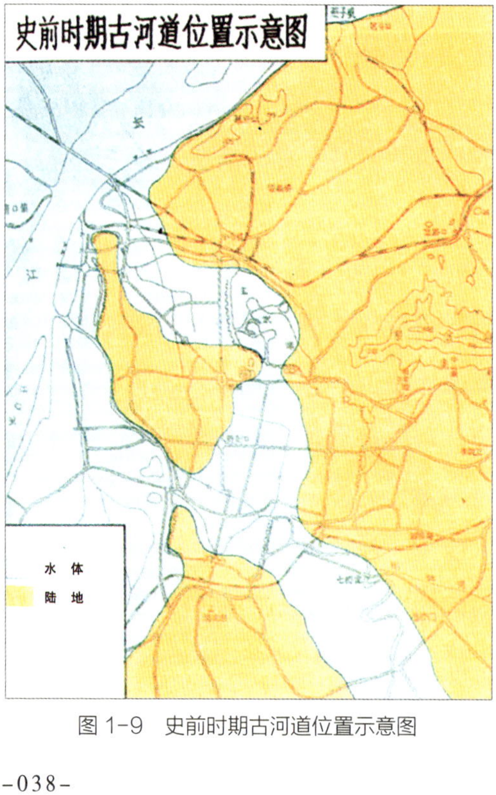

图 1-9　史前时期古河道位置示意图

鼓楼冈、鸡笼山等，犹如水中的小岛。

随着海平面降低、长江入海口东移，南京地区水面逐渐收窄，河水携带泥沙沉积形成的陆地扩大。距今三四千年前，秦淮河主流在鸡笼山、覆舟山一线被阻遏，山南河道萎缩，山北逐渐形成玄武湖与金川河流域。石头山和凤台山之间，今水西门一带，遂成为秦淮河的入江口。此后南京地区水系以清凉山、五台山、鼓楼一线为分水岭，形成南部的秦淮河水系和北部的金川河水系。

秦淮河全长 110 千米，流域面积 2630 平方千米，从溧水、江宁到南京城区，世世代代滋养这一片土地，哺育南京先民繁衍生息，孕育了北阴阳营文化、点将台文化与湖熟文化。当代考古发现与研究揭示，江南吴文化的源头，正是秦淮河流域的北阴阳营文化，而吴文化直接

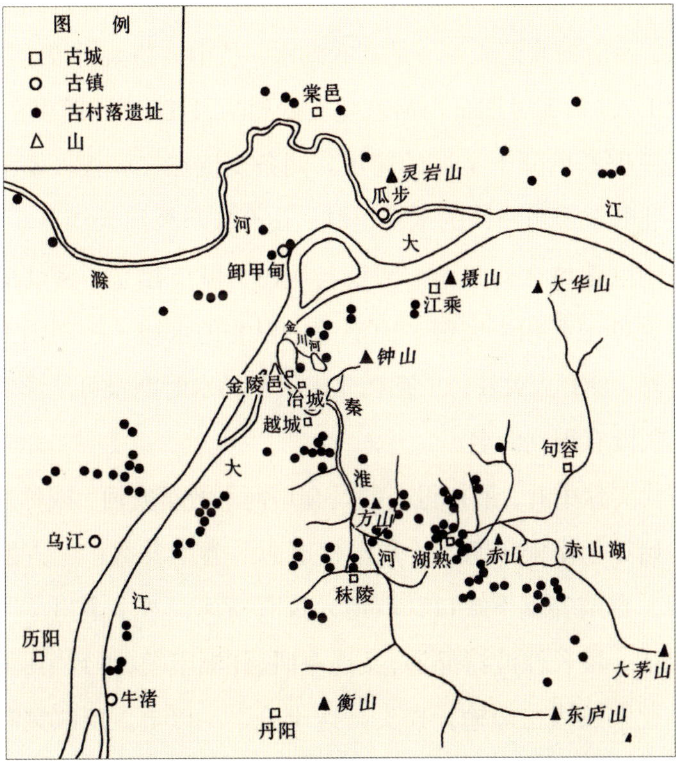

图 1-10　原始村落遗址和古城邑示意图（蒋赞初《南京史话》）

承袭的母体，是以秦淮河流域为中心的湖熟文化，所以秦淮河也是中华文明发展的摇篮之一。从吴、越到秦、汉，南京地区的经济、文化发展，为孙吴定都奠定了基础。此后1700余年间，南京先后十次成为都城。秦淮河孕育了中国四大古都中唯一的跨江古都南京，被南京人亲切地称为母亲河，甚至被誉为“中华第一历史文化名河”。

3. 金川河

金川河水域出现甚早，但得名甚晚。一个普遍的误会，是以为明都城金川门因金川河而得名，其实恰恰相反，金川河是因金川门而得名。其原因就在于，金川河不像秦淮河那样是一条稳定的河流，其流域几经变化，明代人眼中的金川河不同于六朝，今人所见金川河又已不同于清代。

金川河流域现有两个源头，一是清凉山及其余脉五台山、小仓山北麓之水，由南向北汇入；一是玄武湖水，从中央路大树根水闸入城，由东向西汇入。六朝时期金川河就是玄武湖的入江水道，但现在的河道，很可能是王安石所开十字河的遗迹。两条支流在三牌楼、模范马路以北汇合，北行至金川门西的水闸出城，由今宝塔桥河入江。

早在南京建城之初，秦淮河就与居民、城市建立了密切的关系，所以历代文献记载相当完整。而清凉山以北的水域，一则因为长期僻处城区之外，少有人关注；二则在北宋极寒枯水时期很可能湮塞干涸，所以竟久久没有得到命名。

从古代文献中看，最初得名的是金川河下游靖安河，或称古漕河、运粮河，始见于南宋年间。《景定建康志》卷十九载：“古漕河，一名靖安河，自靖安镇下缺口，取道入仪真新河，八十余里。”并说明南京至仪征一段长江波涛汹涌，又遇岸矶、江洲阻遏，更致“其势悍怒”，严重影响北宋的漕粮运输，损失高达十分之一以上。所以宣和年间疏浚靖安镇下古漕河，转由江心洲之间的夹江穿行，避开风急浪险的长江主航道，以通仪征新河，“高枕安流八十余里”，保证了漕运的安全。直到嘉靖《南畿志》，都只记有靖安河，不见金川河。直到1935年编撰的《首都志》中，仍无金川河之名。晚清及民国老地图上，或标此河下游为运粮河，或不标河名。目前所见最早标明金川河的地图，是1963年5月南京城市建设局勘察测量大队编印的《南京市城区及近郊道路水系图》。《南京水利志》记载，“1958年城内干流裁弯取直，自东瓜圃桥起向北至老城墙基段，废老河开新河……城外自老城墙基向北经安乐村至宁沪铁路涵洞，开新河”。1958年改道形成的主流，自倒桥西北折，经东瓜圃桥、福建路桥（福建路东段）北行出城，与城濠相交，继续北行，过长平桥、水关桥，沿回龙桥路北行，过宝塔桥入长江。主流之外，尚有老主流、中支、东支、西支、北支等水道。

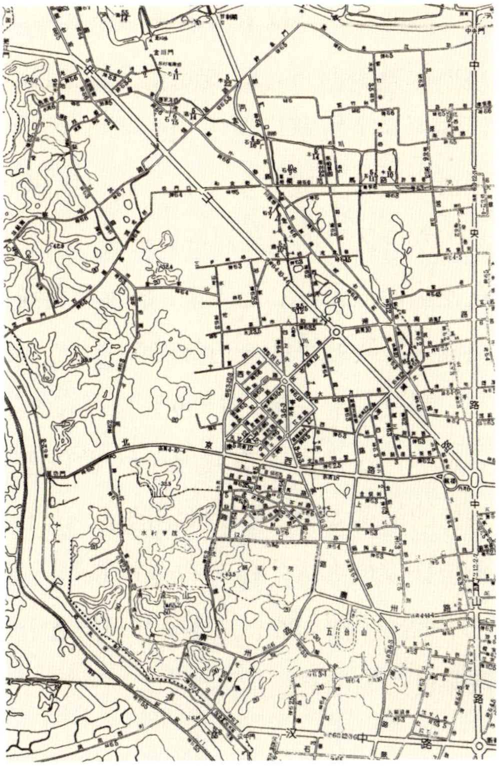

图1-11　城北金川河流域（1963年地图）

4. 滁河

滁河，古称涂水、滁水，唐代改用现名，是长江下游左岸的一级支流，发源于合肥市肥东县，在南京市六合区汇入长江，干流全长260多千米，南京市境内长116千米。主要支流有清流河、来安河、襄河、大马场河等，是沿线重要的灌溉水源和航运通道，也是苏、皖两省的界河。

滁河与长江以老山山脉为分水岭，北为滁河水系，南为长江水系。滁河流域多曲折，过滁州市全椒县陈浅乡，成为滁州市与南京市浦口区界河，至荒草圩龙王坝入浦口区江浦街道，至来安县汊河镇接纳清溪河支流，又成为来安县与浦口区界河。后北行至盘城镇，成为来安县与六合区界河，至程桥街道进入六合区，流经龙池、雄州、长芦街道，在龙袍街道入江。近年来，滁河在传统的泄洪、灌溉、航运功能之外，更成为沿线城乡的一道优美风光带。

周灵王十三年（前559），楚国在大败吴军后向东推进，设置棠邑（今六合），这是南京市域内最早见于记载的行政建置，不过文献中关于棠邑的信息太少。可以确定的是，伍子胥的兄长伍尚被楚平王诱杀前，正担任棠邑大夫。伍尚也是南京第一位留下姓名的行政官员。周敬王三十四年（前486），吴国开邗沟北上争霸，夺取棠邑。秦一统天下，改棠邑为棠邑县。

图 1-12　滁河（浦口区水务局 提供）

5. 胥河

胥河，又名胥溪河、芜申运河，传说最初为伍子胥所开。伍子胥父、兄被楚平王杀害，他自昭关渡江，在濑水边受浣纱女子的救助，逃奔吴国。周敬王十四年（前506），伍子胥、孙武率吴军伐楚，开此运河。这是我国见于历史记载时代最早的运河之一。在水网密布的江南，胥河未必是完全的人工运河，很可能是疏浚、整合原有水道而成，以便行军。伍子胥得胜凯旋，又经过濑渚，寻找当年浣纱女的家人报恩，留下了投金濑的地名。胥河几湮几浚，北宋筑东、西两坝以防今高淳诸湖水东侵，明洪武二十五年（1392）浚胥河，建石闸启闭，自太湖经胥河入固城湖、石臼湖，连接秦淮河，以通苏、浙漕运。永乐迁都后转由大运河北运，再筑东坝；嘉靖年间又筑下坝，阻断胥河。直到1958年拆东坝、浚胥河，另建封口坝、茅东闸等控制工程，恢复高淳、溧阳间引水灌溉和通航。现胥河位于南京市高淳区与溧阳市交界处，西起固城湖，经东坝、下坝、定埠至朱家桥桠溪河口接荆溪南河，长30.6千米，宽数十米至百余米不等。

周景王四年（前541），吴王馀眛在固城湖西筑成周长四十里的相国圩，“筑土御水，而耕其中”，由自然垦殖进入围垦种植，标志着南京地区农业生产的一个新阶段。此后古丹阳湖流域围垦不断。宋代全国围垦成风，仅今高淳境内就有大小圩田近百处。南宋年间在丹阳湖与固城湖之间围垦永丰圩（今属高淳），得田近千顷。明初鼓励围垦，高淳境内又出现正兴、马场、永宁、淳化等圩田。20世纪70年代又在固城湖围垦永联圩、跃进圩、永胜圩等数万亩。

6. 运渎、青溪、潮沟与破岗渎

孙吴立国后，人们已不满足于简单地利用自然水系，而是运用自己的力量，开凿了多条运河，试图构建更为合理适用的水系网络。

据《建康实录》卷二记载，孙吴先后开凿运渎、青溪、潮沟等运河，今虽多已湮没，尚有遗迹可寻。运渎沿今红土桥路、木料市、大香炉、明瓦廊一线北上，至破布营东转，在洪武北路南口附近抵苑城（即东晋台城）西门。钟山来水汇成前湖、燕雀湖，为天然河流青溪东源，西行至菰首桥，西北通募士桥（今竺桥附近），流向西南青溪中桥（今四象桥），至青溪大桥（今淮清桥）汇入秦淮河。淮清桥即因位于秦淮河与青溪交汇处而得名。青溪北源出玄武湖，在覆舟山东侧南行至募士桥，是人工运河。潮沟水源自青溪北源，在覆舟山南麓由东向西流，经过苑城北面，转而向南，在苑城西门与运渎相交。今东南大学西侧的进香河，当是潮沟的遗存。后因潮沟东段湮塞，又在覆舟山与鸡笼山之间，即今南京市人民政府所在位置，开运河直接引玄武湖水进入潮沟，以补充潮沟和运渎水量，保证通航。今解放门附近武庙闸，仍为玄武湖与珍珠河之间的通道。

同时，由今四象桥向西，经内桥、鸽子桥西接运渎的水道，应也是孙吴开凿的运河，将青溪与运渎、秦淮相连通，无论从交通运输的角度，还是水源相互调剂的角度，好处都很明显。后世将这一段称作运渎东源，是有道理的。此河道西延经今鼎新桥、仓巷桥、张公桥至涵洞口进入夹江，今称秦淮中支。此外，孙吴又开凿破岗渎，自方山埭逐段筑堰蓄水，翻越沿途丘陵，南行至云阳（今丹阳）西城，连接江南运河，以沟通吴（今苏州）、吴兴（今湖州）、会稽（今绍兴）地区与都城建业（今南京）的物资运输。东晋南朝皆沿用破岗渎，只有南朝梁因避太子萧纲讳，一度废破岗渎，另于句容修上容渎，至陈高祖又复开破岗渎。

7. 杨吴城濠

杨吴权臣徐知诰（即南唐先主李昪）修筑金陵城，在承续南朝建康城格局的基础上，第一次南越淮水，将秦淮河下游两岸的稠密居民区和繁华商业区都包括在内，初步形成了政治、经济、军事相结合的城、市统一体。这是南唐定都对南京城市建设的里程碑式贡献。秦淮河水系也因此发生重要变化。

南唐都城大体呈方形，其东面城垣从今雨花门处向北，过上水门（今东水关）、东门（今大中桥西），至竺桥转折向西，沿今珠江路杨吴城濠南岸，过北门（今北门桥南），再沿干河沿南岸、乌龙潭南岸折至长江（今外秦淮河）东岸。西面城垣即沿长江东岸南去，经大西门（今汉西门）、栅寨门（今涵洞口）、龙光门（今水西门）、下水门（今西水关）至西干长巷，转折向东，经南门（今中华门）至今雨花门处与东城相接。其西、南两面的城墙，以及东面城墙上水门以南一段，大致为明朝建城时所沿用，即今天所能看到的明京城城墙的位置。

秦淮河自东而来，到上水门（今东水关）分为两支，一支进入城内，即“十里秦淮”；一支沿城外人工开凿城濠南行，随城墙转折向西，过南门（今中华门）外，直入长江，成为东面城垣南段及南面城垣的护城河。东城北段城濠利用了原青溪水道。北城濠比较复杂，东段自竺桥至进香河，很可能利用了六朝潮沟遗存，西段利用了与长江相通的乌龙潭。乌龙潭东至进香河一段，是杨吴新开凿的运河，因处于五台山麓和鼓楼冈坡尾，地势较高，河道底部亦为全流域最高，很容易干涸，所以会被叫成“干河”。现在广州路南侧小巷干河沿，即原城濠遗迹。都城西垣以长江为自然屏障。

8. 胭脂河

洪武二十六年（1393），明太祖朱元璋命崇山侯李新督工，在溧水县（今溧水区）西部开凿长约 7.5 千米的胭脂河，北起秦淮河口，南至洪蓝埠入石臼湖，次年完成，沟通南京与两浙地区的漕运。胭脂河河道经过一条长约 5000 米的石冈，岩石坚硬，开凿十分困难，据说先用铁钎凿开石缝，嵌入麻丝，浇上桐油，点火焚烧，再以冷水浇泼，利用热胀冷缩原理使岩石断裂，撬开运走。工程艰险，不但耗资巨大，而且死伤工匠逾万。

胭脂河河道最深处35米，底宽十余米，上部宽20余米，因两岸陡峭险峻，秀丽幽深，被誉为“江南小三峡”。当年工匠还巧妙地留下两处巨石连接两岸，成为天生桥奇观。南桥在嘉靖七年（1528）垮塌，北桥至今完好，长34米、宽9米、厚8.9米，桥面高35米。在人工运河上留石为桥，是举世无双的创举，至今仍为世人所惊叹。永乐迁都以后，两浙漕粮转由大运河北运，胭脂河逐渐湮废。1977年后，溧水在天生桥南侧建套闸一座，以加强调节秦淮河防洪和供水的能力，又疏浚相关水道，恢复季节性通航，改名为天生桥河，并开发天生桥景区。

图1-13 胭脂河与天生桥（吴小宝 摄）

二、湖泊星罗

1. 玄武湖

六朝时玄武湖是皇家园林，且可以操练、检阅水军，湖北岸直抵大壮观山（今小红山）麓，西岸到今芦席营。北宋熙宁十年（1077），王安石再次罢相判江宁（今南京）知府，上《湖田疏》，经宋神宗允准将玄武湖泄湖造田，得田二百余顷，分给贫民耕种。但牺牲自然生态环境的结果，是南宋以后不断遭受水患，到元代不得不疏浚恢复玄武湖。这是元朝统治期间对南京城市发展做出的最大贡献，但玄武湖

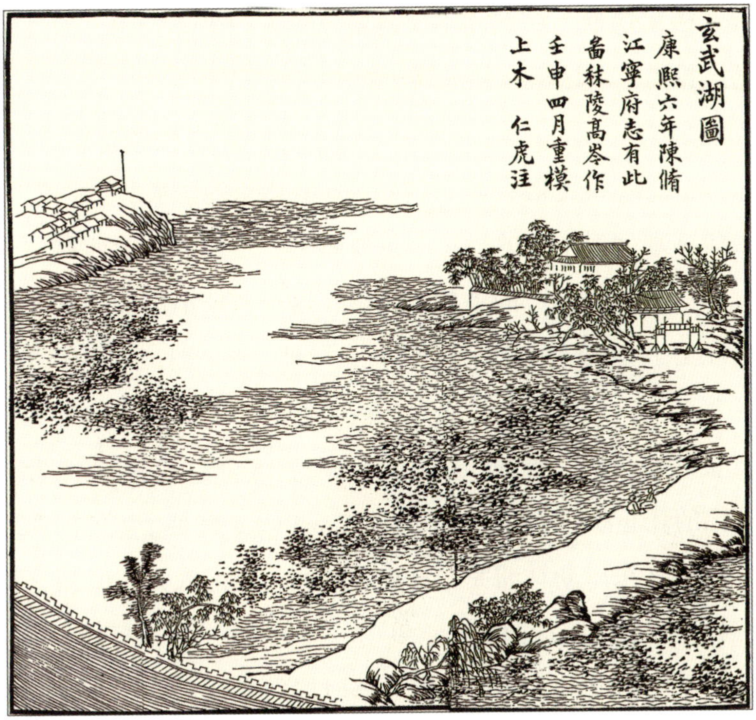

图 1-14　玄武湖图（夏仁虎《玄武湖志》）

湖面已大为缩小，大约只有六朝时期的三分之一。

明初修筑城墙时在今解放门附近，又将胥家大塘（今西家大塘）一片隔在城内。城外的玄武湖成为自太平门到神策门（今和平门）间城垣的护城河。洪武十四年（1381）选定玄武湖贮存全国户口赋役、田亩档案黄册，先后在梁洲、环洲、樱洲等处建黄册库900余间，玄武湖因此又成为皇家禁地260多年。

直到晚清，玄武湖始渐有园林建设。光绪三十四年（1908）筹办南洋劝业会，为方便参会宾客游览休憩，在会场附近开辟丰润门（今玄武门），又修筑了连接梁洲的长堤。宣统元年（1909），玄武湖辟为公园。

现玄武湖呈菱形，周长约15千米，景区面积5.13平方千米，其中湖面3.78平方千米。湖面被环洲、梁洲、樱洲、菱洲、翠洲分为三片，由湖堤、桥梁连通。玄武湖不仅是景色宜人的生态公园，而且担负着城市防洪排涝、城区河道补水等功能。

2. 莫愁湖

宋、元之际，因受北半球气候极寒影响，南京地区水系发生巨大变化。

宋代枯水期对南京的另一个重要影响，是长江岸线西移。李白诗中“二水中分白鹭洲”的景象，正是在这一时期消失的。北宋初年，南京沿江见于史籍记载的沙洲，不过白鹭洲、张公洲、长命洲、加子洲、蔡洲、落星洲、烈洲 7 个，而到了南宋后期，《景定建康志》卷十九列出仅金陵城西南一带的江心沙洲已多达 18 个，其中 14 个为宋初以来新涨出的江心沙洲。这些江洲逐渐连成一片，就是今天的河西地区，其南部与长江东岸新林浦完全相连的时间，至迟在元末明初，长江岸线也移到这片新生陆地西边。

莫愁湖的形成，可作为江岸西移时段的旁证。莫愁湖确是因莫愁女的传说而得名，只因早就有了“莫愁家住石城西”的名句，石城门（今

图 1-15　莫愁湖图（马士图《莫愁湖志》）

汉西门）外新形成的湖泊，遂顺理成章地被叫成了莫愁湖。因为周边沙洲连成一片，原入江口河槽深凹之处便成了湖泊。

莫愁湖之名首次见于文献记载，已是明代中期，《正德江宁县志》卷二载："莫愁湖在县西，京城三山门外。莫愁，卢氏妓，时湖属其家，因名。今种芰荷，每风动，香闻数里。"莫愁湖形成于元、明之际。至于明代初年，朱元璋与徐达在湖畔茶楼下棋，并为徐达建胜棋楼的传说，只能姑妄听之。

因为明代钟山和玄武湖都成了皇家禁地，游人不能进入，所以莫愁湖被誉为"金陵第一名胜"。清乾隆年间，江宁知府李尧栋捐俸银建郁金堂、湖心亭等楼台，湖畔杂植花木，时人绘"金陵四十八景"，以"莫愁烟雨"冠首。定居南京的杭州诗人袁枚比较莫愁湖与西湖："但觉西湖输一着，江帆云外拍天飞。"同治十年（1871），曾国藩修复湖心亭、胜棋楼、郁金堂、赏荷亭、光华亭等，广植莲荷，莫愁湖又成金陵胜观。现莫愁湖景区面积 0.511 平方千米，湖面 0.323 平方千米，是南京主城区第二大湖景区。

3. 石臼湖、固城湖

石臼湖、固城湖相邻，都是古丹阳湖解体分化演变而成。丹阳湖因秦立丹阳县而得名，古称"巨浸"，今石臼、固城、南漪、丹阳四湖及周边溧水、高淳、当涂、宣城、芜湖等地沿湖圩区，原来均属古丹阳湖范围。因泥沙淤积和人工围垦，现石臼湖西的丹阳湖已几近消亡，固城湖、石臼湖面积也都大为缩减。

北宋《太平寰宇记》已见石臼湖之名，其位于今南京市溧水区、高淳区与马鞍山市博望区、当涂县交界处，是沟通南京与皖东南的主要航道。石臼湖最大面积 200 多平方千米，北纳博望河来水，有天生桥河与秦淮河相通；东纳新桥河来水；南有官溪河、龙港连通固城湖；西南承皖南山区水阳江、青弋江来水，是其主要水源。湖水由西北姑

图 1-16　石臼湖（石湫街道 提供）

溪河泄入长江，汛期长江水也会倒灌入湖。

固城湖与石臼湖同属长江支流水阳江水系，位于南京市高淳区与宣城市宣州区交界，因湖北岸有古固城而得名，主要水源为胥河、漆桥河及水阳江支流牛儿港，出湖河流为官溪河，是江苏省饮用水水质最好的天然湖泊，兼具航运、灌溉、蓄洪、养殖等多种功能，现湖面约 24 平方千米。

山环水抱、襟江带河的自然地理条件，孕育了古都南京。南京人没有将江河视为畏途，早在湖熟文化时期就已能渡过长江，六朝时期更是“直挂云帆济沧海”，巡游世界。同时，他们以自己的聪明才智，不断调理自然水系，开凿人工运河作为补充，营造出更适宜人们生活、发展的水域环境。

第二章

十朝故都帝王州

东汉建安十六年（211），孙权将其治所从京口（今镇江）迁到秣陵（今南京），改称建业。后经辗转迁徙，权衡再三，最终定都建业。孙吴定都建业成为影响后世中国政治、经济格局的重大事件，随后的东晋和南朝宋、齐、梁、陈相继在此建都，南京因此被称为“六朝古都”。经历隋唐时期的沉寂，南唐、明代、太平天国、中华民国相继以南京为国都，遂成就了南京“十朝都会”的美誉。

第一节　六朝建康

广义上的六朝建康城，由宫城、都城、外郭三重主要城垣组成，还包括周围以石头城、西州城、东府城、丹阳郡城、越城、白下城、新亭垒等为代表的众多卫星城。它对同时代的北魏都城大同和洛阳、东魏北齐都城邺城、东北亚朝鲜半岛和日本列岛各古国都城，以及后来的隋唐都城的规划和建设都曾产生过深远的影响，在我国古代都城发展史上具有承前启后的重要作用。

一、宫城

宫城是六朝建康城内最重要的核心建筑。孙吴时期的宫城主要有太初宫、昭明宫，以及具有宫苑性质的苑城和太子所居的南宫。除苑城位于都城北部中央外，其他宫室散布于都城的各处，这一时期的宫室制度还不完备。东晋早年国力贫弱，基本沿用了孙吴旧宫。直到咸和五年（330）苏峻之乱被平定后，才重新规划都城和宫室，在原苑城旧址上起建了周八里的新宫城，称作建康宫，亦名显阳宫。此城为宋、齐、梁、陈四代继续沿用，城门、城垣及宫内殿、堂、楼、阁等经过不断增筑，至梁武帝时达到鼎盛，其时墙高池深，殿宇巍峨，成为六朝乃至整个魏晋南北朝时期宫城制度及建筑艺术的典范。因为东晋、南朝时期总管全国政务的尚书台（尚书省）设在宫城之内，故这一时期的建康宫城一般称作台城。台城实际上是由多重城垣构成的庞大建筑群区，其

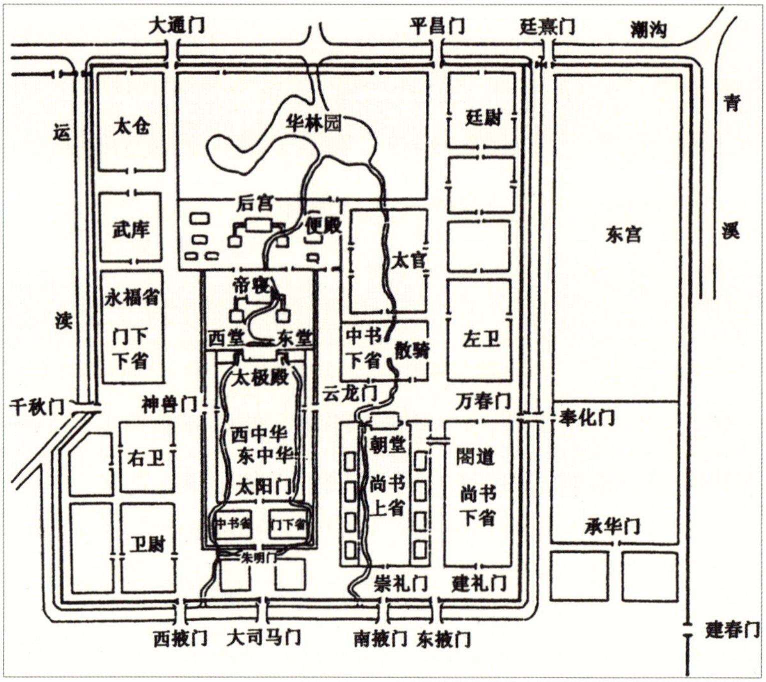

图 2-1　六朝建康宫城内部布局图（郭湖生《六朝建康》）

内包括百官议政的尚书朝堂区、皇帝朝宴的太极殿区以及后宫内殿区、宫后园囿区等。

东晋时期的台城可能仅设两重宫墙，至少从刘宋开始已有三重宫墙。由外向内，第一重城垣内主要分布有尚书台（尚书省）以及武库、太仓、总章观、廷尉、卫尉、太官等大量机构房舍。第二重城垣的占地范围虽远较第一重城垣为小，但因城内集中分布了随时备皇帝咨询和指挥的内省机构，故更为重要。它与第三重城垣一起总称为禁中，城外则称禁外。城内建筑主要有中书、门下二省以及永福省、散骑省、秘书省等。中书省专掌起草皇帝诏命，是皇帝的喉舌或代言人。门下省除侍从皇帝左右外，还掌谋议、谏诤等职权。第三重城垣是整个台城的心脏，分为前后两部分，前部是皇帝理事行政的太极殿区，后部则是帝后起居生活的后宫内殿。太极殿又称太极前殿，是宫内正殿。其东西两侧有太极东堂和西堂。后宫内殿区内前部为帝宫，主要分布有皇帝寝殿；后部为后妃宫，主要分布有后、妃及太后寝殿。帝后寝殿均三殿一组。宫后、台城北部还有规模庞大的皇家园林华林园。

至梁代，其外重宫墙上共有 8 座城门，北面西门大通门外有创于大通元年（527）的同泰寺，南面正门大司马门和端门外的仁虎、神龙两对石阙是台城最重要的标志性建筑。

陈祯明三年（589），隋两路大军直捣建康，陈亡。历时 250 多年建设的东晋、南朝台城宫阙城池沦为丘墟，其地理位置也逐渐淹没在历史尘埃之中。

为了究明六朝建康宫城（台城）的位置，自 2001 年 5 月起，考古人员配合南京城市建设，有计划、有重点地对台城所涉地点进行了一系列抢救性考古发掘，发现了众多的六朝时期城市建筑遗迹，主要有城墙、城濠、道路、砖井、木桥、砖构房址等，证明大行宫及其以北今总统府东西一带是台城的核心地区，其北界大约在今如意里、长江后街南侧一线，南界在今游府西街、文昌巷北侧一线，西界在今网巾市、邓府巷东侧一线，东界在今利济巷及其以北一线。依此界限围护起来的城址范围为一南北略长、东西略短的近方形，其四面长度累计起来正约合文献记载的周八里的台城。

二、都城

六朝时期，建康都城是宫城外围的第一道屏障，大约始筑于孙吴赤乌年间。其内主要分布有各类府署和部分宗室贵族宅邸等，空间面积不是很大，在周长二十里十九步（折合今制约 9000 米）的范围内仅台城即达八里，再加上东宫等建筑，则都城内宫室及服务于宫室的附属建筑，至少要占五分之三以上面积，可见六朝建康都城实际上是一座服务于宫室的内城，相当于后世的所谓皇城。建康都城经过不断的建设，至萧梁时达到全盛，梁末的侯景之乱使繁华的建康都城遭到毁灭性的破坏，代梁而立的陈朝对建康都城进行了最后一次修复。陈祯明三年（589），隋灭陈，建康被毁，六代名都废为丘墟。

建康都城东、北、西三面分别以青溪、潮沟和运渎为界。根据近年在大行宫地区的考古发掘所发现的南北向道路、城墙、砖构房址，均呈约 25 度倾斜，证实了当时建康都城平面布局从东北向西南方向倾斜。

建康都城代有兴作，城市布局也在不断变化之中。城中有东西向和南北向通衢多条，其中最重要的东西向通衢为都城西明门和建春门之间的横街，可以看作全城的东西向轴线。横街将都城分为南北两部分，北部主要有台城、东宫等宫室建筑，以及作为附属建筑的部分衙署，南部则沿街分布各类官衙。最重要的南北向通衢，是连接台城正南门大司马门和都城正南门宣阳门之间的长二里的御街，是建康城最重要的南北向中轴线，其两侧分布着众多府署。御街出宣阳门后，继续南延五里余，至淮水（今内秦淮河）北岸的朱雀门，故御街又称朱雀街。御街两旁夹道开御沟，种植柳树和槐树。

除孙吴外，各代都有修筑都城城门的记载，城门名称也屡有更改，城门的数量有随时代逐渐增加的趋势。至刘宋元嘉二十五年（448），建康都城四面共设12门，其中南北各设4门，东西各设2门，这些城门大多呈两两对称的布局。

关于建康都城的位置及范围，大约唐宋时期已不清楚。明初定都南京后的大规模城市建设，较大地改变了旧城的地貌和格局，六朝故都遗迹更加渺不可寻。一般认为六朝建康都城范围可以潮沟、青溪、运渎三条水道来框定，其北界推测为今珠江路南侧一线水道（即南唐都城北濠）之南，东界推测南起今棉鞋营、二条巷一线直北，西界推测北起今估衣廊、糖坊桥、丰富路北段一线略折向东达大香炉，南界

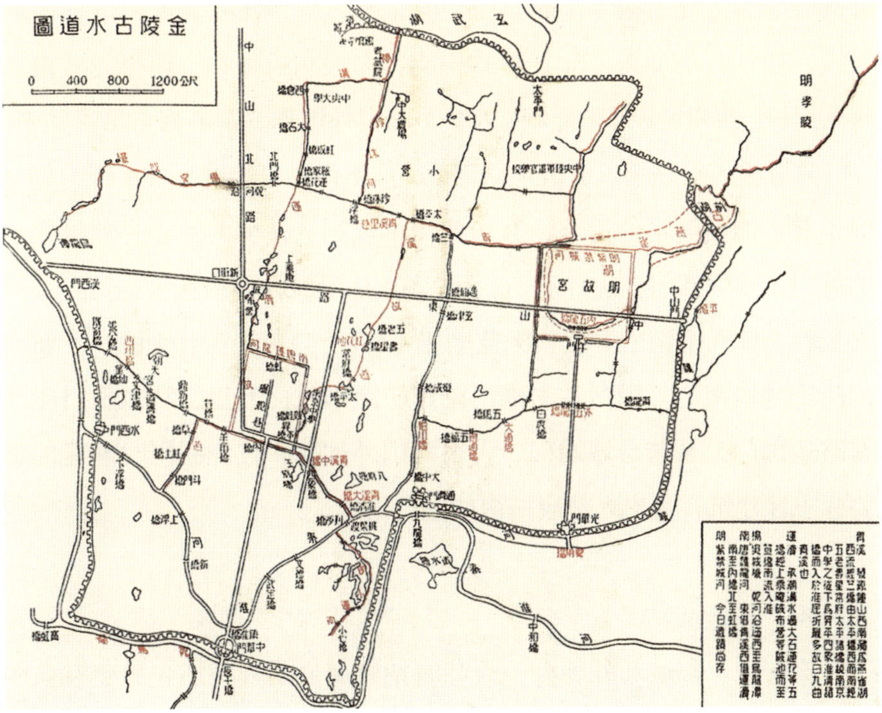

图 2-2　金陵古水道图（朱偰《南京的名胜古迹》）

推测在今娃娃桥、马府街、五福巷一线。都城南面正门宣阳门大约在今洪武路与娃娃桥、闺奁营交界处之东侧。这样推测的都城周长，与文献记载的周“二十里十九步”大体相近。

三、外郭

外郭在建康都城的外围，其空间范围远较都城为大，大约相当于今日北京东路、北京西路一线以南的南京城中南部，六朝时期建康城的城郊分野实际上是外郭。外郭的设立始于东晋初年，其内分布着大量商市、寺观、官署、贵族宅邸、作坊等。其时高门大族多聚居于外郭之内秦淮河、青溪两岸以及潮沟北侧，安置异国使臣的“六馆”亦多在外郭之内。当时一些退隐之士，则往往隐居于外郭之外，如齐代隐士何点“隐居东篱门卞望之墓侧”。据《太平御览》卷一九七《居处部二五·藩篱》引《南朝宫苑记》记载，建康城外郭跨秦淮河南北西岸，西达石头城东，北抵覆舟山南，东极东府城东，南据越城南，将东府城、西州城、丹阳郡城、越城等都城外围重要军事据点尽囊其中。

外郭是否设城墙，史籍未见记载，推测仅以自然岗丘或水域为界，但也有可能设简易的篱墙，其形状当不规则。外郭的标志是数量众多的篱门，或称郊门，总计有 56 所之多。建康城外郭南端设国门。《梁书》卷二《武帝纪中》载：天监七年（508）二月，为壮观瞻，“新作国门于越城南”。国门在秦淮河南岸，距朱雀门五里，从朱雀门渡淮有路达国门，是与台城端门、大司马门外神龙、仁虎阙同时起建的重要标志性建筑，为出入建康城南的重要通道。

四、其他城垒

除宫城、都城和外郭外，六朝时期建康城的外围还先后建有众多的城垒，犹如卫星城犬牙交错地分布于京邑四周，以强固建康城防。

依其性质和功能的不同，大体分为几类：其一，石头城、西州城、东府城、丹阳郡城、白下城、金城、越城、新亭垒（城）等，位于外郭内或近郊，位置显要，是直接守卫建康的军事屏障，其中一些还是州郡治所所在；其二，临沂、怀德、建康、秣陵、江宁、江乘、湖熟、同夏等县城，是京师属县治所，其中江宁县城等在战争期间也有重兵把守；其三，王含五城、侯景故垒、捍国城、四望垒、药园垒等，仅是历次战争期间临时起建的小规模军事堡垒，沿用时间不长。其重要者如下。

石头城　又称石首城、石城、石头坞等。旧志引《舆地志》称石头城“环七里一百步”，只比周八里的台城略小，是建康城外围规模最大、最为重要的城池，与台城有着特殊的唇齿相依的关系，历代多以重臣和诸王镇守。东汉建安十六年（211），孙权从京口徙秣陵。次年，筑石头城。刘宋孝武帝大明年间，以石头城内仓城为离宫。前废帝景和元年（465），以之为长乐宫。萧道成为齐王，萧赜为世子，又以之为世子宫。据《读史方舆纪要》等文献记载，石头城开有4座城门，南门2座、东门1座、北门1座。城南门上设有城楼，城东有入汉楼，城西南最高处有烽火楼。城内东北地势较高处，孙吴时建有仓城，或称石头库。

20世纪90年代以来的考古发掘已经确认，石头城遗址位于今清凉山公园、国防园及菠萝山（又称波罗山，旧称盋山、博山）、红土山（旧称红土冈）、清凉门地区。其平面形状不规整，呈北宽南窄的粽子形。除南墙外，其城垣多依自然山体而建，周长总计3千余米，占地面积至少在60万平方米以上。就此而言，石头城堪称一座山城。

东府城　西倚青溪，南临秦淮，是拱卫都城建康东南的重要军事屏障。东府城之得名，既因其位于宫城和都城东南，又与其在西州城东有关。东晋义熙六年（410）七月，刘裕曾在东府城“大治水军，皆大舰重楼，高者十余丈”。义熙十年（414）冬，刘裕又大事建设，筑府舍，修城垣，正式将东府建为东府城。此后东府城常为扬州刺史治所，兼为相府。每当建康遇有战事，东府城都是双方竭力攻守的对象，具有举足轻重的地位。东府城初为土筑。梁太清三年（549）侯景之乱中女墙被毁，方改为砖砌。

西州城　为六朝时期扬州治所，即古扬州城或称为扬州廨，因其处建康都城和宫城西南而得名。其“周回三里”，设有东、南、西三门，而无北门。东晋孝武帝太元末年，会稽王司马道子为扬州刺史，居东府城，后其子司马元显领扬州刺史，以西州城为治所。东晋时期，扬州刺史常由宰相兼领，西州城便成为相府。此后，西州城还曾作为丹阳尹治所。南朝以后，扬州刺史多由宗室诸王担任，西州城又成为诸王聚居之地。

白下城　白下城位于都城西北郊江岸必争之要地，它与石头城、新亭城并称为关乎六朝京师存亡的唇齿相依的三大江防重镇。白下城修建于南朝刘宋末年，此前在东晋时则为一处简易的军事城垒，称作白石垒。

丹阳郡城　丹阳郡是六朝都城建康所在，其长官称丹阳尹，因其位处京都之特殊地位，东晋、南朝多以宰辅、诸王、心腹等为尹。作为郡治的丹阳郡城地位特殊。侯景之乱中，萧正德曾屯驻丹阳郡城。据《景定建康志》卷二十引《宫苑记》等旧志记载，丹阳郡城至西晋太康年间始筑，南朝宋、齐、梁、陈因之不改，城周一顷，开东、南、北三门。其位置在秦淮河南岸长乐桥东一里，南临大路，城后有浮航。

越城　史载周元王三年（前473），越灭吴，尽得江南之地。次年，越王勾践命大夫范蠡于新占领的金陵濒江临淮之地修筑越城，作为攻防楚国、进而争霸中原的重要军事据点。越城因扼淮控江，至六朝时期仍为攻守建康城南之重要堡垒，具有重要的军事地位。史称“越而楚，楚而秦，秦而汉，汉而吴、晋、宋、齐、梁、陈，攻守于此者，西则石头，南则越城，皆智者之所必据”。据旧志记载，越城“周回二里八十步”，约合今 990 米，可见其规模不大。六朝时期许多重要战事，均与越城有关。如东晋义熙六年（410），起义军卢循、徐道覆引兵袭击建康，大将刘裕急忙从伐燕前线回师，采纳虞丘进之计，及时修治越城，终于扼制住了卢循的攻势。越城遗址位于中华门外西南的西街地块，近年南京市考古研究院在此发现了环濠、道路等遗迹，对研究南京城市起源等问题具有重要的学术价值。

新亭垒（城）　位于建康城西南郊，因新亭而得名。东晋以降，因其临江依山的特殊位置，成为控扼建康都城西南面的军事要隘。凡都城南郊有战事，多据此城以攻守。东晋时期的新亭，只是驻军的营地。刘宋以降，则正式修筑营垒，称为新亭垒，或称为新亭城。新亭的得失，往往维系到都城建康的安危，故后人有论：“方六朝时，上流奔冲用兵战争，无不扼此相拒，先据者胜。”隋灭陈后，新亭城的军事防御功能不复存在。

第二节　南唐江宁

五代十国时期的南方政权南唐定都江宁（今南京）。

唐宋之间中原五代相继，中原以外地区先后十个政权并存，在这十国之中，南唐不仅地域相对广大，且政治地位十分突出。937 年，李昪（原名徐知诰）称帝，他以唐朝后裔自居，更名为“昪”，改国号为“唐”，史称“南唐”，其疆域北到淮河，南到南岭，东到大海，西到长江中游。南唐经历三代国主：先主李昪，出身寒微，以高超的政治手段建立南唐。他实行顺应时代潮流的治国安邦政策，使南唐安定，经济恢复发展。中主李璟，违背先主遗愿，于东西两线开战，耗尽国力，中原政权趁机举兵南下，南唐战败，丢失长江以北半壁江山，中主含恨去世。后主李煜继位时，适逢南唐战败之后政治混乱，财政匮乏，而刚刚建立的北宋逐步统一南方诸政权，北宋开宝八年冬十一月（976年1月1日），宋军攻破南唐都城。南唐就此灭亡。

南唐立国虽然短暂，但在历史上留下了深刻的印记。其中原因：第一，它是五代十国局面奠定的关键之一，影响了历史的进程；第二，它在政治、经济、文化等各方面影响了后世中国的形态，具有典型意义；第三，就南京而言，再次成为南方政治经济文化中心，这一时期是南京古代城市史上的一个小高潮时期，影响了后世南京城的格局和规模。

开皇九年（589），隋灭陈，六朝历史结束。隋唐两代，南京失去其原先拥有的都城地位，城市布局随之改变，原先的宫城区被废弃，秦淮河两岸成为居住、商业中心。杨吴的都城在扬州，权臣徐温控制吴政后，计划在金陵修建新的政治中心，其养子知诰，即后来的南唐先主李昪被派往金陵整修城池。李昪建唐后，正式将都城定在金陵，名江宁府。周显德六年（959），南唐大败于后周，尽失江淮之间疆土，江宁与中原政权之间仅存一江之隔，形势岌岌可危。北宋建隆二年（961），南唐中主李璟将都城迁往洪州（今江西南昌），但是江宁作为国都，在南唐人心目中的地位已不可替代，且洪州宫廷设施简陋，难以与繁华的江宁城相比。同年，李璟去世，其子李煜继位后，又将国都迁回江宁。

南唐都城江宁分为内外两重，内重是宫城，外重是都城。

一、宫城

南唐宫城位于都城中北部。其皇宫主体位于现在南京的洪武路，明清时期，此地称作卢妃巷。南唐先主李昪崇尚节俭，其宫城建筑起初相当简陋，中主与后主时期，对宫内略有建设，澄心堂是其中的著名建筑。

南唐宫城在北宋先为江宁府署，在南宋为行宫。北宋中期，江宁府署发生大火，原南唐宫城建筑因此而焚毁殆尽，故今南京市内南唐遗迹并不多见。元军占领金陵后，南宋行宫即南唐宫城建筑被拆毁。从元代开始，已有金陵居民将被废弃的南唐宫城中的平整土地辟为菜圃。

南唐宫城坐北朝南，自宫城正门而出，是一条南北走向的御街，直抵都城南门，大体即今内桥至中华门之间的中华路。御街所经之处地势低洼，杨吴扩建金陵城时，也采用和六朝建康都城一样的格局，在御街旁开沟，以免御街积水。

南唐宫城的护城河称为护龙河。护龙河利用了青溪故道的一段为其东段，利用六朝运渎一段为其西段，又连接青溪、运渎为护龙河南段。直到20世纪30年代，南唐护龙河仍有迹可寻。

二、都城

在杨吴—南唐两代，金陵（江宁）政治地位上升，其城市面貌有很大改观。

南唐江宁城区的四至较为明确，据明代《金陵古今图考》记载："西据石头，即今石城、三山二门；南接长干，即今聚宝门；东以白下桥为限，即今大中桥；北门以玄武桥为限，即今北门桥。"南唐江宁府城墙北达今南京珠江路、广州路一线，东北至今竺桥，南转至城东门，东南至今雨花桥，南至今中华门，西南至今凤台山西南麓，西至今水西门、汉西门一线，西北至石头山，即今清凉山南麓。在此范围之内的南唐都城正位于秦淮河下游平原之中，四周是山峦。如城北鸡笼山、城东钟山、城南雨花台，以及城西清凉山，后人形容为"四顾山峦，无不攒簇"。其布局的特点是将重要的战略制高点置于城外。这种形

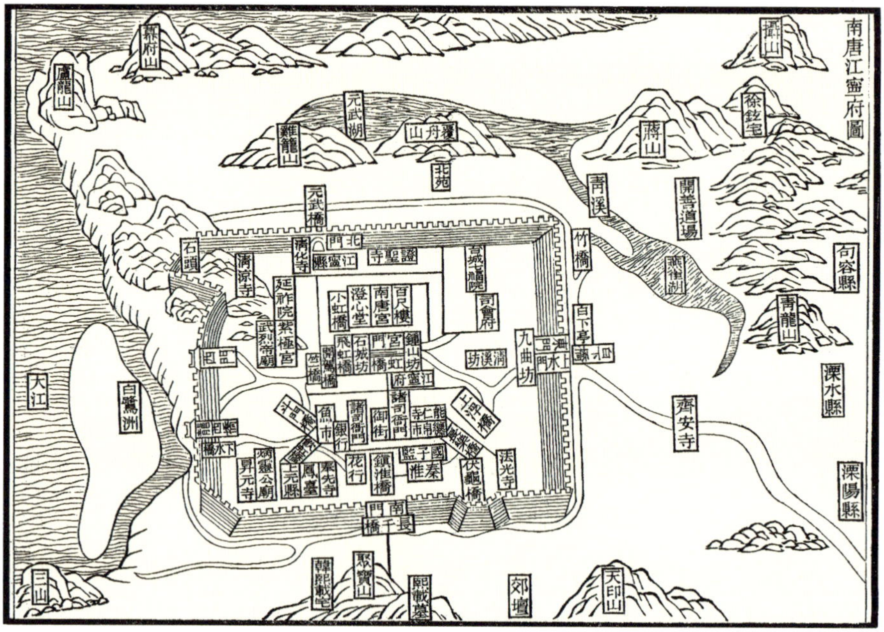

图2-3　南唐江宁府图(《金陵古今图考》)

势对于都城的军事防守非常不利，北宋军队进攻南唐时，百道攻城，南唐军队几乎无险可据。

南唐都城有八座城门。东门在现在南京大中桥附近，北门在今珠江路南侧估衣廊北口。清代人记载，明清时期的聚宝、三山、石城三门分别即是南唐江宁府城的南门、水西门、大西门。据此，南唐江宁府南门即在今中华门，西门在今汉中门南。又明代三山水关即南唐秦淮河出城处，则三山门即南唐的龙光门。另外，在秦淮河入城处有上水门，明代又称通济水关，即今东水关；龙光门稍南秦淮河出城处有下水门，明代又称三山水关，即西水关。明清时期，这两座水门已改成水关，不复为城门。江宁府城中的水路交通相当重要，故这些城门中有四座是沿水设门。

杨吴及南唐时期的江宁府城防以城墙与城濠相结合。为此，当时对城内外水道系统进行了大规模改造，主要是利用自然水道，辅之以人工河道，连接成完整的护城河系统。

南唐都城城濠环绕全城，它主要是在杨吴时期成型，故又被称为杨吴城濠。城濠利用原青溪水道的一部分。青溪原先自钟山脚下向东流，经今太平桥南流。杨吴时期青溪流至今竺桥被分流，一支西流，经今珠江路、广州路一线，构成杨吴城濠的北段。明代应天府城向北拓展，杨吴城濠北段失去作用，渐被废弃。直到清末，自竺桥过浮桥、进香河、北门桥的河道还有遗迹可寻。北门桥以西的城濠虽早已断流，但今广州路东段至20世纪末仍有干河沿之地名。青溪另一支，自竺桥南流，经复成桥、大中桥、东水关与秦淮河汇合，成为当时金陵城东的护城河。今东水关以南、绕城外长干桥，西北至水西门的水道，俗称外秦淮，也是杨吴城濠的一部分。杨吴城濠西段的濠水和秦淮河水汇合。杨吴时期，又利用原长江夹江构成都城护城水道体系的西段。护城水道的西北端在今乌龙潭。乌龙潭位于石头城南麓，杨吴—南唐时期正是利用这一片形状狭长的水面，连接起其护城水道系统的北段与西段。

由于城、濠相辅，南唐时期的江宁府城门之外多有桥梁跨于河上。其中一些桥梁至今可考。如北门桥，位于北门之外，宋代曾称清化桥、草堂桥、武胜桥，明清时期通称北门桥；白下桥，在金陵城东门外，宋代又曾更名为上春桥，即现在的大中桥；长干桥，在南门外，即现在中华门外的长干桥。

杨吴—南唐时期改变了六朝建康城水道体系，基本奠定了今南京城区的水道布局，自此以后，秦淮河下游主干道被包入城内。从南唐时期开始，内秦淮河畔成为金陵的文教中心之一。南唐临秦淮河开设国子监，宋元明清时期，此地均为金陵文教中心之一。自明代始，此地已有夫子庙之称。

南唐都城江宁影响了千百年来南京城市的布局。明初扩建应天府城，实际上是在杨吴、南唐旧城之东北新建一政治中心，即皇城，又在六朝宫城旧址新建一文教中心，南唐以来的旧城仍是明代应天府城以及清代江宁府城的经济中心以及人口最为集中的地区。明初扩建应天府城，其城中与城南部分沿袭宋元以来旧城格局，即南唐都城格局。自南唐宫城正门至都城南门的御街，即今内桥与中华门之间的中华路，这条街道作为南京南部城区的中轴线，千百年来其走向几乎没有更动。

第三节　明朝南京

1368 年，朱元璋在应天府称帝，改名南京，年号洪武，建立明朝政权。这是南京有史以来第一次成为大一统王朝的都城，也是当时全国的政治、军事、经济、文化和对外交流中心，从此全国性的政治中心与经济中心统一起来。明太祖朱元璋、建文帝朱允炆和明成祖朱棣，相继以南京（又称京师）为都，历时达 53 年。1421 年，朱棣迁都北京，此后二百余年间，南京成为留都，又称南都、陪都、南中，官僚集权机构继续保留，仍然是南方地区的政治、军事、经济和文化中心，其地位仅次于北京。明朝南京（省级政区，又称南直隶、南畿）统辖应天、凤阳、淮安、扬州、苏州、松江、常州、镇江、庐州、安庆、太平、宁国、池州、徽州 14 府，以及徐州、滁州、和州、广德 4 直隶州，下辖 17 州、97 县。其中应天府（相当于今南京市）管辖的范围，不仅有长江以南的上元、江宁、句容、溧水、溧阳、高淳 6 县，还扩展到长江以北的江浦、六合 2 县。这一变化，标志着有史以来南京的管辖范围正式跨过长江，成为我国唯一的跨江而治的都城。

明朝 276 年间，南京政治稳定，经济繁荣，文化昌盛，对外交流频繁。南京话作为官话在全国推广开来，这是南京历史上的第一次，也是唯一的一次。

早在元顺帝至正十六年（1356），朱元璋攻占江南重镇集庆（今南京），改名应天，自称吴王。他以应天为根据地，采纳儒生朱升提出的“高筑墙，广积粮，缓称王”建议，经过十年的积蓄力量，先后打败陈友谅等武装政权，并于至正二十六年（1366）开始兴建宫城，与此同时，又开始扩建应天府城。1368 年朱元璋定都南京后，大张旗鼓地开展都城的营建。为了将南京建造成天下第一名都，朱元璋下令征调全国各地工匠、普通百姓和犯人进京筑城，人数多达百万之众。他还下令南直隶（包括今江苏省、安徽省和上海市）、江西行省（今江西省）、湖广行省（包括今湖北省、湖南省）的地方政府，以及驻扎在京城内外的军队卫所、中央工部等部门和单位按照生产责任制烧造城砖。

南京城墙从 1366 年兴建，至 1393 年为止，前后耗时 28 年之久，形成了从内到外由宫城、皇城、京城、外郭四重城垣构成的宏大格局。

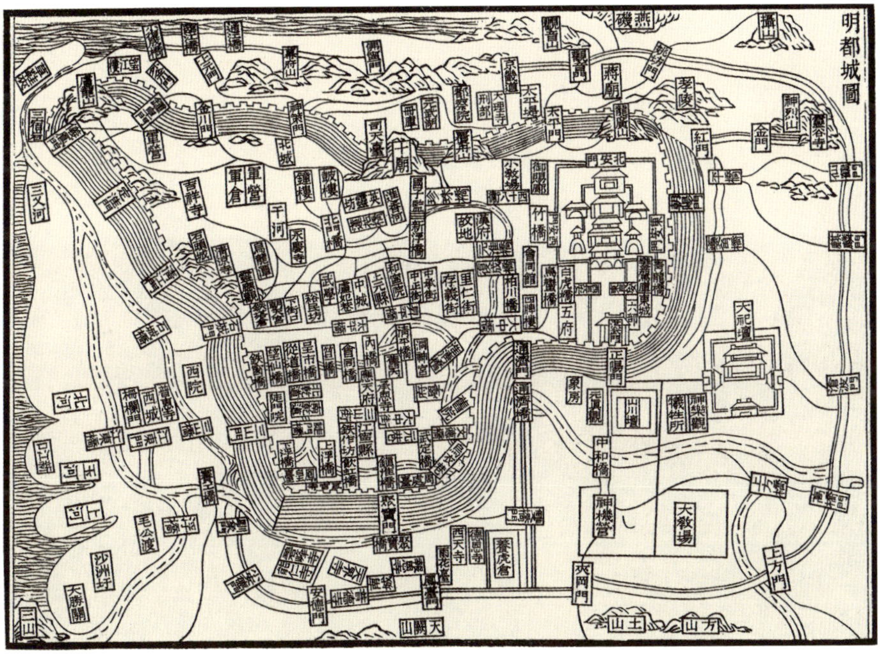

图 2-4　《明都城图》中的四重城垣（《金陵古今图考》）

一、宫城

宫城俗称紫禁城，又称大内，位于京城东隅和皇城的中部。始建于元朝至正二十六年（1366），吴王元年（1367）竣工。据《明太祖实录》，洪武八年（1375）九月“诏改建大内宫殿”，至洪武十年（1377）九月，“改作大内宫殿成”。经过整整两年时间改建的大内宫殿，规模宏大，壮丽无比。

宫城是南京城最里面的部分，也是最核心部分。由于是填平燕雀湖（今前湖是其剩余下来的一部分）而建，因此地势南高北低。宫城平面呈矩形，东西宽 0.75 千米，南北长 0.95 千米，周长 3.4 千米。辟有六门：南面三门分别为左掖门、午门、右掖门，其余三面各辟一门，东曰东华门，西曰西华门，北曰玄武门（后改为厚载门，今后宰门一名由此而来）。宫城外侧有御河环绕。

宫城坐南朝北，建筑群可分为三部分：

第一部分是中轴线上的建筑群。中轴线上由南向北依次是午门、

图 2-5　明故宫午门旧影（摄于清末）

奉天门、“前朝”三大殿——奉天殿、华盖殿、谨身殿及“后寝”两宫——乾清宫、坤宁宫。“前朝”是皇帝办理朝政、接见中外使节朝觐、大宴宾客、策试会试举人的场所；“后寝”（又称后廷）及左右附属建筑，是皇后和皇室成员、侍从聚会、宴饮、居住、学习和游憩的场所。两者组合起来，称为“朝廷”。

第二部分是东部建筑群。中轴线东侧由南至北依次是文华殿、奉先殿和柔仪殿。其中文华殿是东宫太子处理政务、宴饮国戚及东宫官属之所，奉先殿是供奉和祭祀皇室祖先之所。

第三部分是西部建筑群。中轴线西侧由南至北依次是武英殿、春和殿。其中武英殿是皇帝斋戒时所居住的地方。

这种建筑格局，不仅是明朝中都临濠（今安徽凤阳县）宫城的范本，也是明清北京紫禁城的蓝本。据《明太宗实录》“永乐十八年”条记载：“营建北京，凡庙社、坛场、宫殿、门阙，规制悉如南京，而高畅壮丽过之。”今日跨越南京中山东路南北的明故宫就是明朝皇城和宫城旧址所在地。从现存的午门、西华门、内五龙桥以及散落在皇宫旧址上的浮雕石壁，以及大量石柱础和建筑构件，我们不难想象当年明朝宫殿的华丽和辉煌。

二、皇城

皇城位于京城东部，环绕在宫城之外，北枕钟山支脉富贵山，南临秦淮河。既有水运之便，又与前朝旧城紧密相连，各方面都很理想，也合乎风水家所追求的阳宅必须“背山、面水、向阳”的模式，唯一的缺点是地势低洼。皇城坐北朝南，平面呈东西对称的倒“凸”字形。东西宽约 1.5 千米，南北长约 2.5 千米，周长 8.23 千米。周围有护城河环绕。它与宫城合称为“皇宫”。

皇城的建设略晚于宫城，建于朱元璋称帝前，直到洪武二十五年

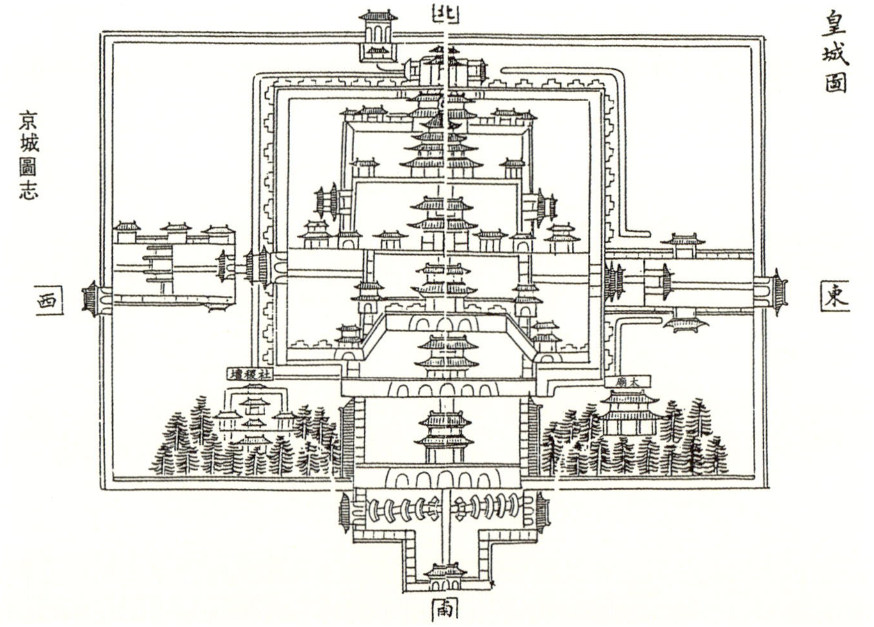

图 2-6 明皇城图（《洪武京城图志》）

（1392）还在营建。据《明太祖实录》“洪武二十五年”条记载：“是岁，建端门、承天门楼各五门，复于承天门外建长安东西二门。”

皇城辟有六门：南为长安左门、洪武门、长安右门，东为东安门，西为西安门，北为北安门。这六门分别与宫城的六个城门相对。同时，洪武门与北面的宫城午门、南面的京城正阳门，处在同一条中轴线上，构成明朝南京城的御道。皇城内的御道两侧，左为太庙，右为社稷坛。

明都北京紫禁城就是模仿南京皇城和宫城而建，据明朝徐学聚《国朝典汇》记载：“（北京）凡庙社、郊祀、坛、场、宫殿、阙，规制悉如南京。”南京明皇城现在仅有西安门和外五龙桥保存下来。从午门到光华门之间的御道街，就是明代的皇宫御道，也是明代南京的中轴线。

值得一提的是，明成祖朱棣在位时，不仅诏令文人利用皇城中文渊阁的图书，编纂完成“世界有史以来最大的百科全书”——《永乐

图 2-7　明故宫西安门旧影（摄于清末）

大典》，还开馆东华门外，将程朱学派的主要著作汇编成《五经大全》《四书大全》《性理大全》，颁行全国。

三、京城

京城俗称南京城墙，建于 1366—1393 年，周长九十六里（实测全长 35.267 千米）。意大利传教士利玛窦在《利玛窦中国札记》中对京城城墙是这样描述的："第二重墙包围着包括皇宫在内的内墙，囊括了该城的大部分重要区域。它有十二座门（笔者按：应为十三座门），门包以铁皮，门内有大炮守卫。这重高墙四周差不多有十八意大利里。"

南京城墙突破了中国古代城墙通常为方形或矩形的传统规制，从防御的需要，因形随势而建，平面呈不规则状。南北长约 10 千米，东西宽约 5.5 千米。东北靠近钟山西南麓，与前湖、琵琶湖相邻；北面紧邻玄武湖，将覆舟山（小九华山）、鸡笼山全部包进城内；西面和

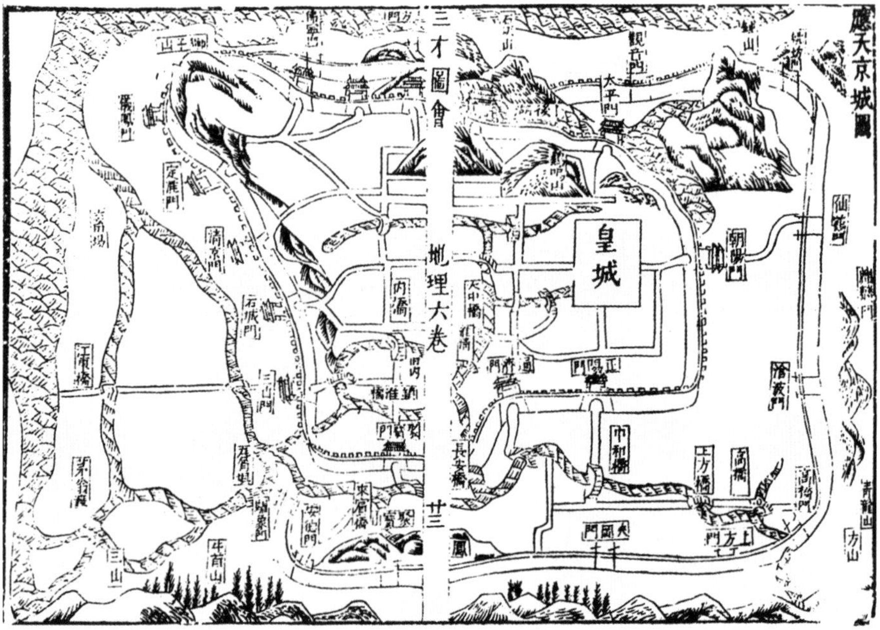

图 2-8　应天京城图（《三才图会》）

西北角几乎伸到长江边，把石头山、乌龙潭、狮子山、马鞍山纳入城中；南面将秦淮河包进城内。它将六朝建康城、南唐金陵城、宋代建康府城、元代集庆路城全部涵盖进来，成为南京历史上规模最大的城墙。

依据地理形势和整体布局，明朝政府在南京城墙东、西、南、北四面共辟有神策门、金川门、钟阜门、仪凤门、定淮门、清凉门、石城门、三山门、聚宝门、通济门、正阳门、朝阳门、太平门 13 座城门，每一座城门都建有规模大小不一的城门楼（又称镝楼、敌楼），城门设有内瓮城（如聚宝门）和外瓮城（如神策门）。每座城门均设木质包铁的对开门和上下启闭的闸门（俗称千斤闸）各一道。明代南京城墙 13 座城门中，除了聚宝门、三山门、石城门分别沿袭了南唐都城的南门、水西门和大西门旧址外，其余的 10 座城门都是明朝新建的。为了加强城门的防御，明朝政府在 13 座城门设置了 13 个千户所，各有士兵 1200 人把守，设正、副千户各一员。13 座城门中目前保存下来的有聚宝门（今中华门）、石城门（今汉中门南）、神策门（今和平门）、清凉门四座，其余均无存。

南京城墙高度一般在 8—26 米，墙体剖面基本上呈等腰梯形，上窄下宽，顶宽 2.6—19.75 米，底宽 5—22 米。用于修建南京城墙的城砖每块重约 20 千克，条石每块重约 500 千克。城墙顶部朝外一侧，建有锯齿状的带方形射孔的雉堞（又称城垛、垛口），平均每隔不到 2 米一个，共有 17597 个；城墙内侧建有较矮的女墙，高约 1 米。据《南京都察院志》记载，当年的城墙上还建有城铺（又称城堡）247 个，用于驻扎军队和存放守城器械。南京城墙无疑是南京建城以来建造最为坚固、防守最为严密的城墙。

明代万历年间大学者顾起元在《客座赘语》中称赞南京城墙道："南都城围九十里，高坚甲于海内。自通济门起至三山门止一段，尤为屹然。聚宝门左右，皆巨石砌至顶，高数丈。吾行天下，未见有坚厚若此者也。"明末清初顾炎武《肇域志》赞美道："南都城高坚甲于海内。"历经 650 多年风雨，到目前为止，明朝南京城墙仍有三分之二保存下来，长度达 25.091 千米。南京城墙是我国目前现存规模最大、保存最完整、长度最长的古代都城城墙。

四、外郭

外郭，又叫外城，俗称土城头。据《明太祖实录》记载："洪武二十三年四月庚子，置京师外城门。"明朝洪武二十三年（1390）开始修筑外郭城墙，直到洪武二十九年（1396）还未完全竣工。

建造外郭的目的是加强南京的军事防御。外郭环绕在京城周围，规模宏大，周长号称"一百八十里"，实际约为 60 千米。它利用京城外围的天然岗垄建造而成，平面形状大致呈菱形。石城关与外金川门、江东门与驯象门之间则是利用河道、湖泊作为防御屏障，并无城墙连接。

据明朝陈沂《金陵古今图考·国朝都城图考》记载：“外郭西北据山带江，东南阻山控野……周一百八十里。”它将幕府山、雨花台、紫金山等重要山丘以及秦淮河、金川河、玄武湖、莫愁湖等重要水域甚至大片的农田全都囊括在内。外郭城墙在大多数地方依据自然山丘地形用土垒成，只有在具有标志意义的城门位置才用砖石垒砌，所以俗称土城、土城头。

据《洪武京城图志》记载，明朝初期，外郭辟有16座城门：南有上方门、夹冈门、凤台门、大安德门、小安德门、大驯象门、小驯象门7门，东有姚坊门、仙鹤门、麒麟门、沧波门、高桥门5门，西有江东门1门，北有佛宁门、上元门、观音门3门（笔者按：其中小驯象门实际上未开辟）。明朝中晚期，又在北面、西面和南面，分别增辟了外金川门、石城关和双桥门，这样外郭的城门数量就增加到18座。

据明朝徐必达、施沛等修纂《南京都察院志》卷二，外郭18座城门中，西南两面的石城关及江东、驯象、大安德、小安德、凤台、双桥、夹冈、上坊、高桥门共10座城门，隶于南京守军中的留守前卫；东北两面的沧波、麒麟、仙鹤、姚坊、观音、佛宁、上元、外金川门共8座城门，隶于留守后卫。

图2-9　观音门旧影

外郭城门早已荡然无存，但有的地段仍能看见遗迹。大多数外郭城门名字保留沿用至今，如观音门、尧化门（姚坊门）、江东门、高桥门、上方门、麒麟门等，成为南京地名中的“活化石”。

清朝吴敬梓《儒林外史》第二十四回中有这样一段精彩的描述:“这南京乃是太祖皇帝建都的所在,里城门十三,外城门十八,穿城四十里,沿城一转足有一百二十多里。城里几十条大街，几百条小巷，都是人烟凑集，金粉楼台。”书中提到的“里城门十三，外城门十八”，民间简称为“里十三，外十八”。其中“里城门十三”指的是京城城门，“外城门十八”指的是外郭城门。

明代南京城被认为是中国最大、最好、最美丽、最雄伟的城市。意大利天主教传教士利玛窦于万历年间三次到南京，他在《利玛窦中国札记》中写道：“在中国人看来，论秀丽和雄伟，这座城市超过世上所有其他的城市……它真正到处都是殿、庙、塔、桥，欧洲简直没有能超过它们的类似建筑。……在整个中国及邻近各邦，南京被算作第一座城市。”葡萄牙传教士曾德昭在其作品《大中国志》中称赞南京时写道：“我认为它是全国最大最好的城市，优良的建筑，宽大的街道，风度优雅的百姓，及丰富优良的种种物品。……无数的宫殿、庙宇、楼塔及桥梁，使城市显得非常壮丽。”

明朝南京城设计之新、布局之奇、形状之特、规模之巨、构造之巧、体量之大、材料之精，不仅展示了我国古代政治家、军事家和能工巧匠的聪明才智，体现了我国古代“天人合一”思想，而且彰显了南京至高无上的国都地位，在中外都城建设史上也是一个创举。

时至今日,南京明城墙已经成为南京独特的文化地标和文化名片，2006年和2012年，国家文物局两次将“中国明清城墙”联合申遗项目列入《中国世界文化遗产预备名单》，堪称对明代南京城墙价值、地位和影响力充分肯定的最好诠释。

第四节　太平天国天京

鸦片战争失败后，中国人民面临着外国资本主义入侵和本国封建主义加重剥削的局面，国内的阶级矛盾更加激化。大量战争赔款的转嫁、银贵钱贱的压榨、赋税徭役的重担，以及官府衙门的贪污腐败，加之土地兼并，西方资本主义的入侵，自然经济逐渐解体，导致大批农民失地破产，大量游民失业流亡，造成 19 世纪四五十年代社会矛盾空前尖锐。1842—1850 年，见于记载的农民起义事件达 110 多起，几乎遍及全国。北方的白莲教、捻军和南方的天地会都十分活跃，特别是两广地区，由于受到鸦片战争的直接冲击，社会更加动荡，洪秀全领导的太平天国农民运动就是在这种形势下酝酿和发生的。它掀起了席卷全国的农民运动的新高潮，达到了旧式农民起义的最高峰。

洪秀全，广东花县人，出身农民家庭。自 1828 年起，洪秀全屡试不中，科场黑暗使他产生了对现实的不满和反抗情绪。1843 年，洪秀全第四次赴广州应试不第，他从宣传基督教教义的小册子《劝世良言》中得到启发，在家乡与冯云山等创立拜上帝教，逐渐走上反清革命道路。1844 年，洪秀全、冯云山等离开花县到广西赐谷村、紫荆山区宣传拜上帝教，发展教众。1845—1847 年，洪秀全先后写成《原道救世歌》《原道醒世训》和《原道觉世训》等，作为发动和组织广大人民群众的思想武器。

一、定都天京

1851 年 1 月 11 日，洪秀全率众于广西桂平金田村起义。随后，在武宣县东乡登极称“天王”，建号“太平天国”。9 月，太平军攻克永安州，封杨秀清为东王，萧朝贵为西王，冯云山为南王，韦昌辉为北王，石达开为翼王。“永安建制”后，太平天国初步建立起农民革命政权。1852 年 4 月，太平军从永安突围，北上桂林，进入湖南。1853 年 1 月，太平军攻克武昌，顺长江而下，连克九江、安庆、芜湖。3 月 19 日，太平军占领南京，改为天京，定为首都，正式宣告太平天国农民政权的建立。

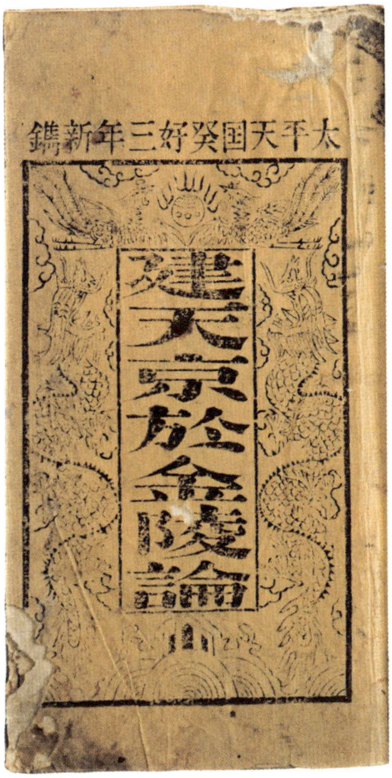

图 2-10　《建天京于金陵论》书影（南京太平天国历史博物馆 藏）

定都天京后，太平天国先后进行了北伐和西征。1856 年上半年，太平军先后击破清军江北大营和江南大营，在军事上达到全盛。太平军的胜利和辉煌使太平天国的领导人开始骄傲自满，封建特权和等级思想日益膨胀。定都天京后，上下之间等级森严，从称呼、服饰到仪卫等也都有明确的规定，不准逾越。太平天国的领导者热衷于个人的权势和地位，贪图享乐的思想普遍滋长。诸王在建都后不久就大兴土木，建立豪华府邸，彼此猜忌日生，与部将及广大士兵的关系逐渐疏离。终于，在 1856 年发生了天京事变。1856 年 8 月，杨秀清逼封“万岁”，洪秀全密诏韦昌辉、石达开回京护驾。韦昌辉杀死杨秀清全家及部属 2 万多人，后又欲杀石达开，石达开连夜出逃。11 月，石达开起兵讨韦，洪秀全在天京军民支持下诛杀韦昌辉及其心腹，结束了这场长达三个月的内乱。天京事变后，洪秀全召石达开回京，又另封其长兄洪仁发为安王、洪仁达为福王，以掣肘石达开。1857 年 6 月，石达开负气出走，转战西南，孤军深入，于 1863 年 5 月在四川大渡河畔全军覆没。

天京事变大大削弱了太平军的力量，成为太平天国由盛而衰的转

图 2-11　绣龙马褂（南京太平天国历史博物馆 藏）

折点。清军乘机重建江南、江北大营，围困天京。洪秀全为了挽救危局，提拔陈玉成、李秀成等青年将领，加上干王洪仁玕，重建了太平天国后期领导核心。1858 年 8 月，陈玉成、李秀成会集各路将领，在安徽枞阳召开军事会议，协同作战，再次击溃江北大营，稳定了天京上游的局势。但是太平军将士的英勇征战，仍未能阻止太平天国形势的逆转。到 1864 年 5 月，天京周边苏州、常州、杭州等相继丢失，天京成了孤城。1864 年 6 月 1 日，洪秀全病逝。7 月 19 日湘军攻破金陵，太平天国首都天京失陷。1868 年 8 月 16 日，梁王张宗禹所率西捻军在山东茌平徒骇河全军覆没，至此，太平天国农民起义最终失败。

太平天国坚持斗争 18 年，纵横 18 省，攻克 600 多个城镇，沉重打击了清王朝的统治，严重动摇了几千年来封建制度的经济基础和上层建筑。其时间之长、影响范围之大，是以往任何一次农民起义所不能比拟的。太平天国农民运动英勇地抗击了外国侵略者，捍卫了民族尊严，使西方列强迅速殖民地化中国的企图受到严重挫折。由于农民阶级的局限性，导致内部争权夺利、腐败内讧，在清政府和外国列强的共同绞杀下，太平天国最终走向覆亡。太平天国起义及其失败表明，在半殖民地半封建的中国，农民是民主革命的主力军，但单纯的农民战争不可能完成争取民族独立和人民解放的历史任务。

二、建章立制

太平天国农民运动对近代中国的出路进行了可贵的探索。太平天国前期颁布了《天朝田亩制度》，其基本内容是根据“凡天下田，天下人同耕”的原则，把土地分为三级九等，按好坏田平均分配土地。《天朝田亩制度》实际上是一个以解决土地问题为中心的比较完整的社会改革方案。太平天国的领导者们希望通过施行这样的方案，建立“有田同耕，有饭同食，有衣同穿，有钱同使，无处不均匀，无人不饱暖”的理想社会。《天朝田亩制度》的主张，从根本上否定了封建土地所有制，表达了广大农民要求平均分配土地的强烈愿望。不过，它并没有超出农民阶级的狭隘眼界。它所描绘的理想天国，仍然是封闭的、自给自足的，是小农业和家庭手工业相结合的传统生活方式，是一个没有商品交换和绝对平均的社会。从本质上来说，仍属于一种乌托邦似的空想主张。

后期太平天国公布了洪仁玕起草的《资政新篇》，主张改革传统，效法先进国家富强之道。其主要内容包括：政治方面，用人察失，严禁朋奸，申明广开言路，沟通上下，革新政治；经济方面，主张效仿西方，允许私人投资，兴办近代工矿交通、金融事业，开矿山，办工厂，修铁路，造轮船，设邮局，兴银行，并奖励发明创造；思想和社会生活方面，主张办学校，开设医院，兴办育婴堂等社会福利机构，发展救济事业，注重时事，开设新闻馆，禁食一切鸦片，废除庙宇寺观，倡科学，革除腐朽习俗；外交方面，主张中外自由通商，开展文化交流，平等往来，但明确提出不准外国人干涉中国内政。《资政新篇》是一个具有鲜明资本主义色彩的方案。洪秀全看到后大为赞赏，并下令镌刻颁行。尽管限于当时的条件，《资政新篇》提出的方案大部分不可

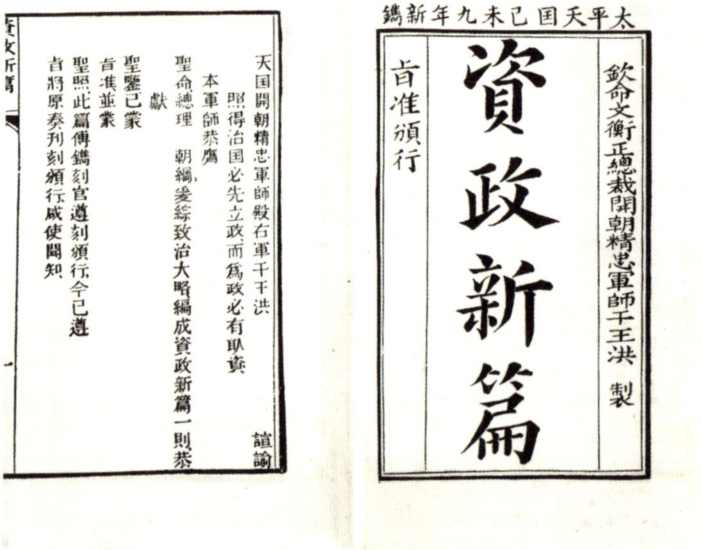
天国開朝精忠軍師殿右軍干王洪 謹諭
照得治国必先立政而爲政必有取資
本軍師恭膺
聖命總理 朝綱爰綜致治大略編成資政新篇一則恭
獻
聖鑒已蒙
旨准並蒙
聖照此篇傳鐫刻宣遵刻頒行今已遵
旨將原奏刊刻頒行咸使聞知

太平天国己未九年新鐫
欽命文衡正總裁開朝精忠軍師干王洪 製
資政新篇
旨准頒行

图 2-12　太平天国后期代表性纲领《资政新篇》

能实现，现实中也没有付诸实施，但是洪仁玕在其中体现出来的先进思想，不仅早于洋务派，也领先于同时期的亚洲维新思想家，为近代中国探索国家出路提供了可贵的设想之一。

太平天国在南京建都 11 年又 4 个月，是南京作为“十朝都会”的重要一朝。这一农民政权所衍生出的文化，构成了南京地域文化中不可或缺的重要一环。太平天国在南京的十多年里，颁布了大量的诏旨、告示，刻印了名目繁多的印书，留存了不同种类的文物。目前收藏于中国及英、法、德、澳、美、荷兰、日本等海外知名博物馆、图书馆，其中以南京太平天国历史博物馆最多。这些存世的文告、印书、文物涉及太平天国政治、经济、军事、外交和文化等各个方面，不仅是研究太平天国历史的珍贵实物，也是了解晚清南京地域文化的重要载体。

三、天国遗存

图 2-13　南京堂子街太平天国壁画《江天亭立图》

南京现还存有不少太平天国时期的遗址、遗迹，如天王洪秀全居住的天朝宫殿，俗称“天王府”，遗址位于今长江路 292 号。天朝宫殿分内外两重，外曰太阳城，内曰金龙城。清同治中期尚有部分建筑留存，曾国藩重修两江总督署时，保留了天朝宫殿中轴线的建筑布局。太平天国在南京地区的其他历史遗存还有东王杨秀清暂住的原清江宁布政使衙署（后改为幼西王萧有和王府）、金沙井干王洪仁玕王府遗址、升州路英王陈玉成王府及天朝总圣库遗址、堂子街某王府太平天国壁画，以及东郊紫金山第三峰的天保城遗址、湘军攻破天京的炸城缺口遗址等。据统计，南京现存太平天国遗址遗迹中，有天王府遗址等 3 处全国重点文物保护单位，曾水源墓、天朝总圣库遗址等 9 处省市级文物保护单位。这一处处珍贵的文化遗产，见证了太平天国对中国近代社会及南京城市发展极其重要的影响。

第五节　民国南京

晚清西风东渐，沿海港口城市相继开埠。位于长江下游的南京，由于受到太平天国战争的影响，直到 1899 年才对外开放。我们看到的南京某些西化形态，就是从那时发轫，从长江口岸的下关肇始，当年大马路的繁华可见一斑。自后，又因津浦铁路的开通而更进一步，由此拉开了南京城市化建设的序幕。

如果把晚清时期的上述变化，算作南京近代城市发展的萌芽期，那么进入民国后，南京城市建设又经历了不同的发展阶段。南京城市随着不同的发展阶段而起伏，各有其较为显著的特征。这些特征既是国家层面的时代缩影，亦是南京城市发展变迁的真实写照。

一、制订《首都计划》

南京近代城市规划始于1919年，其中以1929年的《首都计划》最为完备。它开启了中国近代城市规划实践的先河，在某些方面取得了较大成功，因而广为人知。实际上，《首都计划》并非横空出世，自民国肇基至该计划问世，南京至少有过4次城市总体规划，分别是1919年的《南京新建设规划》、1920年的《南京北城区发展计划》、1926年的《南京市政计划》和1928年的《首都大计划》。

以上规划内容虽都不及《首都计划》完备，但实为城市建设和发展中的一种过渡与渐进，起到了很好的铺垫。特别是《首都大计划》，其设计已相当周详。这为后来国都南京的建设，提供了有益的借鉴。

1927年国民政府定都南京后，南京政治地位得到空前提升。首都整体形象关乎国际观瞻和国家形象，在特定政治区域要呈现出雄伟壮丽的空间组织方式，一方面树立国家威权，另一方面唤起国民的情感认同。因此从国家层面考虑，首都建设实为头等大事，政府高层对此充满期待。

1928年2月1日，首都建设委员会成立，下设“国都设计技术专员办事处”，聘请美国建筑师墨菲和工程师古力治共主其事，吕彦直等国内专家协助。1929年12月《首都计划》出台。其设计思想是以“欧美科学之原则”“吾国美术之优点”作为指导方针，强调城市建筑形象“以

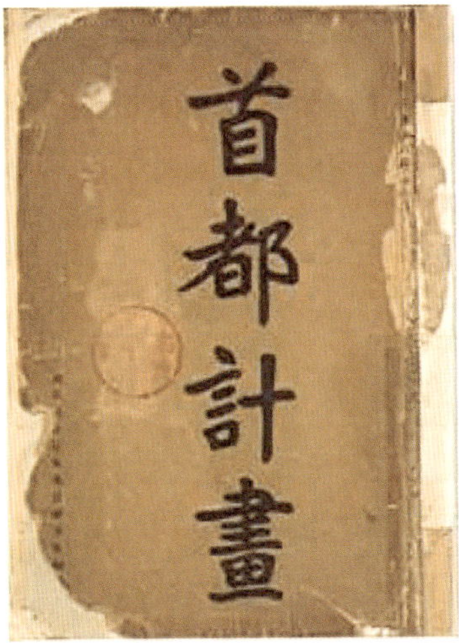

图 2-14　《首都计划》书影

采用中国固有之形式为最宜”，宏观上采纳欧美规划模式，微观上则撷取中式传统，冀图增强对传统文化的自信和国家意识的认同。

《首都计划》内容极为丰富，共达 28 项之多。规划的国都界线全长 117.2 千米，南起牛首山，北至常家营，西至和尚路，东至青龙山，面积达 855 平方千米。远期人口规模预测至百年后，为 200 万人，以六年为近期期限。

它将南京的城市建设纳入规划之中，其布局以新街口环形交通广场为市区中心，以中山大道为城市轴线。按照现代都市的标准，采取了不同功能的分区：中央政治区在中山门外紫金山南麓；市级行政区在傅厚岗一带；工业区在长江两岸及下关港口；商业区位于主干道两侧和明故宫、新街口一带；文教区在鼓楼、五台山一带；新住宅区分为三个等级，除旧城区外，在城北另设高级别墅区，位于山西路一带。除在市中心设新街口公园，还计划以林荫大道联系全城公园，使之浑然一体。整个计划多有突破和提升，并留有很大余地，实为新型城市的重要实践和成功案例。但囿于诸多原因，计划最终并未完全实施。

随后，首都建设全方位展开，至 1937 年全面抗战爆发前夕，形成了以中山大道为代表的林荫大道、相应的功能分区和众多风格各异的近代建筑，南京现代都市风貌一举奠定。

二、中山大道

中山大道，又名迎榇大道，是专为迎接孙中山灵榇奉安中山陵而建，包括中山北路、中山路和中山东路三段，北起下关，东出中山门与陵园大道衔接，全长 12 千米，是南京首条柏油马路。它是一条由快慢车道、游憩岛（又称安全岛、分隔带）和人行道构成的主干道，沿途还有行道树——悬铃木（俗称法国梧桐），夹道成荫，成为民国时期南京一道迷人和独具魅力的风景线。

1925 年 3 月 12 日，孙中山在北平逝世，灵柩暂厝香山碧云寺。治丧活动一结束，国民党中央即筹备安葬事宜，包括中山陵设计方案、迎榇及安葬等一系列大事。作为永久性纪念，迎榇大道及配套工程均冠以“中山”之名，它是民国时期南京道路建设的标志性工程，也是《首都计划》中城市规划的重要界址和参照。

1928 年 8 月 12 日，中山大道破土动工，整个一期工程赶在 1929 年 6 月 1 日孙中山奉安大典前完工。之后又进行多次改造修建，一条宽达 40 米的大道最终成型。

继中山大道建成之后，南京又相继修筑了近百条道路。到 1935 年，南京城市道路已有较大改观：1928 年筑燕子矶马路，1929 年筑黄埔

图 2-15　中山大道旧影

路、中山门马路、环湖路、中山路、朱雀路、中正路（今中山南路），1930 年筑太平门路、热河路，1931 年筑上元路、山西路、白下路、太平路、玄武湖路，1932 年筑汉中路、中华路、雨花路，1933 年筑考试院路，1934 年筑江边马路、国府东箭道马路、云南路、建康路、中央路（子午线路），1935 年建御道街等。至 1937 年初，经过十年建设，南京城内竣工的道路总长达 120 千米，奠定了南京城市交通的基本框架。

三、民国建筑

“民国看南京”，当是指作为城市重要组成的民国建筑。它是《首都计划》的体现和实践，是中国建筑史上的重要篇章，具有崇隆地位，其发展历程可视作中国近代建筑史的缩影。

南京民国建筑具有如下特点：一是等级高。除了国民政府的“五院八部”，其他如国立中央研究院、中央大学、中央体育场、中央医院、中央博物院筹备处的等级和规模，均属当时全国乃至东亚之最。二是类型全。举凡行政、纪念、文教、科研、宗教、使馆、公共、官邸、工业、交通、民居等各式建筑，应有尽有。三是历史及艺术价值高。20 世纪二三十年代的南京，汇聚了吕彦直、杨廷宝、赵深、童寯、范文照、卢树森等众多当时中国最优秀的建筑师，他们运用现代建筑技术，在秉持传统、探索融合的过程中，设计建造了一批中国宫殿式以及新民族形式的建筑经典，许多已被列入近现代优秀建筑和全国重点文保名录中。四是内涵丰富。几乎每栋民国优秀建筑都与当时发生的历史事件、历史名人相关，极具厚重的文化。

1927—1937 年，随着一大批的政府机关建筑、公共建筑和私宅先后建成，与之配套的城市公用设施也随之告竣，南京的城市面貌有了较大改观，初步具备了现代城市的规模，新都南京令人刮目相看。

颐和路街区就是这一时期兴建的代表性住宅区，是当时南京最精

图 2-16　颐和路公馆区旧影

致、最高档、最具规模的公馆区。整个街区规划有序，尺度宜人。众多建筑“和而不同”，各具特色，兼及美观与实用。它在一定程度上体现了当时南京的物质和精神状态，当代人能够直接从这一片区引发对历史的追忆。这既是都市发展中的现代图景，亦为中国近现代建筑史中的华章。

作为 20 世纪 30 年代南京新生的高级住宅区，颐和路公馆区并非孤例。全面抗战爆发前，南京市区已经成型的高级住宅区还有傅厚岗、五台山、梅园新村和常府街等，除了常府街住宅外，皆位于城北，属于划定的第一和第二住宅区。这些住宅区的出现，与《首都计划》将城市向北向东发展的规划相一致，共同改变了南京传统民居位于城南的格局，从而改写了整个城市空间结构，成为南京近现代城市风貌中的经典元素。

《首都计划》在注重城市的现代性、强调新型发展理念和规划布局方面实为详尽，其前瞻性得到了充分体现和展示，一举成就古都南京，使其在之后几十年的发展中没有落伍，为世人称道。

1927—1937 年是南京城市发展的“黄金十年”，成绩丰厚。整个沦陷时期，以及抗战胜利后的复原重建，南京市政计划几乎停留在“一纸空文”，偶有碎片化的构筑。1949 年 4 月 23 日南京解放，历史由此进入一个新的纪元。

第三章

“文学之都”文脉长

2019年10月31日，南京被联合国教科文组织列入世界“文学之都”，成为中国第一个获此称号的城市。

世界“文学之都”，准确名称是联合国教科文组织“创意城市网络”（UCCN）之“文学之都”。2004年10月，在联合国教科文组织（UNESCO）第170届执行理事会上，根据文化多样性全球联盟的创议，决定设立“创意城市网络”的评选项目。这是联合国教科文组织在“世界遗产保护”“世界非物质文化遗产代表作”评选之后向全球推行的又一旗舰文化项目。“创意城市网络”下设七大门类：文学之都、电影之都、音乐之都、手工艺与民间艺术之都、设计之都、媒体艺术之都、美食之都。

在2019年南京申报文学之都之前，全世界已有180座城市成为“创意城市网络”成员，其中包括28个世界文学之都。

我国当时已有12座城市加入“创意城市网络”。它们分别是4个“设计之都”（北京、上海、深圳、武汉）、3个“美食之都”（顺德、成都、澳门）、3 个“手工艺与民间艺术之都”（杭州、景德镇、苏州）、1 个“媒体艺术之都”（长沙）和 1 个“电影之都”（青岛）。

在七大类全球创意城市评选中，中国只有文学和音乐两项空缺，而缺席的文学这一门却是七大门类中较难申报的项目。文学之都申报难，难在有如下几大障碍：

一是中国文化走出去过程中会遭遇西方文化霸权，导致误读与偏见。在南京成功申报之前，联合国教科文组织“创意城市网络”的 28 个“文学之都”几乎清一色的是西方国家城市。中国城市的加入必然带来不一样的文化和文学形态，也不可避免会遇到很大的文化甚至意识形态阻力。

第二个困难是世界“文学之都”评选标准的严苛与独特。该标准共有 15 大项条款 48 条细则，列出的申报条件相当苛刻，细化到了一个城市的书店数量多少、参与国际组织的水平如何、创意发展的具体措施等。“天下文枢”“六朝古都”，这是南京拥有的巨大文化品牌和文脉优势，也是国人引以为豪的文学资源。一般认为，这样的文化古都入选世界“文学之都”理所当然，可是联合国教科文组织的申报标准更关心这些文化资源和优势对这个城市的影响，以及未来还有哪些可持续发展的文化创意和参与性活动。对城市历史文化的考量，可能只有十分之一都不到。因此，中国申报城市的主观认知与文都标准产生重大误差。

第三个困难是南京申报“文学之都”属于国内首次，没有经验可循。在南京成功申报之前，世界上既有的 28 个“文学之都”对中国文学特质与魅力缺乏理解。南京能否被接纳，28 个“文学之都”城市都有投票权，任何一个城市反对，都可能导致南京出局。而南京在这 28 个城市中，只有一个“友城”——格拉纳达。

看到困难的同时，南京也迎来了重大历史机遇。

2014 年 3 月 27 日，中国国家主席习近平对联合国教科文组织进行了历史性的访问，这是中国最高领导人首次到访联合国专门机构。习近平在联合国教科文组织总部发表演讲时说，中国人民在实现中国梦的进程中，将按照时代的新进步，推动中华文明创造性转化和创新性发展，激活其生命力，把跨越时空、超越国度、富有永恒魅力、具有当代价值的文化精神弘扬起来，让收藏在博物馆里的文物、陈列在广阔大地上的遗产、书写在古籍里的文字都活起来，让中华文明同世界各国人民创造的丰富多彩的文明一道，为人类提供正确的精神指引和强大的精神动力。也是在这次访问中，中国提出将积极支持“创意城市网络”的发展，鼓励更多中国城市加入。

2015 年 1 月，中国联合国教科文组织全国委员会在北京召开了“创意城市网络协调会”，希望优先支持中国的城市申请加入文学、电影、音乐等尚未有中国代表的领域并在其中发挥重要作用。

2016 年 10 月，中共南京市委宣传部牵头成立了调研组，先后邀请 6 所知名高校的专家学者、10 余家专业机构及协会、20 余家民间社团组织召开多场座谈会。大家一致认为南京历史文化底蕴深厚，文脉绵延 1800 年不绝，素有“天下文枢”美誉，适合申报“文学之都”。

在国家强大实力支撑下，南京开始了历时三年的艰苦申报历程。

在南京申报世界“文学之都”过程中，最为人称道的是发动了全社会的力量，包括 15 个专业协会、20 余家出版企业、500 余个文学社团和民间阅读组织及广大市民读者，广泛性地参与到这场文化活动中去。

其中，4 位担任“南京申都顾问”的文化名人功不可没。他们分别是：诺贝尔文学奖得主、法国著名作家勒・克莱齐奥，诺贝尔文学奖得主、中国著名作家莫言，中国著名作家、法兰西文学艺术骑士勋章获得者、南京大学文学院教授毕飞宇，中国著名翻译家、法兰西金质教育勋章获得者、浙江大学文科资深教授许钧。在申都投票的最后关头，勒·克莱齐奥先生还专门给联合国教科文组织总干事阿祖莱发送了个人邮件，全力支持南京申报。

南京是中国第一个正式宣布申报并成功入选“文学之都”的城市。至此,我国终于在七大类全球创意城市中再下一城,具有突破性的意义。

文脉连着国运，文学承载着人心。从“天下文枢”到世界“文学之都”的千年跨越，南京完成了一次惊世之作。

历时三年的申都活动本身就是在世界文化多样性舞台上展示中华文化。“文学之都”不仅是南京的一张靓丽名片，更是对南京的一次重新定位。它将南京的文化成就和贡献提升到国家层面、全球高度，对于推动南京文化产业结构优化和转型升级，发挥城市的资源禀赋优势，建设成为全国重要文化创意中心城市，促进南京走向世界，具有重要的现实意义和深远的历史意义。

从“天下文枢”到世界“文学之都”，一古一今两张文化名片的迭代，既开启了讲好中国故事、传播中国理念的南京“新篇章”，也给南京打造国际交往城市、培育独具特色的城市形象描绘了新的前景和想象空间。

第一节　源远流长

中国古都那么多，为什么偏偏是南京成了中国的世界“文学之都”第一城？

在中国文学历史发展长河中，南京以其深厚的文学传统、璀璨的文学大家、独特的文学风貌和灿烂的文学成就始终领风气之先，绵延书写壮丽诗篇，具有独一无二的文学地位。

孙吴建都南京，南京经济文化肇兴，而南京在中国文学史的重要地位实际上自六朝文学开始，此后文脉源远流长，从未中断，而且对中国文学乃至文化发展产生深远影响。

三国归晋，两晋更替，南京成为偏安一隅的东晋政权都城。国家分裂，南北对峙。在这段历史动荡期，对南京发展及中国文化塑造影响较大的当属两晋之间的“衣冠南渡”。当时北方大族和知识分子为躲避战乱纷纷南渡，文化精英汇聚南京，能工巧匠随之依附，南腔北调，南船北马，南北文化交融，经济文化迅速发展。

东晋之后的整个南朝时期，这种大交融大变动，不但形成了南京历史上的第一个文化高潮，也成了中国历史上继春秋战国之后的第二个文化高潮期。

六朝文学上承秦汉，下启唐宋，是一个文化多元发展的时期，也是中国文学开始走向独立和自觉的时代。文学自觉的标志之一是文体的自觉，文学开始独立于经学的束缚，而自成一体。文学家开始探索和总结艺术的规律，文体辨析、文集编纂和文学批评由此兴起。文学自觉的另一个标志是人的自我意识的觉醒，《世说新语》记载的魏晋风度，文人诗歌对自然、玄学的推崇与探究，都让六朝文学呈现出强烈的主体性色彩，文学的面貌随之多样而鲜活，并且在中国文学史上创造了多个“第一”：

中国历史上第一个“文学馆”设立。宋文帝元嘉年间在鸡笼山立国学，开四馆教学，以雷次宗主儒学、何尚之主玄学、何承天主史学、谢元（谢灵运从祖弟）主文学。

中国山水诗开始发轫。晋室南渡，北来的玄学与佛教相结合，文学由人事转向山水，为中国文学史上开一新境。谢灵运、谢朓的山水诗开创了一代诗风。

文学批评开始独立。中国古代文学批评的专篇始于曹丕的《典论·论文》，而陆机的《文赋》、葛洪的《抱朴子·外篇》中论述文学的篇章皆与南京有关。至刘勰的《文心雕龙》、钟嵘的《诗品》等，皆出于南京。

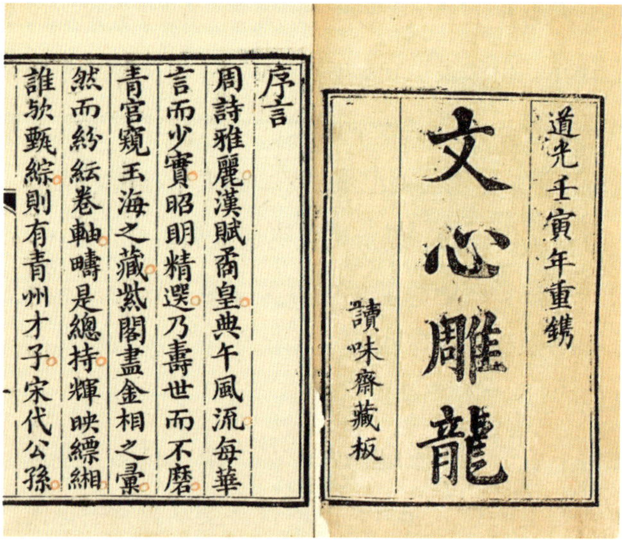

图 3-1 《文心雕龙》书影

文学作品树立标杆。《诗品》是中国第一部诗歌理论和批评专著，《文心雕龙》是中国第一部文学理论和批评专著，《昭明文选》是中国现存最早、影响最大的一部古代诗文总集，《千字文》是中国第一部儿童启蒙读物。

声律及宫体文学影响后世。谢朓、沈约等创立的“永明体”奠定了声律诗的基础。宫体诗作为南朝文学特殊现象之一，其抒情风格和审美情趣影响了隋唐的文学，后在晚唐温庭筠、李商隐的诗作特别是南唐词中得到复兴。

隋唐统一华夏之后，社会经济文化高度发展，唐诗空前繁荣，达到了中国古典诗歌的艺术巅峰，而南京是孕育唐诗名篇的沃土。唐代著名诗人如王勃、王昌龄、李白、杜甫、刘禹锡、李贺、杜牧、李商隐、温庭筠、韦庄等或到过南京，或写过南京，留下了《登金陵凤凰台》《乌衣巷》《泊秦淮》《金陵图》等脍炙人口的千古名篇。

唐代安史之乱，北方士人再次南迁，带来文化的又一次交流融合。唐末宋初，以李璟、李煜父子和冯延巳为代表的南唐文学堪称五代文学的代表，词风直接影响到宋词的创作。

图 3-2　刘禹锡

图 3-3　李煜

宋元时期，南京卸下了政权中心的重担，成了东南地区经济、文化中心。繁华的都市生活与沧桑的历史兴亡齐聚于一身的南京，成为文人的诗文发酵地。

宋代文学艺术在中国历史长河中，经历着一个重大变迁，即一方面文学姿态逐渐走向平民化、世俗化；另一方面，作家又崇尚高雅而洒脱的人格境界和艺术风格。文人艺术精神和大众审美趣味融合发展，形成了朱熹所谓“国朝文明之盛，前世莫及”。王安石、苏轼等大文豪都曾长住或到访南京，留下不朽名作。

靖康之难，北宋覆亡，北方民众纷纷逃难南迁。南京作为杭州之外的行都和前线战场，再次承载文化蓄水池和文学想象场景的作用。李清照、陆游、范成大、杨万里、张孝祥、辛弃疾、文天祥等以南京为背景板，写下或感时伤怀，或慷慨激昂的爱国诗篇。

明太祖朱元璋建都南京，再次让这座寂寞了数百年的城市重回政权中心。尽管只当了 53 年的都城，此后又当了 223 年的留都，但南京作为江南重镇，已经完全成为大一统王朝的经济、文化中心。

明清两代，南京作家作品或与南京相关的文学创作在中国文学史上屡创辉煌，达到古典文学的巅峰。

明朝时期，活跃在南京文坛的文学名士多达 200 余人，诗文名家有刘基、高启、宋濂，台阁体代表人物杨士奇、杨荣、杨溥，“前七子”

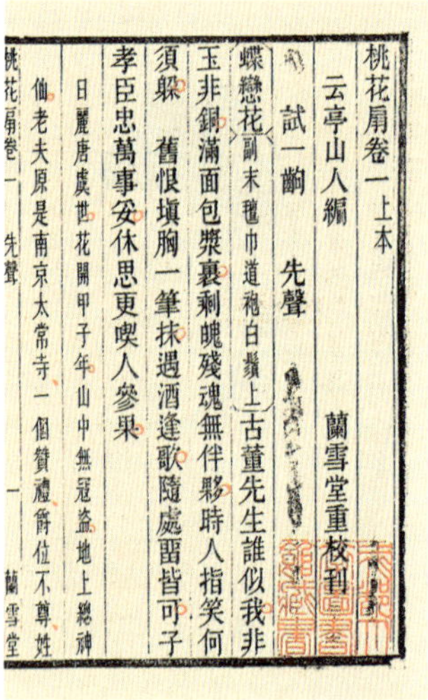
桃花扇卷一 上本
云亭山人編　　蘭雪堂重校刊
試一齣　先聲
蝶戀花 副末氈巾道袍白鬚上 古董先生誰似我非
玉非銅滿面包漿裹剩魄殘魂無伴夥時人指笑何
須躲　舊恨塡胸一筆抹遇酒逢歌隨處留皆可子
孝臣忠萬事妥休思更喫人參果
日麗唐虞世花開甲子年山中無寇盜地上總神
仙老夫原是南京太常寺一個贊禮爵位不尊姓
桃花扇卷一 先聲 一 蘭雪堂

图 3-4 《桃花扇》书影

图 3-5 鲁迅

成员边贡，“后七子”文坛领袖王世贞，竟陵派代表钟惺，公安派领袖之一袁中道等。

清代的南京文坛依然开宗立派，名家辈出，巨著不断，异彩纷呈。元明以来蓬勃发展的小说、戏剧创作再次迈向了高峰。李渔及其戏曲理论为他赢得“中国戏剧理论始祖”的荣誉。孔尚任《桃花扇》写尽明末历史风云，轰动当时京城，成为中国古典戏剧杰作之一。曹雪芹《红楼梦》横空出世，成为中国古典小说的集大成者。吴敬梓《儒林外史》独辟蹊径，成为中国古代讽刺小说的杰出典范。袁枚《随园诗话》开创性灵诗派。以方苞、姚鼐、梅曾亮、管同为代表的桐城派作家兴起于南京，成为清代一大散文流派。

民国肇建，南京再次成为全国首都。近现代以来，鲁迅、巴金、朱自清、俞平伯、张恨水、张爱玲等文坛巨匠或在南京生活，或留下名篇佳作。美国作家赛珍珠获得诺贝尔文学奖的代表作《大地》也是在南京创作完成。

第二节　当代风采

文学之河绵延进入当代，南京的文学名家依然层出不穷，文学活动精彩纷呈，社会阅读氛围浓厚，文化创意产业蓬勃发展。

当代南京作家成群，在全国构成一个独特的文学风景。据《南京百年文学史》梳理统计，从 1912 年至今，百年来南京知名的作家多达 416 位。古典文学辉煌，诗文大家汇聚金陵。当代南京作家辈出，群星璀璨。

从学者一辈的陈白尘，到“探求者”中的高晓生、陆文夫、方之、叶至诚，再到艾煊、顾尔镡、章品镇、忆明珠、张弦、海笑、沙白、冯亦同等老一辈作家，直到如今文坛的中坚力量赵本夫、周梅森、朱苏进、毕飞宇、苏童、范小青、叶兆言、黄蓓佳、储福金、韩东、丁捷、胡弦、鲁敏、朱辉、余一鸣等，随着青年一代的成长，名单还会很长很长。而且，网络作家由于人数繁多，尚没有计算进这份名单里。

除了作家实力超群之外，南京还活跃着超过 1000 家的文学社团和协会组织，他们用旺盛的文学热情，依托文学期刊的阵地作用，推动文学创作繁荣和青年作家成长成才。其中《钟山》《雨花》《译林》《青春》《扬子江诗刊》等文学杂志持续不断刊发作家作品，推动了文学创作的繁荣发展。

南京市政府高度重视扶持作家作品，每年实施“重大题材文学作品创作工程”“重点扶持文学创作与评论工程”“文学人才成长计划”等资助项目。

2016 年开始，南京设立文学艺术基金，为作家创作高质量文艺作品提供资金保障；评选南京文学艺术奖，这是南京设立的文学艺术最高奖项。

近年来，南京成立了专门的网络作家协会，拥有网络文学谷、网络文学院以及网络文学创意产业园，加强对网络文学创作的规范和扶持。

图 3-6　《青春》刊影

在高等教育方面，南京有42所高校设有文艺类专业，在校文艺类大学生超过10万人，其中文学类在校生约5万人。

世界“文学之都”南京，国际交流活动十分活跃，截至2022年，已与五大洲52个国家的99座城市结为友好城市。南京已与“一带一路”沿线20个国家和地区开展文化交流合作。2017—2020年，每年从南京和创意城市网络的联盟城市各自选拔一名青年作家到对方城市驻地两个月。驻地期间，为这位青年作家提供体验当地文化氛围、在异域文化中寻找新的创作灵感的种种条件。该计划的实施有效地提高了双方作家的创作水平，促进了不同文化间的交流。

崇尚文学、酷爱读书是南京人最为鲜明的精神气质。读书会快速发展，各种书院、书房也遍地开放。仅民间自发形成的读书会就有约500家，涵盖亲子教育、青少年教育、大学生成长、公益双语、老年读书会等类型。

书店更是南京一大文化风景。南京有新华书店、大众书局、凤凰书城、先锋书店、万象书坊、24小时云书坊、文都书店、青春书店、二楼南书房等实体书店400余家。在“江苏最美书店”评选中，南京占20席，名列全省第一。目前，南京正在积极打造集书店、创意馆、咖啡馆、文化讲堂、画廊、网上书店等多种业态为一体的“复合式书店”。南京实体书店正悄然完成着从“人文空间”到“社交空间”的行业转向。时代在演进，阅读的载体在变化，可不变的是南京人对阅读的热爱，对“阅读永恒”这一精神世界的守望。

书店之外，南京的文化设施与空间还有琳琅满目的图书馆、博物馆。在南京，全民读书蔚然成风，逛博物馆、看展览，是市民日常出游的普遍选择。

南京拥有高等院校53所，拥有各类博物馆、图书馆1200余家。全市公共图书馆全部达到国家一级图书馆标准。其中南京图书馆历史

图 3-7　南京图书馆（平涛 摄）

可上溯到 1910 年创办的江南图书馆，为中国最早的公共图书馆。现为中国第三、亚洲第四大图书馆，馆藏量超过 1200 万册，其中 454 种古籍入选国家珍贵古籍名录。南京博物院是中国第一座由国家投资兴建的大型综合类博物馆，现拥有各类藏品 42 万件套。

南京借助丰厚的历史文化资源，把文化产业作为城市经济发展的新动能，文创产业活力持续增强。

六百年前，南京就是全国最重要的出版中心，中国古典名著《西游记》和药物学巨著《本草纲目》等首先在这里刻印才得以传世。南京现有约 1300 家出版物发行单位和约 2700 个出版物发行网点，居全国第四。南京市财政设立专项资金，扶持文化产业领域重点企业和重点项目。近年来，南京积极支持文学和设计、电影、美食、媒体艺术等领域融合发展，充分发挥相关创意领域的协同效应。

此外，南京还拥有电影和影视节目制作企业 400 余家，在“文学 + 电影”、文学作品市场化方面走在全国前列。南京密集的作家群和丰富多彩的文学作品为文化产业提供源源不断的智力支撑。浦口火车站、中山陵林荫道、民国公馆区等文化地标已经跻身全国影视公司最喜爱的取景地行列。

南京从 2017 年开始实施三项计划，与全球“创意城市网络”180 座城市共同分享创意城市发展经验。

1. 打造“创意城市客厅”

在 2017—2020 年间，打造 50 个以“创意城市网络”七大板块为关注对象的“创意城市客厅”，其中以文学、电影、音乐为核心内容，兼及手工艺、美食、设计和媒体艺术。在服务城乡居民、促进经济发展与就业的同时，构建一个覆盖全市的综合文化创意共享服务平台。

2. 开展“跟着名作游南京”活动

这一活动以与南京相关的文学作品为依托，有步骤、有针对性地覆盖全市市民、中外游客等人群。“跟着名作游南京”系列活动开发线上线下平台，选择在与“名作”相关的历史遗址、文博场馆、影视拍摄地等线下空间举办，让人们在特定环境中增强对名作的体验感受。

图 3-8　汉学家参观南京文学客厅（南京文学之都促进中心 提供）

3. 文学作品翻译资助

首批入选翻译资助计划的是两部以南京为主题的作品，一部是著名作家叶兆言创作的散文随笔《南京人》，另一部是以大报恩寺塔启发灵感的畅销小说《琉璃世·琉璃塔》，两部作品均已完成翻译发行。

为推动文化创意产业国际化，南京积极响应联合国推出的“2030可持续发展议程”，从城市发展层面全面推进落实；与联合国教科文组织正式签订《战略合作框架协议》，在推动文化遗产保护、促进创意产业发展等方面开展合作。

第三节　文学标识

世界“文学之都”南京在1800多年的文脉传承中，走过一批批生命执着、灵魂有趣的文人，写下了一篇篇、一卷卷光耀千古的文章，也为我们留下了无数标志性文学标识，成为今天人们参观游览的网红打卡地。

由于古都南京文脉昌盛、文学璀璨，作品浩如烟海，人们耳熟能详的文学地标比比皆是，不胜枚举。根据历史朝代和对应的几个文学高峰期，大致可以划出四个文学标识集群，分别命名为六朝风流、唐宋履痕、金陵梦幻、桨声灯影，它们分别对应着六朝文学、唐诗宋词、明清小说戏剧和民国以来的近现代文学。

一、六朝风流

1. 刘义庆《世说新语》

了解六朝人物、魏晋风度，南朝宋刘义庆所编的《世说新语》为必读名著。该书开创古代小说的世说体，鲁迅称之为“志人小说”。该书将六朝时代的名流轶事分为36个门类，讲述了1000多则故事，涉及1500多个人物。其中大部分人物是后人眼中所谓魏晋名士的代表，

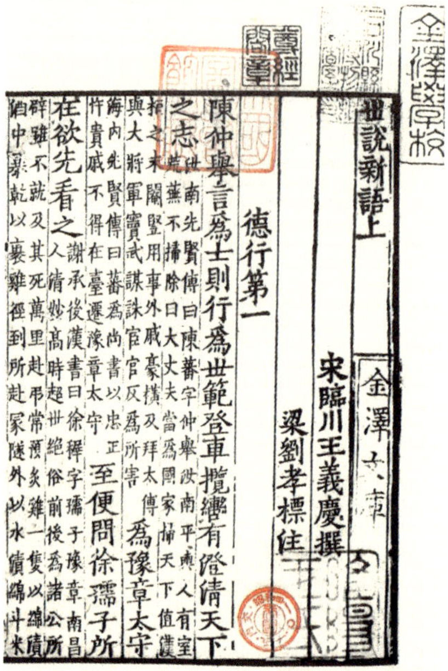

世說新語上

宋臨川王義慶撰

梁劉孝標注

德行第一

陳仲舉言爲士則行爲世範登車攬轡有澄清天下之志汝南先賢傳曰陳蕃字仲舉汝南平輿人有室荒蕪不掃除曰大丈夫當爲國家掃天下值漢桓之末閹豎用事外戚豪橫及拜太傅與大將軍竇武謀誅宦官反爲所害爲豫章太守海内先賢傳曰蕃爲尚書以忠正忤貴戚不得在臺遷豫章太守至便問徐孺子所在欲先看之謝承後漢書曰徐穉字孺子豫章南昌人清妙高時超世絕俗前後爲諸公所辟雖不就及其死萬里赴弔常預炙雞一隻以綿漬酒中暴乾以裹雞徑到所赴冢隧外以水漬綿斗米

图 3-9　尊经阁文库藏宋本《世说新语》书影

如竹林七贤、王谢家族子弟等。《世说新语》用笔简约流畅，描摹妙趣横生，亦有清隽淡雅的文字。该书篇幅虽短，却深刻影响后世文化，留下了大量成语和典故。如王子猷雪夜访戴、谢道韫咏絮之才、张翰莼鲈之思等故事，以及标新立异、志大才疏、管中窥豹、期期艾艾、望梅止渴、楚囚相对、新亭对泣等成语。

2. 刘勰《文心雕龙》

曹丕在《典论·论文》中提出“文章，经国之大业，不朽之盛事”，首次从理论上将文学提高到与政治同等的地位。《文心雕龙》则首次系统开展对文学的理论研究，结构严密，文字优美。如“故寂然凝虑，思接千载；悄焉动容，视通万里；吟咏之间，吐纳珠玉之声；眉睫之前，卷舒风云之色”，至今仍为人们津津乐道。《文心雕龙》与另一部在南京诞生的诗歌理论批评著作——钟嵘的《诗品》，并称为中国文学批评史上的“双璧”。

刘勰青年时代在钟山定林寺修行，写成《文心雕龙》，后经过当时的大文学家沈约的举荐，成为梁昭明太子萧统的文学侍从。晚年再次归隐定林寺，法号慧地，在寺中圆寂。

3. 周兴嗣《千字文》

“天地玄黄、宇宙洪荒”，这句儿童都能背诵的启蒙开篇句子，来自梁武帝时期员外散骑侍郎周兴嗣所编的《千字文》。该书被公认为是世界教育史上现存最早、使用时间最长、影响最大的识字课本，比宋代《三字经》《百家姓》成书时间要早六百年。

《千字文》的成书颇有传奇色彩。据史书记载：梁武帝为了教诸王学习，让人从王羲之的作品中拓出了一千个不同的字，然后把这些无规律的字交给周兴嗣，让他编成有内容的韵文，有利于背诵，还说“卿有才思，为我韵之”。周兴嗣熬了一个通宵，终于将一千个字编出次序，押出了韵律。而周兴嗣因为用脑过度，累得须发皆白。这件事在唐宋两代多有记载，如《刘宾客嘉话录》《太平广记》等。

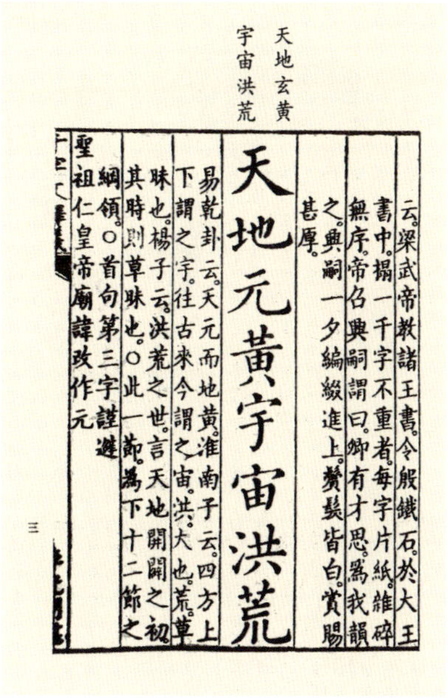
天地玄黃
宇宙洪荒
云。梁武帝教諸王書。令殷鐵石。於大王
書中。搨一千字不重者。每字片紙。雜碎
無序。帝召興嗣謂曰。卿有才思。爲我韻
之。興嗣一夕編綴進上。鬢髮皆白。賞賜
甚厚。
天地元黃宇宙洪荒
易乾卦云。天元而地黃。淮南子云。四方上
下謂之宇。往古來今謂之宙。洪。大也。荒。草
昧也。楊子云。洪荒之世。言天地開闢之初
其時則草昧也。○此一節。爲下十二節之
綱領。○首句第三字諱避
聖祖仁皇帝廟諱改作元
三

图 3-10 清代江宁李光明庄刻印的《千字文》书影

《千字文》每四字一句，共250句、1000个字。通篇用韵，朗朗上口，行文流畅，气势磅礴，辞藻华丽，内容丰富，一问世就成为中国封建社会启蒙教材。如今我们去南京夫子庙的江南贡院，可以看到清代科举考试的一排排号舍就是以《千字文》排序的。

此外，六朝文学的著名标识还有讲述王献之爱情故事的《桃叶歌》及文学地标桃叶渡；讲述周处浪子回头故事的《默语》《吴书》《风土记》及文学地标周处台；讲述陈叔宝与张丽华江山美人故事的《子夜四时歌》及文学地标胭脂井等。

二、唐宋履痕

1. 李白《登金陵凤凰台》《长干行》

李白对南京的喜爱溢于言表，融入诗作。《唐诗三百首》里有11

图 3-11 李白

首写南京，而李白一人写南京的诗作就多达 59 首。李白数次来南京，“朝沽金陵酒，歌吹孙楚楼”，几乎遍游南京名胜古迹，白鹭洲 、长干里、燕子矶、石头城、东山、板桥、鸡笼山、覆舟山、狮子山、钟山、甘露寺、瓦官寺、灵谷寺、劳劳亭、征虏亭、新亭、玄武湖等地名，一一闪现在他的诗作中。可以说，李白是南京在唐朝的形象代言人、中国文学里南京最佳导游人，也是今天南京最具分量的文学标识之一。

写南京的沧桑历史，李白奉献出了《登金陵凤凰台》；写南京的儿女情长，李白吟出了《长干行》，这首诗与崔颢《长干曲》让长干这个地名大放光彩；写南京人的热情好客，李白留下了《金陵酒肆留别》：“风吹柳花满店香，吴姬压酒唤客尝。金陵子弟来相送，欲行不行各尽觞。请君试问东流水，别意与之谁短长。”

2. 刘禹锡《金陵五题》

如果说李白一生钟爱南京，乐而忘返，那么中唐诗人刘禹锡则是望江兴叹，到老方才遂了一游金陵的心愿。但毕竟是“诗豪”，刘禹锡竟然创造了一个奇迹：从未去过南京，却一口气赠送了这座城五首诗歌，篇篇佳作，传诵千古。

刘禹锡，字梦得，洛阳人，生于河南荥阳。他才华横溢，与柳宗元同榜进士及第，但前半生屡遭贬谪，仕途坎坷。长庆四年（824），刘禹锡调任和州刺史，和州（今安徽和县）地处安徽，与金陵隔江相望，刘禹锡非常想去一游。他自述：“余少为江南客，而未游秣陵，尝有遗恨。后为历阳守，跂而望之。”他在和州任上，一口气写下了《石头城》《乌衣巷》《台城》《生公讲堂》《江令宅》五首诗，这就是《金陵五题》。五首之中，尤其是前两首脍炙人口，如今已成为千古名作，连白居易都叹赏不已。

其实，在刘禹锡由夔州（今重庆奉节）刺史调任和州刺史之前，他就给南京写了一首非常出名的诗作，那是他在沿江东下赴任途中，经过西塞山时写的《西塞山怀古》：“王濬楼船下益州，金陵王气黯然收。千寻铁锁沉江底，一片降幡出石头。人世几回伤往事，山形依旧枕寒流。今逢四海为家日，故垒萧萧芦荻秋。”

图 3-12　乌衣巷（高安宁 摄）

和州刺史任满之后，刘禹锡乘船回洛阳途中经过江宁，终于登上了南京的土地。他遍访名胜古迹，一偿多年夙愿。这一次，他又送了南京四首诗。其中《金陵怀古》写道：“兴废由人事，山川空地形。后庭花一曲，幽怨不堪听。”四首诗尽管不如前五首传诵广泛，仍然不失为怀古诗的佳作。

3. 杜牧《泊秦淮》《江南春》

杜牧，字牧之，号樊川居士，京兆万年（今陕西西安）人，晚唐诗人，与李商隐并称“小李杜”。杜牧一生数次往来金陵，叹古伤今，写下了许多著名诗篇。其中最为著名的当属《泊秦淮》《江南春》《清明》。杜牧对南京的最大贡献就是描摹出了烟雨江南该有的模样，以及秦淮风月诗意的底色。

除了上述的这些代表性诗人诗作，还有一大批唐朝乃至五代十国时期的文人墨客游历南京、书写南京，与南京的名胜古迹结下了不解情缘。如杜甫《送许八拾遗归江宁觐省，甫昔时尝客游此县，于许生处乞瓦官寺维摩图样·志诸篇末》、韦庄《台城》、李商隐《南朝》《咏史》《石城》等诗作。当然还有南唐二主李璟《浣溪沙》、李煜《虞美人》等词作，历史无情，文学有幸，如今南京的清凉山公园、南唐二陵还能让我们抚今追昔，体味跨越千年的诗情。

4. 王安石《泊船瓜洲》

图 3-13　王安石

在踏足南京的唐宋大文豪中，有一位与众不同，那就是王安石。他不仅写南京，而且长期定居在南京，写下有关南京的诗词 300 余首。他的《泊船瓜洲》满怀对南京的眷念和喜爱。作为北宋杰出的政治家、文学家，他三任江宁知府，两度辞相后退居江宁，在这里生活了 20 余年，并终老于此。与其他的匆匆过客不同，他对南京的体验与感悟发自肺腑。如《钟山即事》："涧水无声绕竹流，竹西花草弄春柔。茅檐相对坐终日，一鸟不鸣山更幽。"如《元日》："爆竹声中一岁除，春风送暖入屠苏。千门万户曈曈日，总把新桃换旧符。"无论咏物抒怀，还是赠答应和，都志趣高雅，简洁明快。名篇《桂枝香·金陵怀古》更是空阔苍茫，淡远悠长。今天，在海军指挥学院内有王安石居所半山园遗址，定林山庄有王安石纪念馆。

宋元时期，南京依然是文人雅士文学创作的吟诵对象。在文学长河里，诗人们在南京留下履痕点点，诗情满篇，如苏轼《同王胜之游蒋山》《渔家傲》，秦观《还自汤泉十四韵》《木兰花慢》，周邦彦《西河·金陵怀古》《满庭芳·夏日溧水无想山作》，李清照《临江仙》《一剪梅》，陆游《登金陵赏心亭》，杨万里《登凤凰台》《过牛首山》，辛弃疾《水龙吟·登建康赏心亭》《菩萨蛮·金陵赏心亭为叶丞相赋》《念奴娇·登建康赏心亭呈史留守致道》，文天祥《金陵驿二首》，白朴《梧桐雨》《夺锦标·清溪吊张丽华》，萨都剌《满江红·金陵怀古》《念奴娇·登石头城》，等等。

三、金陵梦幻

明清时期，中国文学迎来了又一个高峰。小说戏剧蓬勃发展，文言和白话小说都达到了巅峰，戏剧名作层出不穷，散文不再拘泥于文以载道，古文、小品文大量出现。南京虽然不再是政治中心，却也因此得以回归文学本性，汇聚了无数的文学名家，激发出自由思想和个性追求，创作出了不朽的古典文学作品。其中最为人们熟悉的有《闲情偶寄》《桃花扇》《红楼梦》《儒林外史》《随园诗话》等。

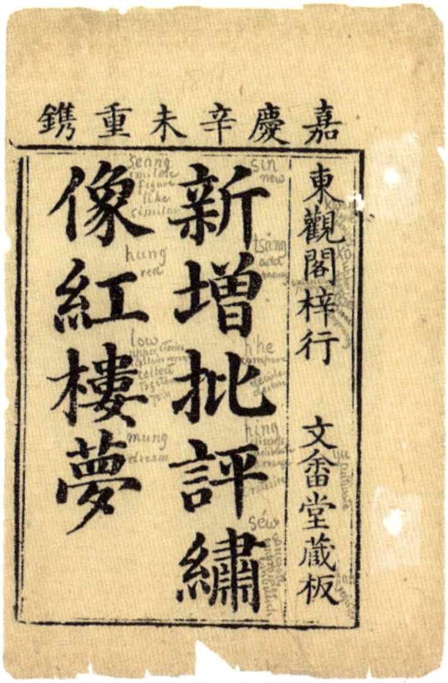

图 3-14　清嘉庆十六年东观阁刊本《红楼梦》书影

在这些传世名著中，最大的文学标识当属《红楼梦》。2020 年 6 月，南京曾经做过一次问卷调查：“文学之都——最爱是谁？”在 41822 份有效问卷中，《红楼梦》毫无悬念荣登榜首。南京是曹雪芹的出生地，是孕育《红楼梦》的摇篮。曹雪芹以如椽之笔写尽金陵春梦，人世悲欢，“一朝春尽红颜老，花落人亡两不知”。《红楼梦》这部中国古典文学的巅峰之作，让南京在文学的长河中显得无比耀眼。

四、桨声灯影

近现代以来的南京风雨纵横，浴火重生。历史选择了南京，南京也见证了历史的血与火、泪与痛、苦难与辉煌。文学不再作为“小道”，而成了作家改良社会、救国救民、审美追求和表达自我的利器。

鲁迅、巴金、朱自清、俞平伯、张恨水、张爱玲、赛珍珠等作家、学者来到南京，或者寓居南京，在南京留下创作的身影。他们的作品不仅刻上了时代的印记、作家的心路历程，甚至影响了作家的人生选择。

1. 鲁迅《琐记》

1898 年 4 月，鲁迅考入江南水师学堂轮机班，同年 11 月因不满该校的恶劣风气退学，12 月考入矿路学堂。在学堂时，鲁迅开始接受新思想，探索新人生，并写下“灵台无计逃神矢，风雨如磐暗故园。寄意寒星荃不察，我以我血荐轩辕”的诗句。

《琐记》一文，形象地追忆了作者到南京求学前后的情况和他接触《天演论》、受进化论思想影响的经过：“无须学费的学校在南京，自然只好往南京去。第一个进去的学校，目下不知道称为什么了，光复以后，似乎有一时称为雷电学堂，很像《封神榜》上‘太极阵’‘混

图 3-15　鲁迅求学的矿路学堂旧址

元阵’一类的名目。总之，一进仪凤门，便可以看见它那二十丈高的桅杆和不知多高的烟通。”这段南京求学的路，是以后鲁迅到了仙台弃医从文的一次预演。

矿路学堂附属于江南陆师学堂，由署理两江总督张之洞于1896年奏请创办。矿路学堂遗迹鲁迅读书处如今位于南京市鼓楼区中山北路283号，属于江苏省文物保护单位。

2. 张恨水《丹凤街》

通俗小说大家张恨水与南京渊源颇长，在他的作品中有大量的篇幅是以南京为背景的，小说有《丹凤街》《石头城外》《秦淮世家》，散文有《白门十记》《南游杂志》《忆南京》，等等。张恨水对南京怀有特殊的感情，正如他在《白门之杨柳》里所写：“扬子江边的杨柳，大群配着江水芦洲，有一种浩荡的雄风，秦淮水上的杨柳两行，配着长堤板桥，有一种绵渺的幽思。而水郭渔村，不成行伍的杨柳，或聚或散，或多或少，远看像一堆翠峰，近看像无数绿幛，鸡鸣犬吠，炊烟夕照，都在这里起落，随时随地里是诗意。”

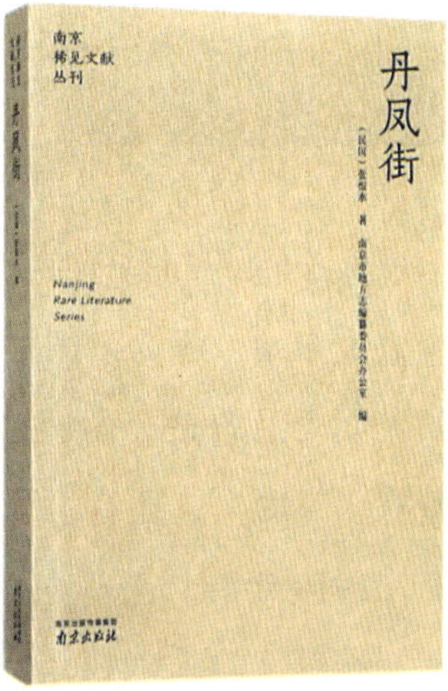

图3-16 《丹凤街》书影

1936年，张恨水举家迁来南京，住在南京城北丹凤街。要不是抗日战争全面爆发，日军进攻南京，张恨水很可能会在南京写下更多的文学作品。

3. 朱自清《背影》

“我去买几个橘子，你在此地，不要走动。”1918年冬，朱自清去北京上学，在浦口火车站与父亲话别，写下了散文名篇《背影》。让朱自清成名的是他与俞平伯的同题散文《桨声灯影里的秦淮河》，

图 3-17　浦口火车站（唐恺 摄）

但感人至深的却是千字散文《背影》。背影已经定格于南京浦口的那个老火车站，成为中国式父子亲情的象征。

如今沿着荒废的浦口火车站轨道行走，我们能记起的不应该仅仅只有《背影》，还有很多有故事的人。

1919 年春，毛泽东送湖南留法学生去上海，在浦口火车站丢失了一双布鞋，陷入困顿，幸遇老乡，解了燃眉之急。1919 年，孙中山在《实业计划》里把浦口列入建设重点。1927 年，郭沫若在浦口火车站中转渡江，到南昌去寻找革命同志。1929 年 5 月 28 日，孙中山灵柩运达南京时曾在此稍做停靠……伟人的足迹，传奇的色彩，历史的脚步，国家的命运，文字漫卷，风雨入怀。

文学作品恒久流传，天下文枢文脉绵延。世界“文学之都”，就是今天南京一个最有国际范、最响亮的文学标识。

漫步南京城，我们从古代游到今天，望望魏晋南北朝的古丘，拍拍唐宋的栏杆，走走青梅竹马的长干里，听听元明清戏剧小说里的传奇故事，体会一下近代建筑的沧桑和深沉，从而聆听历史文化回声，体味文学之美，感受文都雄浑。

第四章

书画艺术竞风流

2019年10月底，南京成功入选联合国教科文组织世界“文学之都”，南京人无不引以为荣。其实，南京更是中国乃至世界上最早的书画艺术之都。六朝肇始，王羲之、王献之、曹不兴、顾恺之、陆探微、张僧繇、徐熙、董源、巨然等艺坛巨擘均与南京结缘，在这片热土上倾情创作，开宗立派，在历史的星空迸发出璀璨夺目的光芒，南京因而在中国艺术史上占有极为重要的地位。

南京历史上的书法艺术可追溯至两汉时期，出土于溧水的东汉《校官之碑》是隶、楷转换的代表作，在书体演变史上意义重大。六朝时期，南京作为都城（史称建业、建康），成为南方政治、经济、文化的中心，大批文人艺术家聚集于此，开创了中国书画史上的第一个高峰，楷、行、草至此时成熟并臻于鼎盛，同时出现最早的书法理论著述，为其后千百年书法艺术的发展奠定了基础。六朝书艺是以“二王”的卓越成就为标志的。“书圣”王羲之博采众长，革新楷、行书，一变汉魏以来的质朴书风为妍美书风，其行书代表作《兰亭序》被誉为

"天下第一行书"。其幼子王献之，拓展其父书风，行、草冠绝古今，与王羲之并称"二王"。以"二王"为代表的"晋书"与唐诗、宋词、元曲一起，奏响了中国古代艺术的最强音。

唐宋以降的南京，充满浓郁的文艺气息。曾任昇州刺史的颜真卿，是楷、行代表性书家；立于南京栖霞寺门前的《明徵君碑》，是唐代行书代表作；南唐徐铉等书家为南京书坛增光添彩。北宋的王安石晚年隐居南京，南宋中期书法名家张孝祥曾任建康留守，他们为宋代南京书坛写下华彩一页。明清两代，南京作为东南经济、文化重镇，书画艺术繁兴。明代重要铭刻有《沐英墓志铭》等；清代与南京结缘的书法名家有郑簠、邓石如等。近现代南京书坛名家辈出，莫友芝、张裕钊、李瑞清发其端，于右任、"金陵四老"等踵其后，他们走碑帖融合之路，奋力创新，成就卓著，其中于右任、林散之、高二适被誉为近现代"草圣"。

第一节　书法艺术

南京地区的书法史大致可分为这样几个时期：汉代为萌芽期，六朝为高峰期，唐以降为发展演变期，近现代为第二个高峰期。这与中国书法史相比，同中有异，带有鲜明的地域特色，南京也因引领时代、群星辉耀而在艺术史上占有崇高的地位。

一、汉代萌芽

两汉时期的书体以隶书为主，楷书、行书、草书等书体也萌芽于此时。东汉《校官之碑》作为隶、楷转换的代表作，朴拙厚重，寓示书法演进发展的方向。近年来，高淳出土的东汉人物画像文字砖等，虽为无名氏之作，但风格淳朴，亦可见当时书艺之一斑。

《校官之碑》是南京乃至江苏境内现存最古老的碑刻。东汉灵帝光和四年（181），溧阳县丞赵勋等人为颂扬“溧阳长”潘乾的品行与德政，尤其是他兴办学校、培养人才的功绩，于学舍前立碑，即此《校官之碑》。碑质为麻石，呈圭形，上有圆形穿孔，穿孔上竖刻碑额“校官之碑”四字，孔下即碑文。碑额、碑文均为隶书。碑文398字，另有题名和年月95字，可辨者470多字。此碑题名“校官”并非学官，而是学舍之称谓。

图4-1 《校官之碑》拓片

《校官之碑》不仅是研究汉代溧阳（今高淳、溧水区辖境）政治、经济、文化、教育的重要史料，且具有较高的书法艺术价值，虽属汉隶，但已有变化。其字多呈方形，结体茂密，已具楷书方整丰润之态势，且有的字出现楷书的竖钩，已呈现由隶向楷转变之迹象，对其后的书体变化产生积极的影响。

二、六朝高峰

魏晋南北朝时期，南方六朝因相对和平稳定而带来局部的经济发展和文化繁荣。文人士大夫追求个性自由，崇尚情感抒发，寄情文墨，创作、欣赏、收藏书画作品成为时尚。其时楷、行、草书是主流。楷书呈现由隶向楷转变的特征，有隶楷、楷隶和楷书等风格；行、草以“二王”为经典；篆、隶渐不流行，但存于碑刻等载体中。以都城南京为代表的六朝书坛极为活跃，涌现了一大批杰出的书法家和书法作品，产生了最早的书法理论，继汉隶之后进入又一个书法高峰。

1. 六朝书家及法帖

王羲之堪称我国古代最杰出的书法家。他出身优越，以骨鲠著称，曾任会稽内史、右军将军，故后人称之为“王右军”。其书法源头是张芝和钟繇，分别奠定变革行草书和楷书的基础。王羲之精擅多体，变“章草”为“今草”，尤以新体楷、行书为古今之冠。他的字线条遒劲俊朗，结构严整谐和，字势雄逸多变，境界雅逸高远，受到历代帝王和书坛的推崇。王羲之妻子郗氏及七个儿子也都写得一手好字，而书体风格各不相同。诸子中以王献之最为著名，与其父并称“二王”。

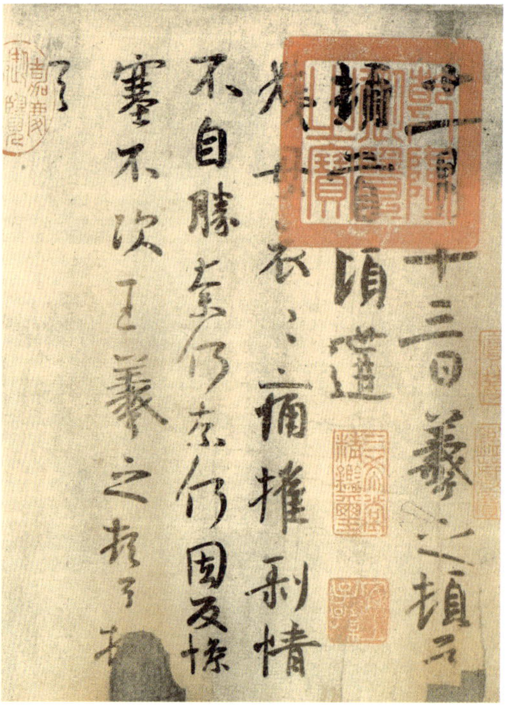
图 4-2　王羲之《姨母帖》

王羲之楷书代表作有《黄庭经》《乐毅论》《东方朔画赞》等，行书代表作有《兰亭序》《丧乱帖》《十七帖》《快雪时晴帖》《姨母帖》等。

王献之为王羲之幼子，曾任建威将军、中书令等职，人称“王大令”。王献之精擅楷、行、草诸体。他自幼从其父王羲之学书，兼学东汉草书大家张芝，但不拘成法，学而能变，自创新调，秀逸遒美。王献之在王羲之和张芝的基础上对行草书加以变革，完成了钟、王以后的第三次变革。他和其父王羲之共同造就了行草书的巅峰，对后世书法的发展产生深远的影响。其小楷代表作有《洛神赋》等，行草书名迹有《鸭头丸帖》《新妇地黄汤帖》《鹅群帖》等，草书有《冠军帖》等，风貌各异，神采焕然。如《鸭头丸帖》，运笔中侧兼使，毫颖爽利，中宫收敛，外势拓展，但放而能收，遒劲而含蓄。

陶弘景，秣陵（今南京）人，南朝梁书画家。精书画，善琴、棋、医术。仕齐，后辞官隐于句容句曲山。梁武帝萧衍早年与其交游，即位后屡加礼聘，但其坚不出仕，二人保持书信往来。其书法师钟、王，采其骨气，精隶、楷、行诸体。史载其楷书风格遒美，传焦山摩崖石刻《瘗鹤铭》即为其所书。

六朝时南京书坛灿若星辰，总体上呈现世家大族化的特征。东晋有王、郗、庾、谢等名门望族，子弟多在南京为官，书家辈出。如王氏一门，除“二王”外，尚有王敦、王导、王廙、王凝之、王徽之、王涣之、王操之、王珣、王珉等人；郗氏一门，除王羲之岳父郗鉴外，尚有郗愔、郗昙、郗超、郗俭之、郗恢等人；庾氏一门有庾翼、庾亮兄弟；谢氏一门的谢尚、谢安、谢万等，皆为书法名家。南朝帝王书家亦多，如彭城刘氏、南兰陵萧氏和吴兴陈氏等，对南京书坛的影响和贡献也不容小觑。

2. 六朝铭刻

六朝除法帖外，还有不少以碑、墓志和砖为载体的书法作品，多出于南京，具有重要的书法艺术价值。

三国吴《天发神谶碑》，篆书，为江苏省现存最古老的碑刻之一，天玺元年（276）立于建业（今南京）。此碑乃三国吴末帝孙皓伪称天降神谶，营造天命永归大吴的舆论，刻碑以纪功，故又名《天玺纪功碑》。此碑以隶书笔法作方整的篆体，兼取二体之长，使篆书圆静匀

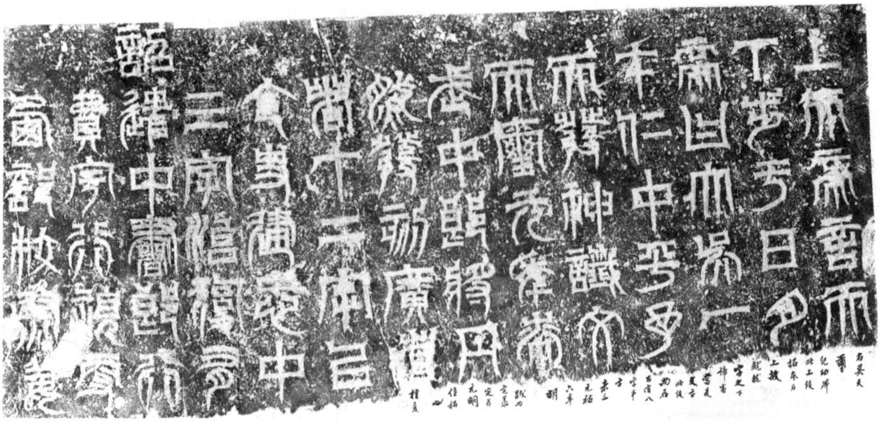

图 4-3 《天发神谶碑》拓片（局部）

和的套路被打破，呈现出一种阳刚雄劲的美感，无疑是一个重大突破，对后世书法和篆刻均有积极的影响。北宋黄伯思《东观余论》称其“若篆若隶，字势雄伟”，康有为《广艺舟双楫》赞其“奇伟惊世”“篆隶之极”。

南朝梁《始兴忠武王萧憺碑》，楷书，位于南京市栖霞区栖霞镇甘家巷西。徐勉撰，贝义渊书。此碑楷法规范，用笔英锐，结字长方，神采奕然，被誉为“南派代表”“南朝石刻之最”，对欧阳询等初唐楷书家影响较大。清代莫友芝《宋元旧本书经眼录》赞其“上承钟（繇）、王（羲之），下开欧（阳询）、薛（稷）”。

梁《萧景墓神道石柱铭》，位于南京市栖霞区栖霞镇十月村。现存西柱。柱额刻“梁故侍中中抚将军开府仪同三司吴平忠侯萧公之神道”，反书。体势端庄，横画略向左上倾侧，撇、捺、竖钩等笔画皆合楷法，已脱尽隶书意味，为成熟之楷书，是南朝反书之代表。

《谢鲲墓志》，隶书，东晋泰宁元年（323）刻。1964 年出土于南京中华门外戚家山，为六朝墓志中最早的一块。其字上承汉隶风格而有变化，端庄中略带行书笔意，捺笔多灵动张扬；有的字笔画已具楷书意味，显得峻严方整。

《王兴之夫妇墓志》，东晋咸康六年（340）、永和四年（348）墓志。正面为王兴之的墓志，背面为其妻宋和之的墓志。此两志笔法、气息在隶、楷之间，楷隶杂糅，整肃端稳。其竖、横等笔画的收笔处多呈方截，转折处呈方势，有的横画带有波挑，有隶书遗意，但出现竖钩等楷书笔法，总体楷多隶少，可称之为楷隶书。《王闽之墓志》《王丹虎墓志》连同《王建之墓志》及其妻《刘媚子墓志》等，大致与《王兴之夫妇墓志》相类，为六朝书体由隶向楷演变的重要见证物。

六朝书法的辉煌成就，还体现在大量的砖文上，包括出于墓葬中的墓志砖、墓记砖、买地券砖、墓砖及画像砖上的文字，广泛出土于江苏、安徽、江西、广东等南部地区，而以南京出土者数量最多，也最具特色和代表性。其中楷书有温峤墓志砖、颜谦妇刘氏墓志砖、谢琉墓志砖等，隶书有李缉墓志砖、李纂妻武氏墓志砖、李摹墓志

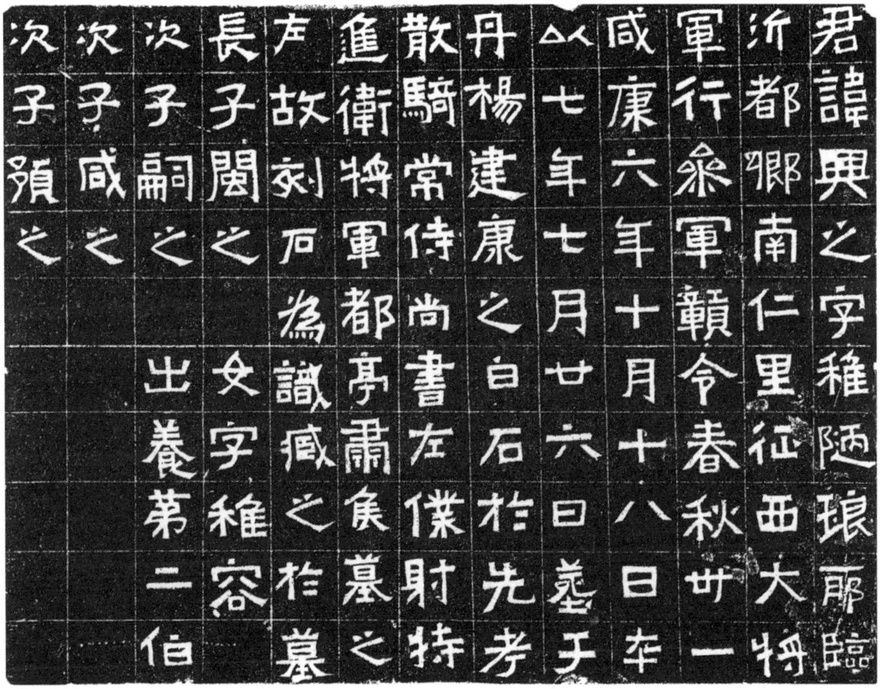

图 4-4　《王兴之夫妇墓志》拓片（正面）

砖等，隶楷合体者有高崧妻谢氏墓志砖等，皆为当时的书法精品。此外，有不少墓砖上刻有纪年、工匠名、记事、吉语、编号等文字，分模印和刻画两类，模印者多为隶、楷书，刻画者多为简率的行草书。

3. 六朝书论

六朝书论以东晋王羲之，南朝宋羊欣、虞龢等人的书法理论为代表。传为王羲之所作的《题卫夫人〈笔阵图〉后》，总结出楷、行、草、章草等书体的写法。为了指导其子王献之等学书，王羲之作《笔势论十二章》，对笔画、结体、字形等书法技艺做了系统阐述，在书法理论史上具有重要的价值。南朝宋羊欣《采古来能书人名》一卷，为六朝主要的书法史传著作，介绍从秦李斯至东晋共69位书法家的所擅书体和书艺成就。南朝宋虞龢撰《论书表》，为其于泰始六年（270）上宋明帝之表，叙“二王”书艺及当时搜求书法名迹情形等内容。该书还对当时与书艺相关的笔、墨、纸、砚等文具做了介绍和评述。此外，尚有王僧虔《论书》、陶弘景《与梁武帝论书启》、袁昂《古今书评》、萧衍《观钟繇书法十二意》、庾肩吾《书品》等。六朝书法理论与六朝法帖、六朝铭刻书法一起，共同铸就了六朝书法的辉煌。

三、唐至清代早中期持续发展

唐代与南京结缘的书家主要有颜真卿、高正臣等。颜真卿曾出任昇州刺史，在南京写有《乌龙潭放生池碑》《宝志禅师像赞》等。至今南京城内的乌龙潭仍然保留有颜真卿当年修建的放生池和后人修建的颜鲁公祠。颜真卿楷、行草擅雄书坛，楷书以《麻姑山仙坛记》等为代表，行草书以《祭侄文稿》等为代表。他开创的书法风格，垂范后世，影响深远。

唐高宗撰文、高正臣书《明徵君碑》，为我国古代较早的行书碑

图 4-5 《明徵君碑》拓片（局部）

刻，现仍立于栖霞寺前。此碑为唐代“方技之士”明崇俨请求唐高宗为其五世祖、南朝隐士明僧绍而立。碑文由唐高宗李治亲撰，通篇 2376 字；碑文行书、碑额篆书“明徵君碑”分别由唐代书法家高正臣、王知敬书写。此碑行书结体谨严，露锋起笔，中锋运笔，使转圆劲，俊朗遒逸，具有很高的书法艺术价值和宗教、历史价值。

南唐创设画院，聚集人才，书画兴盛。当时南京知名书家有李璟、李煜、徐铉、徐锴、冯延巳等人，而以文字学家徐铉为代表。徐铉精于小学，入宋后，曾受诏与句中正等同校订《说文解字》，以正天下字学。徐铉工篆、隶、行书，存世书迹有《篆书千文》《武成王庙碑》等。徐铉书法正中见奇，实中藏虚，行笔沉着，不矜不躁，点画敛角减芒，浑润处隐见篆意。

宋代，“宋四家”中的苏轼、米芾，都曾至南京游历活动。当时南京主要书家有王安石、张孝祥等人。王安石第二次罢相后，退居江宁（今南京），直至去世。虽然王安石不以书家自居，但其书法奇古，个性鲜明，得到苏轼、黄庭坚、米芾等大书家的肯定。张孝祥为状元、爱国词人，南宋中期书法“中兴四大家”之一，曾出任建康（今南京）留守。其书法受到晋人和米芾的影响，在笔法收放和韵味上境界颇高。其作品有行草《台眷帖》《柴沟帖》等，前者收放有度，后者奔腾豪放，与其“豪放派”词人的身份相契。

元代南京本土书家有杨刚中、杨翮父子等。杨刚中善篆书，杨翮善隶书。

明初的南京书法主要是以实用为主的宫廷书法。明成祖朱棣迁都北京后，南京仍然保留留都地位。活跃于南京书坛者或为本土书家，或为占籍、寓居于此的书家，或为游宦于南京中央机构的文人官僚，其中著名者如俞纲、焦竑、徐霖、宋珏、程南云、李应祯、邵宝、蔡羽、王守仁、文彭、王世贞、詹景凤、王铎等人，他们为明代中后期的南京书坛带来了不少活力，共同谱写了明代南京书法史。

明代墓志铭风行,南京地区出土不少,其中代表者为《沐英墓志铭》。此志盖篆书，字形修长，转折圆润，结体严谨，堪称明代早中期“玉箸篆”代表作。志文楷书，线条细劲，劲力内敛，骨肉匀适，字势典雅，为明清志文楷书佳作。

明末清初，南京集聚了为数众多的书画家。画家中多有擅书者，其中以“金陵八家”中的龚贤最为著名。龚贤主习王字，兼法李邕、米芾等，确立了他纵逸的个性书风。除龚贤外，画家中善书者还有髡残、程正揆、吴宏、查士标、武丹、蔡泽、石涛等，皆工书，各有优长，形成了一个书法创作群体。

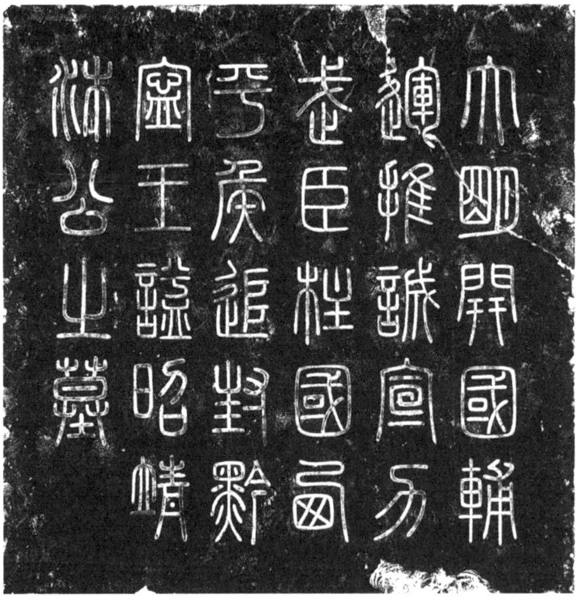

图 4-6 《沐英墓志铭》志盖拓片

清代乾嘉时期，学界、书界出现了推崇碑学的风气，并在阮元的倡导和包世臣的提倡下迅速兴盛，打破了崇尚帖学的传统。清代南京的书法艺术得到长足发展，本土籍和寄寓南京的书法名家较多，其中郑簠、邓石如等为影响全国书坛的代表性人物。另外清代游学、讲学、寄寓于南京的书法名家还有杨法、姚鼐、孙星衍等；包世臣则为书法理论家，著有《艺舟双楫》。

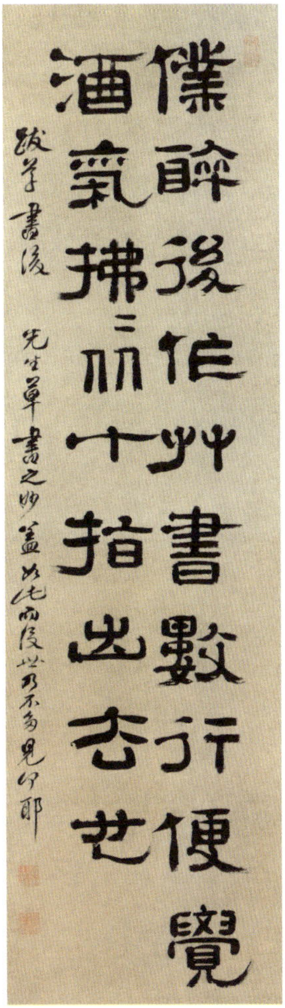

图 4-7　郑簠隶书轴

四、近现代群星闪耀

中国近现代书法延续了晚清的碑学书风，传承了帖学风范，碑帖交融，开拓创新，并汲取考古成果，融入甲骨文、汉简、敦煌写经等古代书法元素，在清代基础上取得了长足发展，涌现出一批书法名家，成就卓著。李瑞清、胡小石等人在书法理论上也钩沉发微，多有创新。

曾国藩从太平军手中收复南京后，莫友芝、张裕钊等随其来到南京，协助其恢复文化事业。莫友芝受碑学思想影响，不论作楷、篆、隶书，下笔都坚实沉厚，结字以生拙古朴为特点，继承了邓石如一派的法则。

现代及当代南京书坛，书艺成就最为突出者当推于右任、胡小石、林散之、高二适等人。民国元老于右任，曾长期生活、工作在南京。其精擅书法，前期以行、楷为主，后期以草书称雄。中年以后，他由帖到碑，由碑及草，风格发生较大变化，碑与帖在他笔下自然地融合，取得了可以比肩古人的草书艺术成就，与后起的林散之、高二适并誉为近现代“草圣”。

胡小石，曾任国立中央大学文学院院长、教授，书学功力深湛，精擅各书体，尤以隶书、行草书成就最高。其书法碑帖融会，线条老辣生拙，面目显著，成就斐然。其治学严谨，学贯古今，为最早在高等院校中进行书法教学的拓荒者。著有《中国书学史》《书艺略论》等，系统阐述古文字演变和书艺发展规律，碑帖并重，体大思深。

林散之，工诗、书、画，尤擅草书，驰名中外。早年、中年潜心摹习历代书法经典之作，坚持不懈，晚年草书终有大成。其草书刚柔相济，运笔富有涩感，诸锋并用，散锋入草；书境深邃老迈，萧散自如，空灵高逸，把中国现代草书艺术推向了又一个高峰。

高二适，早年、中年临习钟、王书法及晋唐名碑帖，晚年则专攻草书。50岁以后，他一面溯流探源，撰写《新定急就章及考证》；一面专攻章草，将章草同晋唐等楷、行、草相结合，反复摹习。晚年终于熔铸古今，走出了一条新路。其草书“亦章亦今亦狂”，笔墨精熟，书风鲜明，格调高古。

另外，活跃于民国及新中国成立后的南京书家还有徐悲鸿、傅抱石、谈月色、萧娴、陈大羽等。

除书法名家外，近现代南京书法社团对书法艺术的发展也起了积极推动作用。当时活跃于南京的金石书画综合社团主要有文社、畸社书画会和中国美术会等。近现代活跃于南京的书法专业社团主要为标准草书社。标准草书社创立于1932年，地址在上海，1946年随社长于右任迁至南京。该社以“整理中国草书，推广标准草书”为宗旨，以“易识、易写、准确、美丽”为原则，在民国书坛影响很大。1984

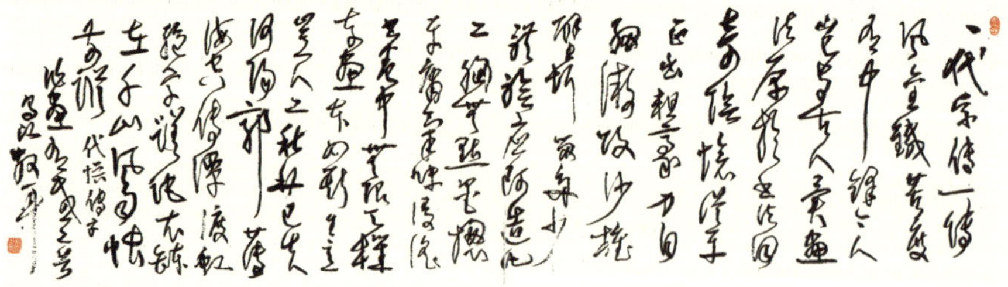

图 4-8　林散之草书卷

年，在多方努力下，标准草书社得以重生，更名为中国标准草书学社，并于 1992 年从银川迁来南京。

第二节　绘画艺术

六朝时期，中国人物画成熟并进入鼎盛时期，都城南京为全国的绘画艺术中心，大家辈出，辉耀千古。南唐时，南京作为都城，画家云聚，画坛繁兴，以董源、巨然为代表的山水画，以徐熙为代表的花鸟画独创新格，成为文人绘画的代表。宋元以降，南京地区绘画持续发展，特别是在明末清初和近现代，成为全国的绘画艺术中心之一。

一、六朝绘画鼎盛

六朝时期是大动乱中相对平静的时代。当时的都城南京，文化艺术发达，画坛鼎兴。曹不兴、顾恺之、陆探微、张僧繇等一代宗师涌现，人物、肖像、佛像画等取得重要成就。除人物画大兴外，山水画独立，花鸟画渐具雏形，绘画风格由之前粗略稚朴向精美雅致转变。同时出现了第一批有深度的画论、画史专著，为此后绘画艺术的品评和创作指明了方向。

1. 六朝画家及画作

曹不兴为孙吴宫廷画家，擅画人物、佛像，尤以画龙冠绝一时，是中国最早享有盛誉的画家之一。他能在五十尺长的绢上作巨大的画像而“无遗失尺度”。相传他为吴大帝孙权画屏风，利用误落的墨迹绘成一苍蝇，孙权疑为生蝇，竟举手弹之，说明其绘画技艺高超。他还是最早从事佛画的画家之一，有“佛画之祖”之誉。

顾恺之是东晋最杰出的画家，擅画山水，尤精于人物、佛像等，有“才绝、画绝、痴绝”之称。笔法如春蚕吐丝，绘画水准高超。他认为人

图 4-9 顾恺之《女史箴图》(局部)

物传神的关键是描绘阿堵(眼睛)。他曾在金陵瓦官寺绘制维摩诘壁画,轰动一时。他的画法属于“笔迹周密”的“密体”,人物形象多属“秀骨清像”。其代表作有《洛神赋图》《女史箴图》等。

陆探微是南朝宋、齐间画家,擅长人物、肖像、佛教画,兼能禽兽画等。其绘画师法顾恺之,与顾并称“顾陆”,同属“密体”。他创造性地将草书笔法运用于绘画,为书法入画之始。他笔下的人物造型,是一种“动与神会”的“秀骨清像”,成为这一时代造型美的典型。

张僧繇,擅画佛像、人物、肖像,兼擅山水、塑像,是南朝梁代成就最高的宫廷画家,也是最受梁武帝器重的佛画创作者,其所创“张家样”为古代寺庙中影响最大的式样之一。在人物塑造上,他创造了与陆探微不同的比较丰腴的艺术形象。其笔法豪迈疏朗,创立了与顾、陆不一样的“疏体”。

除上述“六朝绘画四大家”外,六朝时期还活跃着大量的画家,各擅其能,与南京有着或多或少的联系。其中以卫协、张墨、荀勖、戴逵、王廙、萧绎等人的成就尤高。萧绎即梁元帝，其代表作有《职贡图》等。

2. 六朝画像砖

画像砖（也称砖画）以南朝大型砖拼壁画《竹林七贤与荣启期》为代表。此砖画出土于南京西善桥南朝帝王大墓，绘制嵇康、阮籍、山涛、王戎、向秀、刘伶、阮咸“竹林七贤”和春秋高士荣启期，反映了当时玄学兴盛、清谈成风的社会习尚。画面八人皆宽衣博带，席地而坐，姿态放松，神情高逸，崇尚老庄之意、追求个性之心溢于画面。此画构图宏大，技法娴熟，阳刻线条优美流畅，人物比例匀称，秀骨清朗，神情生动，把画像砖艺术推向历史上的高峰。六朝绘画除少数唐宋摹本外，原作无一存世。此砖画为迄今发现最早的六朝大型人物画实物，在中国绘画史上具有非常重要的地位。

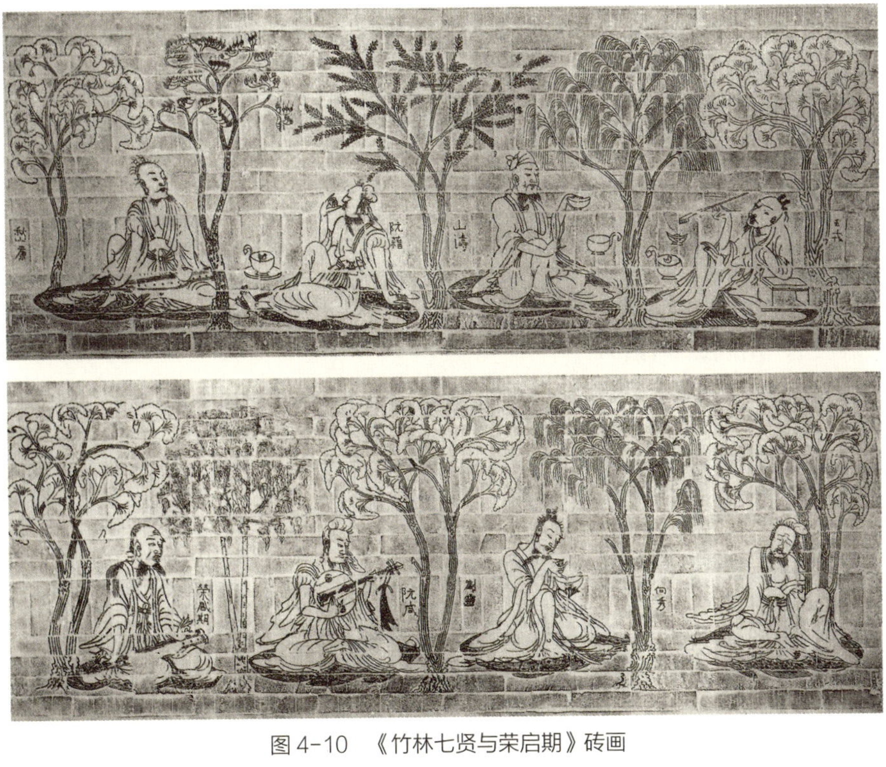

图 4-10　《竹林七贤与荣启期》砖画

3. 六朝画论

六朝时期，随着中国美学思想和人物画、山水画的发展，出现了一批画论画史著作，提出了一系列创作、品评、鉴赏绘画的原则和标准，在中国绘画理论史上占有非常重要的历史地位。

东晋顾恺之既是“画绝”，又是提出画论的大理论家。他的画论作品主要有《论画》《魏晋胜流画赞》等。他提出了“以形写神”“迁想妙得”等绘画美学观点，千余年来成为民族绘画灵魂所在。他的观点成为其后谢赫“六法论”的主要基础。

南朝谢赫《画品》，分序论和画品两部分。在序论中，他提出了绘画的基本原则“六法”：气韵生动，骨法用笔，应物象形，随类赋彩，经营位置，传移模写。此六法千百年来被艺术家和鉴藏家奉为圭臬。《画品》中记录、品评的六朝画家有 27 人。此书首开中国绘画记录、品评著述之滥觞。

六朝时期，还有一些画论、画史著作，多出自名画家之手，如东晋王廙撰《平南论画》，南朝宋宗炳著《画山水序》、王微著《叙画》，南朝梁萧绎撰《山水松石格》，南朝陈姚最著《续画品》等，或论画，或叙史，对后世也有重要启迪作用。

二、南唐绘画繁兴

唐末五代时期，因中原长期战乱，不少画家迁徙到江南和四川等南方地区，南唐、西蜀等创设了画院，在人物、山水、花鸟画上皆有卓越的创造。五代绘画上承唐代传统，下开宋元画风，在中国绘画史上占有重要的历史地位。

南唐于中主李璟时即已设立画院，至后主李煜时，人才济济。以宫廷画院为中心，集聚一批杰出的画家，其中人物画家以周文矩、王齐翰、顾闳中为代表，山水画家以董源、巨然为代表，花鸟画家以徐熙为代表。

1. 人物画

周文矩在南唐后主李煜时任翰林待诏，工画人物、车马、山川、道释神像等，尤精仕女。他的画以《重屏会棋图》最为著名。图绘南唐中主与其弟下棋的情状，形象生动。画上绘一屏风，屏风又有一小屏风绘山水，故称为“重屏”。

顾闳中，南唐画院待诏，长于人物画，与周文矩齐名。其代表作为《韩熙载夜宴图》，图绘政治上失意的官僚韩熙载在家中饮宴听乐观舞的场景。人物生动传神，线描严谨自然，为我国中古人物画的杰作。

王齐翰，李煜时为画院待诏，擅画道释人物和山林丘壑等。其传世的唯一作品是《勘书图》，笔墨细润清丽。画上有宋徽宗墨题“勘书图，王齐翰妙笔”，据此定名。勘书人袒胸赤足，一手挑耳，揭示了士大夫闲散悠然的心境。

此外，当时还有一些画家擅人物、道释画，并取得一定成就，如高太冲、顾德谦、曹仲元、武岳、李景道、李景逊、竺梦松、厉昭庆及女画家黄氏等。

2. 山水画

董源，南唐中主时曾任北苑副使，故后世称为董北苑。善画山水，兼善人物、牛虎等。他以“披麻皴”“点子皴”交互使用的技法，画

图 4-11　董源《潇湘图》

出了江南葱茏湿润的山容水色，树石幽润，平淡天真，意趣高古。代表作有《夏山图》《潇湘图》等。

巨然系金陵开元寺和尚，师董源，善画南方清润明净的山水。南唐后主李煜降宋后，巨然随之到开封，擅名于时，为学士院所作壁画最负盛誉。传世作品有《秋山问道图》《万壑松风图》等。

赵幹，南唐后主时为画院学生。画山水林木，皆江南风景，格调高逸。其代表作为《江行初雪图》，图绘初冬江上景色，卷前有“江行初雪，画院学生赵幹状”十一字，为后主李煜所题，是一幅极为可靠的五代绘画精品。

卫贤，南唐后主时为内供奉，长于楼观殿宇、盘车水磨，兼擅山水、人物。其代表作为《闸口盘车图》。该画绘车船建筑，工致严谨，水磨装置结构画得准确细致，对于研究我国古代科技发展史具有重要价值。

3. 花鸟画

五代时花鸟画有两大流派，一是后蜀的黄筌、黄居寀父子，另一派就是南唐的徐熙，画史称之为“黄家富贵”“徐熙野逸”。前者以富丽工巧著称；而徐熙以处士终身，所画则为汀花野竹、水鸟渊鱼，其画法称为“落墨”，即先用墨笔描绘所画物体的形状，然后在某些部分略加色彩，给人以朴素自然的印象。李后主对徐熙绘画甚为爱重。惜其作品佚失，传为徐熙的作品有《雏鸽药苗图》等。

此外，还有一些画家擅花鸟、竹木及龙鱼等。如钟隐、解处中、董羽等。还有一些画家一专多能，如梅行思，最工画鸡，世号曰梅家鸡。至于后主李煜，工诗词，善书画，其花鸟及墨竹等，清爽不凡；而风虎、云龙等画，有霸者之风。

三、宋至清早中期绘画发展

宋代，山水、花鸟、人物画等皆有重要的发展和建树。北宋前期，花鸟画以西蜀“黄家富贵”画风为规范。北宋后期，画院花鸟画风格发生了变化，徐熙受到了重视。徐熙之孙徐崇嗣、徐崇矩、徐崇勋皆能画，颇有祖风。徐崇嗣在南唐中主时已进入画院，南唐亡国后，徐崇嗣加入北宋画院。除继承家法外，他也新创技法，画花不用墨笔勾描，而直接以彩色染成，谓之“没骨法”，取得较高成就。

宋时祖籍南京或流寓南京的画家还有不少，如山水画家有崔友谅、张翼、任生、郝澄、顾大中等，花鸟画家有艾宣、刘常、陶缜、吕元亨等，擅山水、杂画及一专多能的画家还有董琛、熊应周、田宗源、蔡润、陈禧等。

南宋以后，书画艺术中心移至江南，南京画家因地利之便，与江南画家多有交流，坚持创作，文脉得以赓续。元代，仍有南京本籍画家坚持绘写，承续艺脉。如陶鋐善山水，潘桂善肖像，陈时举工画。

明代，南京先为都城，后为留都，聚集了大量的文人书画家，绘画艺术持续发展。明初，绘画作为意识形态为统治者所重视，朱元璋以举荐和选拔的方式，召集天下善画者进入宫廷。明成祖朱棣迁都北京后，一些名画家和本籍画家仍在此活动和创作。明代早中期，在南京活动的画家有赵原、周位、戴进、郭纯、边文进、吴伟、蒋嵩等。以戴进、吴伟为代表的浙派与当时的宫廷绘画（院体派）相呼应，成为当时绘画的主流。吴伟取法南宋院体风格，线条细腻、劲健，气韵秀逸，有古人意趣。他的《长江万里图》等作品则体现了另一种风貌，气势磅礴。晚年的吴伟吸收了元人画风，中锋用笔，浑厚深沉，含蓄清雅。其他的南京籍画家如蒋嵩、史忠、徐霖等也受浙派影响颇深。

明代晚期，南京画坛呈现多元的面貌，画家们因为各种原因来到南京。其中代表者为董其昌，曾为南京礼部尚书。董其昌精擅诗文书画。其山水画笔致清秀中和，恬静疏旷，用墨明洁隽朗，青绿设色则古朴典雅。他确立了绘画“南北宗”论，提倡文人画，主张摹古，推崇董源等南宗风格，影响甚远。明代活动于南京的画家还有陈沂、蒋乾、杨文骢等，在画史上也较有影响。

还有一些绘画，作者佚名，但画的是明代的南京城，是当时社会历史文化的直观体现。如明人画《南都繁会景物图卷》（又名《南都繁会图卷》），绢本设色，纵 44 厘米，横 350 厘米，藏于中国国家博物馆。因其真实地反映了明朝旧都南京市井情形，一直享有“南京本土的《清明上河图》”之盛誉。卷首署“明人画南都繁会图卷”，尾署“实父仇英制”，但从绘画技法看，并非仇英的作品。

此图卷描绘了明代南京城繁兴热闹的市井生活场面，画面从右至左，由郊区农村开始，经城中的市街，止于皇宫前。市面店铺林立，

图 4-12　《南都繁会景物图卷》（局部）

人物摩肩接踵，佛寺、官衙、民居、牌坊、城门等建筑，茶庄、药店、鸡鸭行、粮油谷行等店铺，应有尽有，河中运粮船、龙舟、渔船往来穿梭，共绘有1000多个职业、身份不同的人物和109个商铺的招幌牌匾，反映出当时的南京是各地百货云集、官商民杂处的商业大都市，而“东西两洋货物俱全”招幌，则反映了明代中外贸易的发达程度。画卷中还着力描绘了戏台及踩高跷、武术表演等，反映了南京文娱活动的丰富多彩。

明末清初，南京画家云集，“明遗民画家”集中出现，其中龚贤、樊圻、高岑、邹喆、吴宏、叶欣、胡慥、谢荪等并称“金陵八家”；髡残（字石谿）、程正揆（号青谿老人）合称“金陵二谿”；髡残与石涛合称“二石”。他们的绘画多寄寓深沉的亡国感慨，具有丰富的情感内涵和鲜明的时代气息。同时期还出现女性画家，如柳如是、董小宛等人。另外，当时的南京版画兴盛，在绘画理论领域也颇有创获，其中以龚贤、石涛的绘画理论影响最大。

龚贤，流寓金陵，与程正揆、髡残并称为“金陵三大家”，又为“金陵八家”之首。作山水用笔凝练劲拔，用墨以积墨法见长，墨色层次分明，温润沉厚，表现出江南湿意浓重的山水景色。此画法又分“白龚”和“黑龚”两类，前者简淡雅洁，后者浓密苍茫。其代表作有《千岩万壑图》长卷等。

髡残，清初“四画僧”之一，来南京后常住报恩寺等处，后寓南京牛首山幽栖寺。好游名山大川，擅画山水，师法王蒙等，喜用干笔皴擦，淡墨渲染，间以淡赭作底，苍浑茂密，意境幽深。其代表作有《苍翠凌天图》等。

石涛为清初“四画僧”之一，多次来南京写生创作。其《清凉台图》，为绘写南京西郊清凉山的写实性山水画作品。画作山台耸峙，城墙逶迤，远处江帆往来，给人以天地苍茫、物是人非之感，沉郁的故国情怀寓于其中。

清代中晚期汤贻汾山水与杭州戴熙齐名，世称“汤戴”。汤贻汾山水受董邦达影响，深得简静超脱、疏淡松秀之致。画风清隽冷逸、旷远幽邃。妻董婉贞，子绶名、懋名、禄名，女嘉名、紫春俱工画。

四、近现代绘画变革

近代以来，南京继续成为绘画艺术的中心之一。尤其是太平天国、中华民国先后建都南京，不断吸引全国一流的画家来南京生活、教学、创作，推动南京地区的绘画进入繁兴的时代。

近现代的南京，不仅是名画家集聚之地，同时也是绘画理论家、美术史家活动的中心，有不少重要的著录、论著等得以编纂出版，代表者如梁章钜的《所藏金石书画跋》、端方的《壬寅消夏录》、吕凤子的《画微》、傅抱石的《中国绘画变迁史纲》、陈之佛的《西方美术概论》，以及美国福开森编著的《历代著录画目》等。

近现代南京地区的绘画积极继承“文人画”的优秀传统，又具有现实主义特点，在绘画诸领域均取得重要成就，出现了虞蟾、陈崇光、吴庆云、萧俊贤、黄君璧、刘海粟、傅抱石、钱松嵒等山水画家，高剑父、陈树人、徐悲鸿、陈之佛、张书旂等花鸟画家，吕凤子、徐悲鸿等人物画家。

虞蟾，为太平天国第一画师，擅山水、人物、花鸟，工书法。其山水师承石涛，上追宋元，画风苍莽雄肆，大气磅礴。其作品有南京堂子街王府的山水壁画《江天亭立图》《江防望楼图》等，代表作另有《风雨归舟图》等。

吕凤子，历任国立中央大学教授、国立艺专校长等职。擅人物、花鸟、山水，以罗汉画和仕女画著名。笔墨凝练遒劲、奇崛生动。书法糅合篆、隶、行、草，奇肆古朴，被誉为“凤体书”。代表作有《四阿罗汉》等。

徐悲鸿，历任国立中央大学教授、中央美术学院院长等职。其中国画吸收中国传统写意画的精华，同时吸收西画的理念和技法，丰富了中国画的笔墨技法，创造出新的绘画风格。代表作有《奔马图》《田横五百士》等。

陈之佛，历任国立中央大学教授、国立艺专校长等职。他在继承中国古代花鸟画优良传统的基础上，吸收国外绘画元素，融合创作，开一代工笔花鸟画新风，清新隽逸，幽秀古雅。代表作有《松龄鹤寿》等。

傅抱石，历任国立中央大学教授、江苏省国画院院长等职。擅长山水、人物及书法、篆刻。其人物、仕女笔墨劲健生动，笔意简远；山水自创“抱石皴”，笔墨酣畅，气势磅礴。代表作有《江山如此多娇》《龙蟠虎踞今胜昔》等。

图 4-13　傅抱石《龙蟠虎踞今胜昔》

第五章

科技教育领风骚

在历史长河中，南京创造了光辉灿烂的文化，在中国传统文化中占有十分重要的地位。科学技术和教育是南京文化的重要组成部分。历史上，南京城市发展与科教事业的进步息息相关。自公元229年孙权建都建业，至1949年南京解放，在近1800年的历史长河中，南京的科技和教育，经历了六朝、明清和民国三个重要发展时期，这也是历史上南京城市发展最为显著的三个时期。南京是六朝的都城，也是当时中国南方地区的政治、经济和文教中心。六朝和明清时期，南京的科技教育有了显著的发展。在科技方面，尤以天文历法、数学、医药学等发展最为显著，涌现出陈卓、钱乐之、何承天、祖冲之、陶弘景、李时珍等一批著名科学家。在教育方面，宋元以来，以江宁府学、建康府贡院和书院为代表的教育、科举考试场所更是传承不绝，至今仍有遗存。明永乐年间，南京的国子监发展到鼎盛时期，一度有学生约9000人，是当时世界上规模最大的高等学府；清代南京的江南贡院成为全国规模最大的科举考场。此外，从宋代开始设立的各类书院，进一步推动了南京教育的发展。近代以来，西方列强以坚船利炮打开了中国长期封闭的大门。由于南京是较早开埠的城市之一，因此西方的科学技术也较早传入南京。同时，南京也成为近代教育的重要发源地之一。洋务运动时期，洋务派在南京创办金陵机器制造局，使南京成为最早引进西方先进技术进行工业生产的城市之一。民国创立后，随着新文化运动的深入开展、“民主”“科学”理念逐渐深入人心，冲破了长期禁锢人们思想的封建枷锁，扫除了科学与教育发展道路上的观念障碍。民国时期，南京的科教事业取得了长足发展，尤其是全国最高科学研究机构国立中央研究院和全国最高学府国立中央大学的建立，再加上一批在南京建立的国家级工农业技术研发机构，南京已成为全国科学研究和工农业技术研发的中心，同时也成为堪与北京比肩的全国教育重镇。纵观中国科技与教育发展史，南京为中国科学技术的进步和教育的发展做出了突出贡献。1937 年，日本发动了全面侵华战争，12 月 13 日，南京沦陷。日本的野蛮侵略，打断了南京科技和教育发展的进程，南京的高校和科研机构不得不迁往内地。抗战胜利后，原在南京的高校和科研机构纷纷迁返南京。1949 年 4 月 23 日，人民解放军占领南京，南京解放。从此，南京的科技进步和教育发展进入一个崭新的时代。

第一节　科技

从古代到近代，南京的科技发展在六朝、明清和民国三个历史时期发展最为迅速。古代南京的科技发展成就，主要体现在天文历法、数学、医药学和工艺制造等方面，涌现出一大批著名的科学家。近代以来，金陵机器制造局的创办，使南京的工业生产技术得到极大提升。1915 年开始的新文化运动迅速波及南京，南京成为全国倡导“民主”

与“科学”的重要城市之一。1927年国民政府定都南京后，国立中央研究院和国立中央大学在南京建立，加上全国性工农业技术研发机构和一大批全国性科学社团在南京成立，进一步推动了南京科学技术的发展。南京不仅是全国的政治中心，也成为全国科学技术研究的中心。

一、古代科技的辉煌

1. 天文历法和数学

早在汉代，中国的天文学便开始形成学科体系，到六朝时期又有了较大发展。古人为了辨识星星，将星星划分为若干小组，并称之为“官”，即现代所称的“星座”。六朝时期著名的天文学家陈卓，将这些“官”组合起来，形成更为宏大的全天恒星体系。陈卓长于星占，精通星象，一生留下了《天文占集》《四方占集》《天官占星》《甘、石、巫三家星官》《浑天论》等诸多天文学著作。其中《甘、石、巫三家星官》整理的全天星官名数成为后世制作星图和浑象的标准。

这一时期，天文律历学家钱乐之也做出了重要贡献。钱乐之曾任南朝宋的太史令，刘宋元嘉十三年（436），他奉诏仿照孙吴葛衡制作的天文仪器，铸造了一座铜质小浑天仪，以白、红、黑三色表示甘、石、巫三家的星官，其根据就是陈卓汇总的三家星经。

六朝时期，中国古代历法取得了辉煌成就。在南方地区，由何承天编制的《元嘉历》和祖冲之编制的《大明历》被实际采用。《元嘉历》在计算五星位置时，首创取用近距历元的先例，并以正月中气雨水为历元。同时还用漏刻法修正了旧历春分、秋分晷景不等的错误，在中国古代天文律历史上占有重要地位。何承天还精通数学。中国古代历法所使用的“上元积年”计算烦琐，何承天创近距取元，简化了计算。他的数学成就还在于由周长、直径之比计算出圆周率为3.1428，这与

图 5-1　祖冲之

此后祖冲之计算的圆周率极为接近。

祖冲之是这一时期重要的天文学家和数学家。他在天文历法上的贡献，体现在《大明历》的编制上。祖冲之指出了前人在历法上的不足，提出了历法改革的建议，并于刘宋大明六年（462）完成了《大明历》，首次将岁差的存在应用到编制历法之中，大大提高了历法推算精度。《大明历》还提出了确定冬至时刻的新方法，并一直沿用至后世。祖冲之在数学方面的贡献体现在圆周率的计算上。以往人们认识到圆的周长是“圆径一而周三有余”，但并没有精确的结论。在祖冲之之前，数学家刘徽曾提出计算圆周率的方法“割圆术”，并将圆周率计算到小数点后 4 位数。祖冲之在前人研究的基础上，首次将圆周率推算至小数点后第 7 位数，即 3.1415926 和 3.1415927 之间，这比外国数学家早了一千多年。

朱元璋建立大明王朝后，在南京设立了太史院，以颁布历书。明代历法以《大统历》为主，并参用“回回历”。明洪武年间编修的《大统历法通轨》，与元代的《授时历》相比，进行了部分修改。明洪武十五年（1382），朱元璋认为回回历“推测天象最精，其五星维度又中国所无”，下令将该历法译成汉文，从而产生了《明译天文书》和《回回历法》。回回历对明代民众的生活产生了一定的影响，弥补了《授时历》的不足。

明代除编译历法外，还关注天文观象。朱元璋时期在南京鸡鸣山（今鸡笼山）、雨花台设立观象台，还建造了一些天文仪器。南京鸡鸣山观星台的浑天仪、简仪和圭表等天文仪器十分精美。浑天仪是测量天体位置和运动的仪器，由青铜铸成，主体平面近方形，中为圆形铜环三重立体交叉，下承以四龙柱。简仪，是对浑天仪的改进，原为元代郭守敬创制，后于明正统七年（1442）仿制，主要用于测定星体在天空中的赤道坐标值和地平坐标值。简仪由青铜铸成，分为赤道经纬仪、地平经纬仪和略日三部分，操作较为简便。圭表是利用日影进行测量的天文仪器，由“圭”和“表”两部分组成，可测一年四季二十四节气。当时来到南京的意大利传教士利玛窦看到鸡鸣山上精美的天文仪器后赞叹道：“其规模和设计的精美远远超过曾在欧洲所看到和知道的任何这类东西。这些仪器虽经受了近二百五十年的雨、雪和天气变化的考验，却丝毫无损于它原有的光彩。”

图 5-2　明代简仪（明珠 摄）

2. 医药学

中国传统医学历史悠久。六朝以前，随着阴阳五行学说的发展，中国已建立了较为完整的中医理论体系。六朝时期，中医药学又有了进一步发展。

六朝时期重要的医药学著作是陶弘景的《神农本草经集注》。陶弘景，丹阳秣陵（今南京）人。他青年时代即广读医书，还到自然界采集药材，以印证《神农本草经》的记载。他最大的贡献就是编写了《神农本草经集注》。该书在《神农本草经》365 种药物的基础上，将药物增加到 730 种。《神农本草经集注》在药物描述、所载药物的种类及分类方法等方面，都比《神农本草经》有所提升。《神农本草经集注》

问世后，对后世影响很大，中国第一部药典唐代《新修本草》就是在该书的基础上完成的。

在中药炮制方面，南朝著名的药物学家雷敩著有《雷公炮炙论》。该书全面总结了前人的中药炮制技术和经验，是中国历史上第一次对中药炮制技术的总结，初步奠定了中药炮制学的基础，使中药炮制成为一门学科。该书对后世影响极大，历代中药炮制学专著常以“雷公”冠于书名。

明朝建立后，大力发展中医药业，推动了中医、中药学的发展。李时珍是明代著名的医药学家，蕲州（今湖北蕲春县）人，生于世医之家。嘉靖三十一年（1552），李时珍开始搜集资料，着手编著《本草纲目》。《本草纲目》以宋代唐慎微《证类本草》为蓝本，集唐、宋诸家本草之精粹，继承中国本草研究的传统，独辟蹊径，把本草学推向一个新的高峰。万历二十四年（1596），李时珍已去世三年，《本

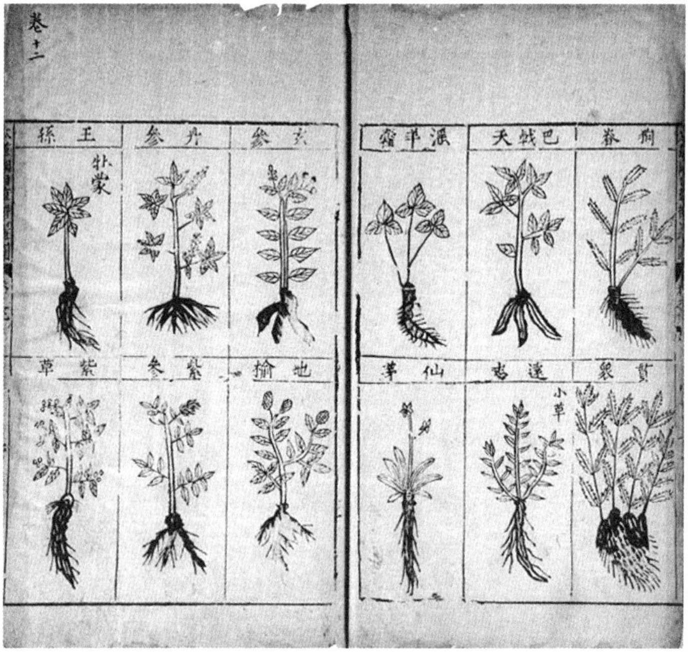

图 5-3 《本草纲目》书影

草纲目》终于在南京刻印出版，成为中医药学的传世之作。

3. 制造和建筑技艺

六朝时期，建康（今南京）的制造技艺有了较大进步，集中体现在冶炼方面。以往的炼钢工艺为“百炼法”，六朝时期出现了“合炼法”新工艺，即将生铁和熟铁熔为一炉冶炼，从而得到更多的钢。这极大地推动了冶金技术的进步，是中国古代冶金技术的重要发明之一。而欧洲直到16世纪才开始运用这一技术。

明代南京的建筑技艺有了较大进步。南京明城墙始建于元朝至正二十六年（1366），约完成于明洪武二十六年（1393），历时约28年，所用城砖达数亿块，全长35.267千米。如今南京明城墙完整保存了25.091千米，是中国现存规模最大的城墙，也是世界第一大城墙，其建筑技艺达到中国筑城史上的顶峰。

明代南京皇宫始建于元朝至正二十六年（1366），明洪武二十六年（1393）基本完工。洪武门至承天门两侧为中央官署区，承天门至午门两侧为太庙、社稷坛。前朝以奉天殿、华盖殿、谨身殿为核心，后庭以乾清宫、坤宁宫为核心，两侧为东西六宫。其整体布局、建筑形制成为后来明中都宫城和北京紫禁城的设计蓝本，并影响了中国周边国家和地区的宫殿建筑布局与形制，其建筑、装饰风格影响至今。

明代南京寺庙林立，以南门外的大报恩寺最为著名。大报恩寺为明代南京的三大佛寺之首，是明成祖朱棣为纪念明太祖朱元璋和马皇后而建。寺内有殿阁30多座、僧院148间、廊房118间、经房38间。大报恩寺琉璃宝塔高近80米，数十里之外即可望见。宝塔拱门为琉璃门券，底层建有回廊，塔檐、斗拱、栏杆等饰有狮子、白象、飞羊等动物的五色琉璃砖。从明代初年至清代中期，大报恩寺琉璃塔作为中国最具特色的标志性建筑物，被早期来华的西方人士称为“世界第八大奇观”。

明代初期，南京建立了规模庞大的官营造船厂，如龙江船厂和宝船厂。造船业的发达、罗盘的使用、航海经验的积累，使远洋航行成为可能。郑和下西洋所乘的宝船即建造于南京。当时龙江船厂是明代最大的皇家造船厂。虽然人们对郑和宝船的大小尚有不同认识，但从 1957 年宝船厂遗址出土的 11.07 米的舵杆，以及 2003 年出土的 11 米带舵翼的舵杆来看，郑和下西洋的船只规模庞大，当时在世界上也是罕见的。这充分说明明代南京的造船技艺已经达到了很高的水平。

二、近代科技的进步

1. 西方科技的传入

1862 年，洋务派代表人物李鸿章建立上海洋炮局，后迁至苏州，更名为苏州洋炮局。1865 年，苏州洋炮局迁至南京，更名为金陵机器制造局，开南京引进西方科技进行工业生产之先河。至 19 世纪末，金陵机器制造局可生产后膛枪、后膛炮和子弹、炮弹等。

19 世纪末，清政府迫于内外压力，实施“新政”。南京是两江总督署所在地，又是通商口岸和江南重镇，“新政”迅速影响到南京。1902 年，三江师范学堂在南京创办，1906 年更名为两江优级师范学堂。新式学堂的兴办，天文、算学、理化、生物等课程的开

图 5-4　金陵机器制造局旧影（英国汤姆森摄于 1871 年）

设，培养了大批通晓近代科学技术的新式人才。

2. 中国科学社的迁入

1914年6月，在美国康奈尔大学留学的中国留学生赵元任、胡明复、秉志、张元善、过探先、任鸿隽、杨铨等发起成立科学社（后更名为“中国科学社”），以“提倡科学，鼓吹实业，审定名词，传播知识”为宗旨。1918年，随着任鸿隽、杨铨等主要成员的回国，中国科学社也迁回国内，并将总社设在南京。1922年又在成贤街成立了中国第一家生物研究所，开展动物和植物研究。生物研究所十分关注与南京相关的生物研究，先后编印了一批科学专文，如王家楫的《南京原生动物之研究》、秉志的《南京动物志略》、汪燕杰的《南京玄武湖植物群落之观察》、孙雄才的《南京唇形科植物》、常麟定的《南京及其附近鸟类之研究》等。1932年，中国科学社还出版了《科学的南京》一书，收录了一些著名科学家研究南京气候、地质、生物等方面的论文。

中国科学社成立之初即创办了《科学》杂志，刊发科学论文，普及科学知识。英国著名学者李约瑟曾评价《科学》杂志是中国主要的科学刊物，可与《自然》周刊和美国的《科学》相媲美。

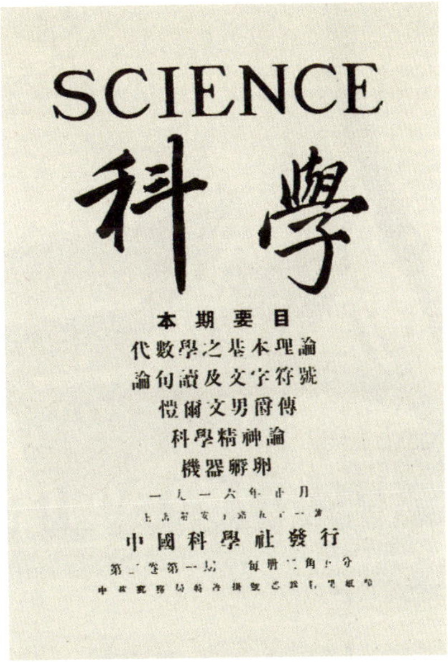
SCIENCE
科學
本期要目
代數學之基本理論
論句讀及文字符號
愷爾文男爵傳
科學精神論
機器孵卵
中國科學社發行

图5-5　《科学》刊影

3. 国立中央研究院的设立

1928年6月9日，国立中央研究院在南京正式成立，下设多家研究所，其中天文研究所与紫金山天文台、地质研究所、气象研究所与北极阁观象台、自然历史博物馆（后改组为动植物研究所）等均设于南京。

1928 年 2 月，天文研究所在南京成立，高鲁为首任所长。天文研究所成立后即着手建设中国一流的天文台。1931 年 5 月，南京紫金山天文台建设工程开工，1934 年 9 月 1 日举行落成典礼。天文研究所及紫金山天文台的建立，使得中国天文学研究向前迈出了一大步，南京由此成为中国天文学的研究中心。

天文研究所成立后，主要进行恒星分光光度、太阳、彗星和流星等研究，并取得辉煌成绩。1928 年 11 月，在美国芝加哥大学攻读博士学位的天文研究所通讯研究员张钰哲发现了 1125 号小行星，并得到“国际行星中心”的承认。按照国际惯例，发现者有权为新发现的行星命名，张钰哲将其命名为“中华星”。1932 年 11 月，时逢狮子座流星雨的最佳观测期，天文研究所研究人员进行了观测，并得出狮子座流星群正日趋衰竭的结论，这一结论与欧美等国的观测报告一致。

1928 年 1 月，地质研究所成立，李四光为首任所长。地质研究所初设上海，1932 年 9 月迁至南京。该所分设地层古生物、矿物岩石、

图 5-6　国立中央研究院总办事处大楼旧影

图 5-7　紫金山天文台旧影

应用地质和地象研究组，另设有矿物实验室、古生物实验室、化学分析室和地质陈列室。在地质学理论研究方面，该所先后进行了地球表面形象变迁等研究、东亚山系结构之方式与大陆运动问题之关系研究等。古生物学也是地质研究所的重点研究领域。李四光等在研究宁镇地层与地质构造时，即将古生物列入研究范围，并发表论文《宁镇地层及古生物研究》。地质研究所的成立，标志着南京成为中国又一个地质学研究的重镇。

1928 年 2 月，气象研究所在南京成立，竺可桢为首任所长。气象研究所成立之初设于南京成贤街大学院内，并开始进行气象观测。1931 年 6 月，位于北极阁山顶的气象观测台工程竣工，这里便成为气象研究所和气象观测台的固定地点。气象研究所科研成绩斐然，先后出版了多部气象学研究专著，并在中外学术刊物上发表大量学术论文。

气象研究所还进行气象观测和预报。该所每天绘制天气图，并发布南京气象预报。在该所成立后的 4 年间，其发布的南京天气预报准

图 5-8　国立中央研究院气象研究所旧影

确率达 81%。气象研究所为积极培养气象人才，先后开办了多期“气象练习班”，竺可桢亲自为学员讲授气象学。在成立后的二十年间，气象研究所培养出一批气象学家和气象管理人才，可以说是中国气象人才的摇篮。

1930 年 1 月，自然历史博物馆在南京成立，钱天鹤任博物馆主任委员。1934 年 7 月，自然历史博物馆改组为动植物研究所，王家楫任所长。自然历史博物馆和其后的动植物研究所十分重视生物学研究，先后组织考察队赴广西、贵州及南京附近地区进行科学考察，并发现了许多新物种。蕨类植物是动植物研究所的研究重点之一。秦仁昌是中国著名的蕨类植物研究专家，他用英文完成了学术专著《水龙骨科的自然分类》。

4. 高等学校的科学研究

近代以来，南京高等院校较为集中，除了教会大学外，还有国立中央大学等中国一流大学。同时作为民国首都，南京还集中了一批全国性科研机构，科研实力较为雄厚。

国立中央大学是当时中国的一流大学，其下设文、理、法、教育、农、工、医、商等学院，科学研究成绩突出。在数学、物理学方面，该校教师编写了许多教材，并风行全国。物理系还重视科学实验，20 世纪 30 年代初，先后建有电磁学、光学、X 射线等 9 个实验室，这是中国高校最早的物理实验室之一。在化学方面，化学系教师赵廷炳发明的

“系统阴离子分析法”，为国内外学界所重视，他的《阴离子分析法》一书也于1944年出版。在地质学方面，当时中国最为知名的科学家丁文江、李四光等先后在地质学系、地理学系担任名誉教授。地理学系的张其昀是中国地理学的开拓者之一，他所著的高中《地理》教科书，一反“年鉴式”的分省体例，改以自然区域为主线，被学界广为赞誉。地质学系与地理学系还积极服务于南京城市建设。地理学系教师胡博渊、谢家荣等在《地质汇报》上发表学术论文《首都之井水供给》，论述了南京的地层及蓄水层分布，为南京地下水开发利用提供了科学依据。

国立中央大学工学院聚集了一批知名专家学者。建筑工程科是工学院最具特色的系科之一，当时中国建筑工程界的大师刘敦桢、杨廷宝、童寯先后执教于国立中央大学。1929年，国民政府颁布《首都计划》，建筑工程专业的教师积极参与，设计了南京的一批标志性建筑，如杨廷宝主持设计了国立中央研究院总办事处大楼、国民党党史史料陈列馆等。此外，南京许多著名建筑，如中央体育场、中山陵音乐台、中央医院大楼、外交部大楼等，均有建筑工程科的教师参与设计。

金陵大学创办于1888年，1914年该校创设了农科，1915年又增设了林科，1916年，农、林两科合并为农林科（后改为农学院）。美籍教授裴义理、卜凯、史德蔚、林查理，以

图5-9　国立中央大学校门旧影

及国内知名学者过探先、谢家声、沈宗翰、章之汶、沈寿铨、胡昌炽等均曾在金陵大学任教。

农作物品种改良是金陵大学农学院的研究重点。1916 年，该校即着手进行小麦、水稻、棉花等育种工作，开中国农作物品种改良之先河。在小麦育种方面，农学院先后培育出“金大 2905 号”“金大 26 号”“金大开封 124 号”“金大南宿州 61 号”“徐州 1438 号”等小麦优良品种。农学院教授王绶主持培育的大麦良种还被美国引进，并被命名为“王氏大麦”。在水稻育种方面，农学院培育出“金大 1386 号”新品种，具有丰产、抗病虫害、耐旱等特点。在棉花育种方面，农学院先后培育出“金大爱字棉”“金大脱字棉”“金大百万棉”等新品种，其中“金大百万棉”具有植株粗壮、抗病、产量高、纤维长等特点。

5. 工农业技术的研发与推广

1927 年国民政府定都南京后，将一些国家级工农业技术研发机构设于南京，大大提升了南京在中国科技领域的地位，推动了应用技术的研发与推广。

1930 年 7 月，中央工业试验所在南京下浮桥建立，内设化学组和机械组，并设分析、酿造、纤维、窑业四个试验室和机械工厂。该所建立后，主要进行了酿造技术的试验与研究、燃料研究及植物油提取法研究、窑瓷研究、化学分析与材料试验等。中央工业试验所从曲菌、酵母菌、制曲法改良等入手，改进了酱油酿造技术，并推广至各地酱园。该所还进行了油页岩蒸馏试验、煤氢化研究、棉籽油替代柴油试验、木炭代汽油试验等。为了用植物油替代进口石油，该所以大豆、棉籽等为原料进行化学提油试验，提油率达到 90% 左右。

中央工业试验所的研究与试验重点在于经济建设、国防建设急需的工业技术，以及与民生相关的生产技术，并以南京为中心，向全国推广新技术，推动了中国工业技术的进步。

中国是农业大国，但农业生产技术相对落后。为了改变落后状况，1932 年 1 月，中央农业实验所在南京成立，内设植物生产科、动物生产科和农业经济科。

在农作物品种改良方面，中央农业实验所重点开展麦作、稻作、棉作、甘薯和马铃薯等品种改良，先后培育出一系列农作物优良品种。在病虫害研究方面，1935 年，中央农业试验所对全国蝗患进行了调查，还对江浙两省秋季螟灾、麦类黑穗病分布、小麦线虫病分布等进行了调查。该所还进行了冬季治螟试验、麦类黑穗病防治等试验。此外，该所还利用雷公藤、除虫菊等植物为原料，用科学方法加工配制成各类杀虫剂，效果良好。

中国的稻麦种植技术相对落后，1935 年 11 月，全国稻麦改进所在南京成立，内设稻作组和麦作组，分别负责稻麦品种的改良与推广工作。

在稻作改良与推广方面，稻作组先后进行了水稻纯系与杂交育种试验、水稻品种比较及纯系比较试验、水稻抗病抗虫品种培育试验等。20 世纪 20 年代末，国立中央大学农学院培育出水稻优良品种“帽子头”，全国稻麦改进所于 1936 年在江苏江宁、昆山，安徽宣城，湖南衡阳、常德等地推广。在麦作改良和推广方面，麦作组先后进行了小麦纯系育种及杂交育种试验、小麦促短生长试

图 5-10　中央农业实验所实验室旧影

验、麦作病虫害防治研究等。该所与金陵大学农学院、中央农业实验所、江苏省立麦作试验场等合作，培育出“金大南宿州 61 号”“徐州小芒红”“徐州火燎芒”等小麦新品种。1936 年，全国稻麦改进所在江苏、安徽、河南、河北、陕西等地推广小麦优良品种达 23 万亩。

民国时期南京的科学研究与技术进步虽然取得较大成绩，但 1937 年日本发动的全面侵华战争打断了南京科技发展的进程，许多科研机构不得不迁往内地。直至 1949 年新中国成立后，南京的科技进步与发展进入了新的时代。

第二节　教育

南京教育历史悠久，传统深厚，并形成了鲜明的地方特色。至迟在汉武帝时期，南京已经开始设立学校。六朝时期，南京是江南地区文教的中心，其政治教化方面的影响，可谓名播海内外。宋元以来，以江宁府学、建康府贡院、明道书院为代表的教育场所更是传承不绝。明清两代，南京的江南贡院成为全国规模最大的科举考场，唐伯虎、郑板桥、吴敬梓、翁同龢、陈独秀等人都曾经在此奋笔疾书。19 世纪末以来，南京作为中国现代教育的重要发源地，见证了一系列开风气之先的教育事件，并经过民国时期的发展，逐步成为堪与北京比肩的教育中心。1949 年新中国成立后，南京的教育进一步得到发展，教育综合排名位居全国前列。

一、秦汉六朝时期的南京教育

秦汉六朝时期南京的教育史大致可以划分为两个时期，一是南京作为地方行政单位的时期；二是南京作为六朝都城的时期。前者的情况相对比较简单，根据《汉书·循吏传》记载，“至武帝时，乃令天下郡国皆立学校官”。可知到了汉武帝统治的时候，南京已经设有学校了。到了东汉初年光武帝统治时期，名将李忠被任命为丹阳太守。他到任后，发现南京的习俗是“不好学”，嫁娶礼仪等与中原相比都较为简陋，于是“乃为起学校，习礼容，春秋乡饮，选用明经，郡中向慕之”。《后汉书·李忠传》可以说是南京地方上办学之始最早的明确记载。

值得一提的是，南京乃至江苏地区发现的纪年时代最早的碑刻《校官之碑》，立于东汉光和四年（181），其内容是为歌颂汉代溧阳（今高淳、溧水区辖境）的地方长官潘乾为地方兴办学校、振兴教育事业的功绩。

自三国时代的孙吴开始，南京持续作为六个王朝的政治中心所在，教育事业也得到了极大的发展。当时南京的教育根据对象不同主要可分为三类，一是针对王室成员的教育；二是针对贵胄子弟的教育；三是针对专业技术的持有者进行的专业教育。其中特别要指出的，是元嘉年间宋文帝下令在鸡笼山设立四学馆，由著名学者雷次宗主持“儒学馆”，何承天主持“史学馆”，何尚之主持“玄学馆”，谢元主持“文学馆”，四馆分科教学，开中国古代设置专科学校之先例，也可以认为是中国最早的分科大学之始。现今位于北极阁东南角的“世界文学客厅”，便是承袭了文学馆流风遗韵的“文学之都”地标性建筑。

除了皇帝本身崇尚文教外，朝中大臣也具有相当高水平的文化修养。南齐时期的著名宰相王俭，就曾受诏于自家的宅邸中“开学士馆”，把皇家藏书机构总明观中的图书都放置于其私宅中，供学士参考学习。史书还记载他作为国子学的长官“十日一还学，监试诸生”。到了梁朝时期，梁武帝命令大臣周兴嗣编写《千字文》，通过运用各不相同的一千个汉字，四字成韵，内容则以当时的常识为主，非常适合儿童

图 5-11　文徵明所书《千字文》

诵读掌握。这部在南京编成的识字课本，也是中国教育史上现存最早、最成功的启蒙教材之一。

在传统的儒学、文史教育之外，艺术教育的勃兴和传承，也是六朝时期南京教育发展的典型特征，其中最具代表性的便是王氏家族的书法传承。据说王献之七八岁的时候学习书法，非常专注，王羲之想要试探他，悄悄从他的背后想要把笔抽出来，却抽不动，便感叹道“此儿后当有大名”；还有一次，王献之“尝书壁为方丈大字，羲之甚以为能”，后来王献之果然成为与其父齐名的一代书家。

二、隋唐宋元时期的南京教育

隋唐时期教育史上的一个里程碑式的事件，便是隋炀帝大业元年（605）开始实行的分科取士，它标志着科举制度的正式确立。据《景定建康志》记载，隋唐时期，南京仅有每年 3 名的岁贡额。“岁贡”一词中，岁是指“每年”的意思，贡是指“上贡”，也就是每年都要选拔 3 名学子去京城参加考试，这些人通过府州一级举行的考试或经过刺史的推荐而得以前往京城，参加省试及殿试，通过殿试者统称为进士。

五代十国时期，建都江宁（今南京）的南唐沿袭唐制，重视文教，持续举行制度化的科举考试。当此之时，官、私教育也迎来了一个高度发展的时期。南唐的国子监位于秦淮河边镇淮桥北之地，学生人数达数百人，直到宋代还保留有“国子监巷”这一地名。

到了宋代，地方的官办学校即“官学”得到了进一步发展，当时南京的地方官学分府、县两级。根据南京方志的记载，天圣七年（1029），名相张士逊出知江宁府（今南京）之时，在“府西北三里冶城故基（即今朝天宫之所在）”建府学，景祐年间又迁徙到府治的东南，即今夫子庙大成殿所在地。虽然府学于北宋末年的战火中一度废毁，但到南宋初年，又在著名学者叶梦得的主持下得以重建。

同样也是在宋代，出现了制度性的解试，又称乡贡，即由地方官府于贡院考试举人，然后将合格举人贡送朝廷。南宋初年，建康府的解额是每年 10 人，后来陆续增加到 13 人。宋代南京的贡院实际上有两处，一是位于“青溪之南、秦淮之北”的建康府贡院，初建时规模不大，只有 110 间，后经两次重修，扩大到 294 间，其地即今日南京中国科举博物馆（江南贡院）之所在；另一处是举行“漕试”的转运司贡院，“漕试”是解试的一种，参加考试人员主要包括官员家属、寓居本地的士人等，转运司贡院由被称为“小朱子”的真德秀修建，位于“青溪之西”，有 150 余间。

宋代南京教育的另一个重要特征是书院的兴盛。书院以私人创办和主持为主，是教学与研究相结合的讲习场所，也是官学的重要补充。当时南京有书院数所，其中以明道书院最为知名。明道书院原址在镇淮桥东北，最初是为纪念北宋时期的儒学宗师明道先生程颢而设。程颢是理学的奠基人，曾经在南京为官，做过上元县的主簿，史称其“政教在人，至今思之”。自南宋淳熙年间开始，历任主事南京的官员，都非常重视祭祀程颢，并逐渐依祠而设塾，创成书院。明道书院的学风得到了宋理宗的嘉许，他亲笔题写了“明道书院”四个大字，自此，明道书院的地位已与白鹿洞、岳麓等四大书院相媲美，堪称第五大书院。明道书院的规约系仿白鹿洞书院而设，对于讲学、课试等教育活动非常重视，并以学生的“德业修否”作为奖惩进退的标准。明道书院延聘了许多饱学宿儒担任书院的山长和教师，从而吸引了大量的生员前来学习，其中除了南京本地人外，还有外地的生员，甚至在官学学习过的人，也慕名就学于此。

到了元代，统治者对于地方教育仍然十分重视，特别是在南宋故地设立了江南各道儒学提举司，任命专门的官员来主管学校的祭祀、钱粮等具体事宜。在这样的背景下，官方在原来的建康府学旧址设立了集庆路学。而书院也开始具有“官学化”的倾向，不但申办书院须获政府批准，书院的山长也须经有关部门的任命或在官府备案，甚至书院的经费也是由政府划拨的官田来供给。

三、明清时期的南京教育

明朝建立，明太祖朱元璋建都南京，并于洪武初年重开科举考试，以崇重教育，选拔人才。洪武三年（1370）举行乡试，翌年在南京举行了会试和殿试。据《明实录》记载：“洪武四年三月乙酉朔，策进士于奉天殿，登第者百二十人，赐吴伯宗等三名进士及第，第二甲十七人，赐进士出身，第三甲百人，赐同进士出身，诏赐伯宗朝服冠带，授礼部员外郎。”值得一提的是，在这一科取中的进士 120 人中，还有 1 位是来自朝鲜半岛的高丽人金涛。洪武四年（1371）的科举考试举行后不久，朱元璋就发现，“今有司所取多后生少年，观其文词，若可与有为，及试用之，能以所学措诸行事者甚寡。朕以实心求贤，而天下以虚文应之，非朕责实求贤之意也”，于是又回到了荐举取士的旧途。但到了洪武十五年（1382），鉴于荐举制出现的种种弊端和加强皇权的需要，他又重新恢复了科举，并依据当时情况，进行了相应的改革。朱元璋的科举改革，要求考试的内容和答案尽量做到标准、划一，科目也仅分为文科和武科，录取人数多，科考制度较从前更为严密，尽管因为所谓“八股文”遭到后世诟病，但明代科举考试中“策问”（相当于现在公务员考试中的申论）的务实精神，则较少为公众注意。比如在明代中后期，就经常考到有关如何应对北方崛起的女真和南方沿海倭寇的“北虏南倭”有关的问题，而并非像一般所认为的科举考试所考内容不切实际。此外，童试、乡试、会试、殿试的四级考试制度，也是在明代确立的。从明代科举取士的整体成效看，可以说是相当进步的举措。

明成祖朱棣迁都北京后，南京作为“南都”仍然发挥着重要的政治影响力，南直隶乡试的考试地点设于南京，现今江苏、安徽、上海三省市的士子于乡试举办之年，均要汇聚于此，参加考试。随着参考士子日益增多，原有考场便越来越显得狭小。根据《应天府新建贡院记》的记载，“南京应天府为天下贡举之首，其制度亦必为四方所取法。然自设科以来，其地凡四易，洪武初以北城演武场为之，地甚缅也而艰于建置；永乐中移于郡学之文墀宫，其饬也而妨于明祀；正统间复徙于武学之讲堂，便供给也，然士多地隘”。景泰四年（1453），应天府尹马谅以秦淮河北地为贡院新址，修建了一组全新的建筑群，共可容纳考生3000余人。自此之后500余年，江南贡院作为南方科举考试的最重要场所之一，在教育史上发挥了极为重要的作用。

南京作为明代科举考试的中心，涌现出大量的科举人才。如万历十七年（1589）取中的南京籍状元焦竑，以思想家、考据学家而著称，学识博洽，著述宏富，他的藏书楼号“五车楼”，世代相续，曾被誉

图 5-12 “迎恩门”匾额

为南京地区传世最久的私家藏书楼。又如万历二十三年（1595）取中状元的朱之蕃，官至礼部右侍郎，不但以工书善画而闻名，还曾经受命出使朝鲜，为都城汉城（今首尔）迎恩门题写匾额，至今仍保存于韩国国立中央博物馆中。因他们在南京居住而产生的地名如焦状元巷、朱状元巷等，一直保留至今。

自明代以来，进学读书成了参加科举考试的必由之路，这就是所谓的“科举必由校”。广义而言，明代南京的学校主要分为三大类，一是以南京国子监为代表的中央官学；二是以府、县儒学为代表的地方官学；三是以崇正书院为代表的半官方的讲学机构。

朱元璋非常重视人才的培养，早在称帝前，他就下令将元代的集庆路学改为国子学，洪武元年（1368），改称“大明国子学”。后来由于地方狭窄，不能满足大量学生学习的需要，便构筑新址于鸡笼山下，落成之后改称国子监，生员达数千人。因为明成祖迁都北京，亦设有国子监，南京国子监便被称为“南雍”，永乐二十年（1422），就学人数将近万人，还有来自朝鲜、琉球等国的外国留学生。南京国子监除包括教室、藏书楼和孔庙在内的主体建筑之外，尚有学生号房（即宿舍）近 1600 间，并设有各职能部门，分别掌管教学、行政、后勤等事务。国子祭酒相当于校长，是从四品的官员，其生源则包括品官荫子（文官三品以上可有一子入监），特准入监（得到皇帝特许的功臣子弟，以及边疆属裔、外国君长派来求学之人），贡监（各府、州、县按定额报送的生员）等。进入国子监读书者，享有优厚的生活待遇，不但可以免除各种杂差役，而且还有各种津贴和赏赐。与此同时，对于学生的要求也相当严格，在学习内容方面，入监者被“课以明体达用之学，以孝悌、礼义、忠信、廉耻为之本，以六经、诸史为之业”，并且将学生的学习情况加以量化考核，根据历次考试成绩的积分来决定其等第的升降。

南京的府、县学在明代也迎来了一个勃兴时期。洪武十五年（1382）国子监搬到新址后，原址便改为应天府学，又把上元、江宁两县的县学并入，形成了南京府、县同学的格局，后历代有所增修，府学前作为南京文化地标的“天下文枢”牌坊，便是明万历十四年（1586）最早兴建的。除此之外，溧水县学、江浦县学、六合县学、高淳县学等，也均在明代得以兴修或扩建。府学的生员有人数限制，主要来自府所属的各州、县学中成绩优异者，并且要求必须通过童试，这就是俗称

图 5-13　“天下文枢”牌坊（龚文新 摄）

的“秀才”。在应天府学担任教官的人，通常来自会试不第的举人以及国子监的贡生，他们负责督促和指导学生的学业，如果指导的学生学业没有长进，考中举人的人数不足，则学官本人还要受到责罚。

至于在宋代风行一时的书院，到了明初则受到了朝廷的严格控制，随着书院官办的最终完成，其功能与府、县学完全相同，而最终被后者所取代。到了明代中晚期，讲学之风再起，特别是像王守仁（即王阳明）、湛若水这样的理学大师都曾经来南京讲学，使得南京的书院再次兴盛起来。理学家耿定向在南京学政任上建立的崇正书院，位于清凉山上，是明清时期江南地区规模最大的书院。耿定向通过在书院进行的讲学活动，大力阐扬“识仁”的重要性，师生论学之际，“皆于仁上用力”，引领了当时南京的治学风气，而他选取到崇正书院来读书的优秀学子中，排名第一的就是状元焦竑。除此之外，当时南京著名的书院还有镇淮桥东北的明道书院、湛若水建立的新泉书院等。

图 5-14　崇正书院旧址（徐智 摄）

明清易代之后，南京失去了都城地位，但作为江南的政治中心，经济繁荣，文教昌盛，现今属于江苏、安徽和上海的生员仍然要来南京参加乡试，考试的地点也与明代一样仍在江南贡院。江南乡试通常在农历八月中旬举行，总共考三场，时间共计 9 天 6 夜。第一场考的是四书题三道和诗一道；第二场是五经题，题目分别出自《诗经》《春秋》等儒家经典；第三场试策五道，主要测试考生对于其他经典著作的掌握以及研究和解决实际问题的能力。根据规定，江南省的录取比例为 1.25%，但实际上大多数开考之年，录取的比例还不到 1%。据统计，清代江南乡试共举行了 108 次，录取举人的总人数为 13607，如以 1% 的比例计算，参考的人次达到了 136 万，考虑到当时的识字率和具有乡试考试资格（即秀才）的总人数，不得不说这是一个惊人的数字。除了考乡试的江南贡院外，南京还设有江宁府试院，其址在府城大功坊南，始建于明嘉靖年间，清顺治时为居民所侵占，康熙五十二年（1713）由巡抚张伯行下令重建，用于诸生参加岁试（童生的入学考试）和科试。太平天国定都南京后，仍然采用科举的手段来选拔人才，只是把考试的内容从四书五经等改为太平天国所颁定的“经典”。太平天国时期，江南贡院废毁严重。同治三年（1864）曾国藩克复南京，为提振生员们的士气，巩固江南民心，他率先下令修复江南贡院，并于同年十一月即恢复江南乡试。复建后的江南贡院共有供考生考试的号舍 20644 间，居全国贡院之冠。

清代南京官学与明代相比，体系更为完备。顺治九年（1652），两江总督马国柱把明代的国子监改为江宁府学，又把明应天府学改为上元、江宁两县的县学。江宁府学后迭经重修，太平军攻占南京后被毁，同治年间，李鸿章下令于朝天宫之地予以复建。至于书院，则以江宁府书院最为著名，其地位于上元县治之北，雍正初年由总督查弼纳所倡建，命名为“钟山书院”，雍正帝亲笔题写了“敦崇实学”匾额以

图 5-15　江南贡院号舍旧影

赐之。钟山书院的院址虽屡经变动，但其讲学的传统一直延续到清末，卢文弨、钱大昕、姚鼐、缪荃孙等著名学者，或主持院务，或在院讲学，钟山书院可以称为清代教育史、学术史的一个重要中心。

此外值得一提的是清代南京的私塾。私塾又称蒙馆，是与成规模的官学、书院相对的一种历史悠久的教育形式。清同治、光绪年间，在南京设塾授徒而享有盛誉的，有高柳溪和叶宇观，时称“南高北叶”。他们为南京培养了很多杰出的人物，如曾为翰林院编修、清末曾促成江苏光复的仇继恒，便出自叶宇观的塾中。

清末，受到新思潮的影响并伴随着维新改良运动的兴起，南京的教育格局也发生了深刻的变化。一是书院改为学堂。戊戌变法期间，两江总督刘坤一制定了“设省府县各学堂以植其本，另设农工商等学堂以造其精”的办学原则，并计划对南京的书院进行改革，但因他于光绪二十八年（1902）去世，因此实际进行的改革是在继任两江总督张之洞的指导下进行的，具体包括：将文正书院改为府学堂，惜阴书院改为县学堂，并将钟山书院改为高等学堂，也就是江南高等学堂。

二是新式学校的崛起，其中既有小学，也有中学和大学。比如创立于光绪元年（1875）的石鼓路小学（原名类思小学）就是在南京创办时间最早的小学之一；还有创立于光绪十四年（1888）的汇文书院，后来分别设有大学堂、高等学堂、中学堂和小学堂，其中大学堂在宣统二年（1910）与宏育书院合并为金陵大学，中学堂则改为附中，也就是现在金陵中学的前身。三是官办新式学堂的诞生。南京的官办新学堂中最早并且最重要的都与军事技术有关，如光绪十七年（1891）创设的江南水师学堂就是这方面的典型代表。水师学堂校址位于仪凤门（今兴中门）内，主要是为南洋水师培养和输送人才，其学堂制度完全参照天津水师学堂，要求学生“中西文武功课兼营并习”，毕业生或被送往日本留学，或去英国学习先进的军舰操法，造就了不少人才，著名的文学家鲁迅及其弟周作人都曾经在此学习过。除此之外，还有光绪末年陆续创建的江南陆师学堂（附设有矿路学堂）、江宁练将学堂、江宁武备学堂等。

随着一系列改革措施的施行，在清王朝统治的最后十年间，南京先后创办了大、中、小学以及各类学堂在内的新式学校 100 余所，近代教育体系逐步形成。其中最具代表性的要数张之洞于光绪二十八年（1902）创办的三江师范学堂，堂址设于北极阁的明国子监旧址，由杨觐圭担任首任监督（即校长）。光绪三十一年（1905）周馥任两江总督后，将校名改为两江优级师范学堂，并先后由徐乃昌、李瑞清担任监督，后者就是在这一时期提出了“嚼得菜根，做得大事”的校训。今日的南京大学、东南大学、南京农业大学、南京师范大学、南京林业大学和南京工业大学等高校，均将各自的校史追溯到三江师范学堂创办的 1902 年。

四、民国时期的南京教育

民国建立后，孙中山在南京组织临时政府，由蔡元培出任教育总长。担任江苏省教育司司长的是著名教育家黄炎培，他大力推行实业教育。安徽省都督柏文蔚则在南京设立崇实学校，用于安置复员的南京女子北伐队队员，堪称南京近代实业教育的滥觞。1917 年 12 月，江苏省教育厅在南京设立。至 1921 年，还出现了保存江南贡院的特别努力。自清末科举制废除后，原来的考试场所江南贡院日益荒废，甚至大部分号舍都被拆除，辟为市场。1921 年，以甘鋐、仇继恒为代表的南京绅商向当时的江苏省省长上书，要求保护包括号舍在内的江南贡院遗址。而省长王瑚是科举出身的进士，对保存贡院古迹颇具眼光，因此很快就饬令相关部门制定具体的保护方案，进行修理布置，使南京教育史上重要的教育遗迹得以保存下来。

当时，南京涌动着许多新的教育思潮，并开展了一系列实践，主要包括实用主义教育思想在南京传播；陶行知在南京倡导的平民教育成为全国的典范；以南京晓庄师范的创办为代表的乡村教育的兴起；以及以王荷波组织的津浦铁路工人俱乐部所开办的夜校为代表的各类工人补习学校，成为中共地下组织在南京工人群众中开展活动的据点，为党组织在南京的发展壮大发挥了巨大的作用。

1927 年南京国民政府成立后，根据孙中山的五权宪法思想，于 1929 年在鸡笼山东侧设立考试院，考试院是最高的考试机关和人事机关，承担着输送合格官员和官员人事管理的重任。

抗战前的南京教育，处于稳步发展时期。学校的数目、招生和毕业人数、教学质量、学校层次等都达到了民国建立以来的最高峰。著名教育家陈鹤琴进行的幼儿教育实验大获成功，他所创办的鼓楼幼稚园，成为闻名全国的实验性幼稚园。高等教育的发展则更为引人瞩目。1928 年 5 月，在国立东南大学等九校合并基础上组建的国立第四中山

图 5-16　国民政府考试院旧址（明珠 摄）

大学正式更名为国立中央大学，其规模、学科设置以及师资力量均堪称国内第一。此后，在南京还陆续成立了国立牙医专科学校、国立戏剧专科学校、国立药学专科学校等开风气之先的专门学校。

抗日战争爆发后，南京的不少学校都相继内迁，国立中央大学的主体部分迁至重庆沙坪坝，金陵大学则迁至成都华西坝，内迁各校都在极为艰苦的条件下坚持办学，自觉担负起民族复兴的责任。抗战胜利后，各校相继返回南京，不少国立中央大学的爱国学生都投身于中国共产党领导下的新民主主义青年社，开展爱国民主运动。南京和周边各高校的学生以“反饥饿、反内战、反压迫”为口号，举行游行。1947 年 5 月 20 日，游行队伍在珠江路入口遭到国民党宪兵警察的袭击，学生当场被打伤 104 人，被捕 28 人，引发了轰轰烈烈的“五二〇”运动。次日，国立中央大学学生组织发表了《告全国同胞书》《告全世界人民书》，同时与金陵大学等高校决定无限期罢课，全国 60 多个城市的高校师生纷纷响应，学生运动的风暴席卷全国。学生运动的燎原之火，一直持续到1949年4月南京解放前夕，有力地揭露了国民党反动派的真内战假和平阴谋，终于迎来了最后的胜利。

第六章

多元宗教冠古今

南京宗教源远流长。这里地理环境优越，有钟山、牛首山、茅山等重要名胜，自古为黄老道和高僧大德修炼之处；这里交通发达，往来方便，为宗教界人士聚集之地；这里历史悠久，作为十朝都会，常常是全国性宗教活动中心。佛教、道教、伊斯兰教、基督宗教（天主教、东正教和基督教新教的统称），先后传入南京，并在南京呈现出不同的发展历程和历史贡献。

汉代，道教在中国兴起，佛教从印度传来，南京地区有了佛、道教活动的影迹。六朝时期，佛、道教在南京有了较大发展。孙权为葛玄建洞玄观，为康僧会建建初寺，对后世影响非常大。康僧会和支谦译经、注经、作经、传经，开创两晋以后的玄学性佛教。南京寺庙林立，先后建有瓦官寺、长干寺、高座寺等，唐代诗人杜牧《江南春》诗中赞叹："南朝四百八十寺，多少楼台烟雨中。"其实，"四百八十寺"还是保守之说，真实情况是"都邑名寺，七百余所"，表明当时佛教传播之盛。

这一时期，许多皇室贵族信奉道教。晋人葛洪《抱朴子》以及其从孙葛巢甫新造《灵宝经》等，均为道教史上的名著。葛洪提出的“玄道合一”思想，初步构建了道教的理论体系。梁时，“山中宰相”陶弘景撰有《真诰》，创立茅山上清派，影响甚远。

唐代，佛教、道教继续发展，伊斯兰教开始传入南京。佛教有法融在牛首山创立牛头宗，文益在清凉寺创立法眼宗。栖霞寺与山东临清灵岩寺、湖北荆州玉泉寺、浙江天台国清寺并称天下“四大丛林”。道教有茅山上清派道士司马承祯提倡“安心坐忘”之法，吴筠提出用老子自然之道阐述道教义理和修炼方法。在他们的学说影响下，道教的外丹术逐步向内丹术方向转化。伊斯兰教传入南京是在唐太宗贞观年间，由一江之隔的扬州传入。

宋元之际，佛教、道教和伊斯兰教均有所发展。至明代，南京成了统辖全国宗教的中心，设有道录司和僧录司，统管全国的道教和佛教。一批穆斯林将领随朱元璋来到南京，南京的穆斯林人口大增。他们逐渐开始着汉装、说汉语，使用汉姓姓名。明末清初著名伊斯兰教学者有王岱舆、张中、伍遵契等，著书立说，“以儒诠经”。三教之外，开始有天主教传入，时间是万历二十七年（1599），传入者为意大利传教士利玛窦，大学士徐光启在南京受洗入教，成为中国第一代天主教徒，圣名“保禄”。在南京，徐光启学习天主教教义和欧洲的科学文化知识，后来与利玛窦合作，翻译了欧几里得的《几何原本》。

清代，各种宗教发展情况不一，基督教新教（以下简称基督教）传入南京。康熙、乾隆南巡，数次游历南京栖霞寺、灵谷寺、鸡鸣寺、大报恩寺、永济寺等古刹名寺，并留下了许多题词和诗篇，对南京佛教的发展具有推动作用。太平天国之后，杨仁山在南京创办金陵刻经处，并兴办佛学研究会、祇洹精舍，中兴佛教，南京由此成为中国近代佛教复兴之地。伊斯兰教在清代学术研究突出，代表人物是刘智，撰有《天方性理》《天方典礼》《天方至圣实录》等名著，在海内外颇有影响。天主教在南京发展颇多曲折和起伏，几度中断，直至同治年间，法国传教士雷遹俊到南京传教，正式在石鼓路建立天主堂。清末，基督教经过一段时间断断续续的传播，相继有美国卫理公会、基督会、圣公会、基督复临安息日等教会在南京建立教会组织，建教堂，办学校、医院，逐渐被南京人所认识，扎下根来。

民国时期，道教被政府视为封建迷信活动，受到抑制，呈衰败之势。佛教面对侵占庙产风波，提出自办院校，先后办有法相大学、栖霞律学院、普德佛学院、毗卢佛学院等，既保护了庙产，又弘扬了佛学。太虚法师在南京影响最大。他创办了“中国佛学会”，提倡“人间佛教”，开展“三大革命”（教理、教产、教制），同时创办居士林和期刊，用以宣传佛教，维护佛教利益。

伊斯兰教在南京建立中国回教公会、南京回教联合会、南京清真董事会等教会组织，出版《回民白话报》《回教青年月报》等期刊，开办清真女学、清真小学和公益慈善事业。抗日战争期间，不少穆斯林参加抗日救亡运动，奔向抗日一线，为保卫祖国做出了积极的贡献。

天主教、基督教也有一定发展，创办大量期刊，宣传教义，并在传播西方现代科学文化上做出许多有益的贡献。南京沦陷期间，一部分外籍传教士坚守在南京各教堂，与德国商人拉贝等人一道，组织成立“南京安全区”，救助了大量难民。他们的义举和勇敢，南京人民永志难忘，成为今天“珍视和平，面向未来”的精神源泉。

南京解放后，四教同城，和谐发展，经过反帝爱国运动和废除封建等级特权制度，各宗教与全市人民一道，积极投入到南京的经济建设和社会发展的各项活动中。党的十一届三中全会以后，宗教信仰自由政策进一步得到全面贯彻，各宗教爱国爱教，团结进步，又为祖国统一和现代化建设做出了新的、积极的贡献。

第一节　佛教文化

在南京近2500年的建城史中，有近1800年的佛教文化发展史。这1800年足以证明：南京是中国佛教史的见证者，更是佛教中国化进程的重要引领者，是中国佛教文化艺术的传播中心，也是中国佛教文化遗产的展示中心。

一、南京佛教的历史

南京佛教始自东汉末年。东汉兴平元年（194），佛教徒笮融屯居秣陵县（今南京市江宁区秣陵镇）南，这是南京地区最早有佛教信徒的记载。孙吴黄武元年（222），大月支人支谦因北方战乱，从洛阳来到吴地武昌（今湖北鄂州），被孙权拜为博士，辅导太子孙和。后随孙权来到建业（今南京），开始在建业翻译佛经，传授佛教。这是南京佛教正式传播的开始。孙吴赤乌十年（247），天竺僧人康僧会经广州来到南京，虽晚于支谦数十年，但对吴地佛教的影响很大。孙权为康僧会建造建初寺，此为江东建寺之始。

自公元316年西晋灭亡，中国南北分裂，北方混战，洛阳的名僧、名士如康僧渊、康法畅、支愍度、帛尸梨蜜多罗等皆自中原南下至东晋都城建康（今南京），将中原的佛教思想及玄风带到南京，译经事业空前发达，佛教与中华儒道思想交流争鸣，也促进了佛教义学的发展，出现了丰富的著述，并形成各派学说。鼎盛时期的建康所建寺院多至700余所。

隋唐时期的南京不再为全国佛教的重镇，但佛教依然得到发展。陈隋之际，南朝所建许多大寺院遭毁。隋代南京佛教较重要的是与创建三论宗和天台宗之间的因缘。至唐初，南京佛教又现繁荣之象，传译既广，理解渐精，演成各个宗派，发生在南京地区的则有牛首山的牛头宗。

图 6-1　栖霞寺千佛岩（平涛 摄）

唐亡后，南京为南唐政权之都，与杭州同为当时南方佛教的两大中心。南唐李昪、李璟父子崇佛，迎请文益禅师至金陵，住报恩禅院，后建清凉寺，发扬禅宗一花五叶之法眼宗。南唐后主李煜酷好佛教，大造寺院，广聚僧众。

宋代南京的佛教总的来说渐趋衰落。史志记载，南京的佛教古刹，在太平兴国年间都得到修建。元朝多崇喇嘛教，唯天历元年（1328）文宗图帖睦尔以潜宫改作大龙翔集庆寺，以后移址重建，即天界寺。

明代南京佛教再度兴盛，对全国佛教的弘扬也产生了重要影响。明初建都南京。洪武元年（1368），明太祖朱元璋着力整顿佛教，颁布一系列政令，仿宋制开设僧衙，设僧官，立制度，在天界寺设立善世院，后称僧录司，管理全国佛教。明代四大高僧云栖袾宏、紫柏真可、憨山德清、藕益智旭以及云谷、袁了凡等都在南京留下弘法的业绩。

清初皇室崇拜喇嘛教，但对汉传佛教也很支持。清初南京有高僧觉浪、三昧、读体等。康熙、乾隆多次南巡，游历南京著名古刹，对南京佛教发展也起到一定推动作用。太平天国期间，南京佛寺几乎毁坏殆尽。

晚清时期，杨仁山居士于同治五年（1866）创办金陵刻经处，致力于佛典的搜罗、整理、刻印，弘法四十余年，流通经典至百余万卷。又于光绪三十三（1907）年设僧学堂祇洹精舍，创办近代佛教著名的居士道场——支那内学院、佛学研究会，培养了欧阳渐、梅光羲、释太虚、释仁山等僧俗佛教人才，因此被誉“近代佛教复兴之父”。

从某种程度上来说，南京佛教发展史就是一部中国佛教史。

二、南京佛教的特点

诚如赵朴初先生所说，南京是中国佛教学术的中心，开启中国佛教诸宗的先河。就中国佛教宗派的创建与南京的关系而言，三论宗创立于栖霞寺，禅宗的牛头宗创立于牛首山，法眼宗创立于清凉寺，天台宗实际创立者智颛大师主要思想的形成在瓦官寺。南京建初寺是最早翻译密教经典的地方；南京古林寺是中国佛教“中兴戒律第一祖庭”，也是中国佛教界传戒的祖基。

与此同时，中国佛教文化史上的许多开端之事件均发生在南京：东晋义熙年间，法显在南京道场寺撰写《佛国记》，这是一部向汉地介绍印度、斯里兰卡等国佛教历史及状况的佛教史籍；南朝齐、梁间，律学大师僧祐在南京撰写的《出三藏记集》是中国现存最早的佛教文献目录，所编《弘明集》是中国佛教史上第一部护法弘道论文集。中国历史上有多次与佛教相关的著名论战，如道教与佛教的“夏夷之辩”、“神灭论”和“神不灭论”之辩、沙门是否“不敬王者”之辩等都发生在南京。中国近代佛教文化的策源地——金陵刻经处、支那内学院和中国佛教协会、中国佛学研究会、中国宗教徒联谊会也都肇始于南京。

南京也是中国佛教艺术（建筑、造像、绘画、音乐等）的重要发源地和传播中心，其中最值得称道的当属佛教绘画和佛教音乐。

孙吴时期的曹不兴是我国最早的佛像画家，被称为中国“佛画之祖”，他创造的“密体”画风开启佛教绘画中国化之先河。东晋戴逵是佛教造像中国化过程中的先行者，首创以夹纻塑造大型佛像，并开创南方佛教雕塑的新时代。东晋南朝时期的佛教绘画艺术成就突出。顾恺之在当时享有极高的声誉。他在南京为瓦官寺画维摩诘像，引起轰动，与陆探微、张僧繇合称“六朝三大家”。陆探微是刘宋时期最杰出的画家，他所创造的“秀骨清像”人物画式样在当时蔚然成风，这一绘画风格甚至对敦煌莫高窟的北朝壁画以及石窟雕塑都有影响。张僧繇是极受梁武帝器重的佛画高手，他的画继承了印度壁画的风格而又自有特色，被后人视为楷模，称作“张家样”。明初，佛教版画发展到高潮。南京刻印的《洪武南藏》中有一幅珍贵的《玄奘法师译经图》，可称为代表作。“清初四大画僧”之中有“二石”都与南京有重要关系。石谿（即髡残）一生大多在南京牛首山幽栖寺及大报恩寺、弘觉寺中度过，每以笔墨作佛事，绘画成就尤为突出。石涛中年时住在南京，尤以山水画见长，他所写的《苦瓜和尚画语录》是一部十分罕见的画论巨著，在中国绘画史上占有重要地位。

三国两晋是中国佛教音乐创始时期，最初主要是以“梵呗”（梵文颂唱）的形式出现，后来“法乐”也成为重要的佛教礼乐形式。《宋高僧传》把竺法兰、康僧会奉为初传梵呗的祖师。南京佛教音乐的兴

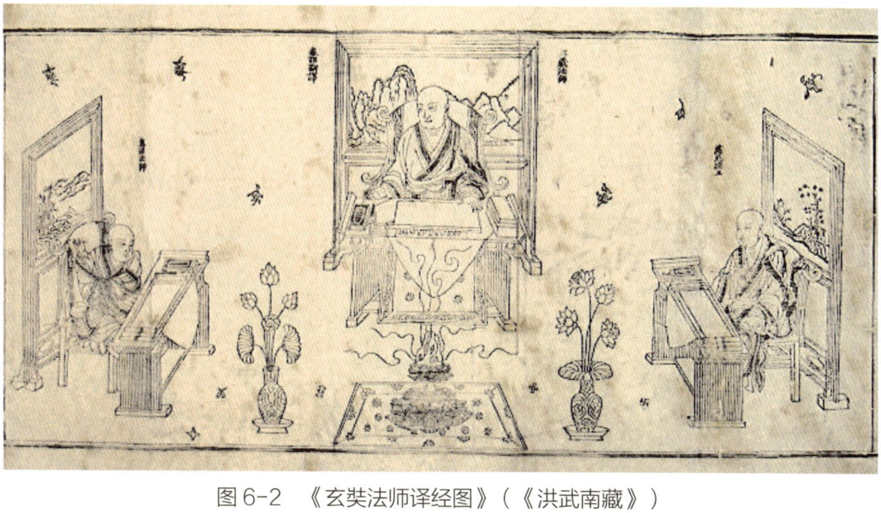

图6-2　《玄奘法师译经图》（《洪武南藏》）

盛与南朝两位人物有重要的关系，一位是齐竟陵王萧子良，另一位是梁武帝萧衍。他们通过对“清商乐”理论的整理、梵呗唱诵法的制订以及法乐的倡导等，为后世的佛教音乐的传承和发展奠定了坚实的基础，成为我国佛教礼乐文化史上的里程碑。

三、南京佛教的贡献

中国佛教发展的历史即是佛教不断中国化的历史，而南京可以说是佛教中国化进程的重要引领者。除了在理论层面不断与中国本土思想的交融创新外，我们今天所熟知的一些佛教仪轨和制度，例如禁酒肉、水陆法会等，是汉传佛教所独有的，这些都是佛教中国化的重要内容。

1. 汉传佛教僧尼不食酒肉

据《广弘明集》记载，梁武帝于天监十年（511）亲自撰写《断酒肉文》。为了统管全国僧尼，他还命法超制订《出要律仪》，命法云创立僧尼戒规，僧尼不食酒肉的仪轨从此确立下来，之后便在汉传佛教界全面推广普及。

2. 梁皇忏

据《释氏稽古略》记载，梁武帝为超度夫人郗氏，制定《慈悲道场忏法》十卷，礼请高僧举行忏礼，夫人化为天人，在空中谢帝而去。其忏法流行于世，称为“梁皇忏”，流传至今，仍为佛教徒所遵行。

图 6-3　梁武帝

3. 水陆法会

据《佛祖统纪》记载，梁天监七年（508），梁武帝率众来到镇江金山寺，亲自主持了有史以来的首次“水陆法会”。现行完整的水陆道场仪式，是在梁武帝倡导的基础上，在北宋时最终定型的。

4. 盂兰盆斋会

梁大同四年（538）七月十五日，梁武帝根据《佛说盂兰盆经》中“目连救母”的记载，到同泰寺亲自主持了第一届“盂兰盆斋会”。之后梁武帝将这一仪式大力推广，很快就形成了一种汉地佛教的仪式并一直传承至今，广泛深入地影响了整个汉字文化圈的信仰文化。

5. 比丘尼受戒

佛教传入中国后，戒律一直不完备，尤其是比丘尼没有如律受过戒。虽然中国尼众最早受戒是东晋洛阳竹林寺的净检尼，但直到刘宋元嘉年间狮子国（今斯里兰卡）比丘尼铁萨罗一行来到南京，才真正使得中国尼众如法接受完整的二部受戒。

这些在南京产生的佛教仪轨和制度——包括南朝的僧正制度和明朝的僧录司制度，对整个中国佛教的发展和传播，以及对佛教中国化的不断深入，产生了巨大的引领作用。

四、南京的佛教文化遗产

南京1800年的佛教文化发展史，丰厚的佛教文化底蕴和众多的佛教文化遗存，已经成为今天南京重要的文化宝藏。

历史上南京佛教寺院建造的高峰在南朝和明朝两个时期。这些佛寺建筑，有很多成为明代“金陵八景”“金陵四十景”之一。清代“金陵四十八景”中的景点，如“栖霞胜境”“灵谷深松”“祖堂振锡”“清凉问佛”等，这些景点直到今天还是南京的名胜之地。南京虽然目前仅存60余座佛教寺院，但无疑都是历史留给我们的宝贵的佛教建筑遗产。

栖霞寺千佛岩是我国南方开凿最早、规模最宏伟的佛窟群，始于南齐永明二年（484），几乎与北方的云冈石窟同时代。先后开凿约250个佛龛，造像520余尊，号称千佛岩。

牛首山的弘觉寺塔始建于唐代宗大历九年（774），后毁，现塔身是明初重建。该塔是南京现存最古老的、最雄伟的砖制仿木结构楼阁式古塔，1958年曾在塔底层盖石下发现鎏金喇嘛佛塔——现为南京博物院的镇馆之宝，还有金卧佛及青花瓷罐等物。

唐代著名画家吴道子曾为金陵高僧宝志绘一画像，大诗人李白作赞像诗，由书法家颜真卿书写，刻在一块石碑上，这就是今天镶嵌于南京灵谷寺志公塔正面的“三绝碑”。

灵谷寺内原来供奉无量寿佛的无梁殿，建于洪武十四年（1381），整座建筑采用砖砌拱券结构，不设木梁，因此又称“无梁殿”，是中国建造最早、规模最大的砖石建筑之杰作。

中国的佛舍利塔始于孙吴时期的建业（今南京），孙权为供奉康僧会请得的舍利，建造建初寺和阿育王塔，由此开始了南京先后十次瘗藏圣物的历程。其中最为重要的有三次：一是隋仁寿元年（601），栖霞寺建舍利塔；二是北宋太平兴国五年（980），印度高僧施护将所携带佛祖顶骨舍利奉献给长干寺；三是北宋端拱元年（988），玄奘大师头骨被在终南山紫阁寺修行的天禧寺住持可政大师迎到南京。

南京供奉佛舍利历史悠久，也是中国历史上瘗藏圣物最早、最多的城市。1942年，天禧寺旧址出土玄奘顶骨舍利。2008年，在南京发掘明代大报恩寺（原长干寺）地宫过程中出土了石函，石函内置铁函，铁函内安放七宝阿育王塔，塔内有银椁金棺，佛

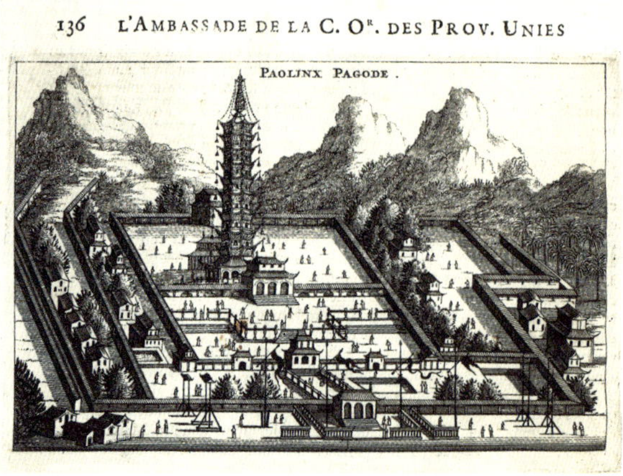

图6-4　大报恩寺（荷兰画家约翰·尼霍夫绘于1665年）

顶真骨舍利便安奉其中。

总之，南京佛教文化历史悠久、蕴含深广、地位崇高、贡献巨大，是中华优秀传统文化的重要组成部分。

第二节　道教文化

一、南京道教的历史

道教是我国土生土长的宗教。随着上古时代的巫术，以及春秋战国时期的道家、黄老之学、阴阳五行学说和神仙方术的不断产生，秦汉已经是神仙道教快速发展和鬼神崇拜盛行的时期。东汉顺帝时，张陵开创五斗米道，奉老子为教主、《道德经》为主要经典，标志着道教的初步形成。托名张陵的《老子想尔注》是最早出现“道教”一词的著作。此后张角的太平道，成为早期道教的另一个重要派别。

汉初元五年（前 44），陕西咸阳人茅盈到秣陵句曲山（今句容茅山）结庐修道，采药炼丹。其后，其弟茅固、茅衷也相继到此，被称为“三茅真君”。句曲山因此改名为“茅山”，成为江南有道教的初始地。

图 6-5　陶弘景（《三才图会》）

孙吴时，孙权好黄老之术，为葛玄在方山建洞玄观，成为道教在都城建业（今南京）的起点；他还支持葛玄创建道观 39 所、度道士 800 名，使南京道教有了一定规模。

魏晋南北朝时期，道教由民间

转向上层。北魏嵩山道士寇谦之“清整道教，除去三张伪法”，形成北天师道。南京是南方的政治中心，道教得到统治阶层的支持。王羲之、郗昙、郗愔等官员和孙吴后裔等皇室宗亲都成了崇道名流。刘宋时，道士陆修静“祖述三张，弘衍二葛”，形成南天师道。齐梁时，陶弘景辞官入茅山修道，创立上清派。梁武帝每遇大事都要向其咨询，被称为“山中宰相”。

隋唐至宋，不少皇帝支持道教。南北天师道与上清、灵宝等宗派合流，称为正一道。这一时期南京道教十分活跃。隋炀帝时，迎请茅山道士王知远到洛阳。唐代，唐高宗以老子为李氏祖先，给老子加上“太上玄元皇帝”尊号，令各州建道观。南京道教重气派兴起，外丹术向内丹术修炼转化。茅山道士王知远、司马承祯被尊为国师。宋代，宋真宗命人编辑道藏，大建宫观；徽宗册封自己为“教主道君皇帝”，一生与崇道相始终。道教南、北宗名家云游，大多交集于南京，其中有吕洞宾、张伯端等名道。茅山道士刘混康则受到哲宗、徽宗宠信。南宋理宗时，茅山有两代宗师入主天庆观（今朝天宫）。

金元时期，王重阳在山东创立道教全真派。该派以道为主，兼融儒释。成吉思汗在西征途中召见丘处机，称其为“神仙”，赐虎符及玺书。全真道因此大盛。元世祖忽必烈即位后，重视江南正一道，命江西龙虎山张宗演主领江南道教。其后的几位皇帝继续支持正一道。从此，道教分为全真和正一两大教派。随着政治中心北移和立喇嘛教为国教，南京道教受到冷落，唯有集庆玄妙观（今朝天宫）在元文宗图帖睦尔的关照下显赫一时，升为大元兴永寿宫。

明代，道教全真派衰落，正一派活跃。南京道教借助统治者的支持，盛极一时。明太祖在冶城设元教院（后改名道录司），掌管全国道教，并作为演练朝贺天子礼仪地方，赐“朝天宫”额。通过征召高道，寻觅方术，广设斋醮，南京道教有相当影响，大小宫观有 60 余座。朝天宫常住道士 300 名，神乐观多达 600 名。

清代，道教与清廷关系冷淡，逐步衰落。南京的道教仅在康熙年间有些影响，全真龙门派中兴祖师来冶山道院立坛受戒，传弟子万余人。清末，南京上清派被全真、正一派所替代，以往盛况不复再现。道教在民间的影响则有所扩展，并渗透到社会的许多领域。

民国时期，道教面临中国社会急剧大变革，产生了生存危机。上层道教削弱，许多宫观关闭，道士大多转入民间活动。南京的道教也趋于衰落。国民政府颁发《神祠存废标准》，把道教作为封建迷信，宫观被占，道士还俗，朝天宫停止道教活动。同时，南京不许成立道教组织。抗战期间在重庆成立的中国宗教徒联谊会，将道教排除在外。

1950 年，南京仅剩道教宫观十余座，道士不足百人，活动难以开展。2008 年，因天后宫建筑保存基本完整，经政府批准对外开放。后来，经过道教界的努力，方山洞玄观也得以恢复，并将南京市道教协会会址设于此处。

二、南京道教的特点

南京在秦汉时期就有神仙方术和修道长生之说，句曲山（今句容茅山）常为修道炼丹师隐居之地。南京的道教重视教义传承，名道辈出，对中国道教信仰的阐述、仪规制度的建立发挥了奠基作用，在中国道教历史上占有重要地位。

长生不老、肉身成仙是道教独特的信仰追求。南京道教很早就有宗教性的活动实践，主要表现在两个方面：

一是探索各种所谓长生不老的修炼方术。例如，辟谷、服饵、调息、导引、房中术等。自建安末年，著名方士左慈从北方魏地到茅山传金丹仙经于葛玄，南京就有了炼丹术。葛玄是孙吴时期著名道士，受《太清丹经》《九鼎丹经》《金液丹经》等炼丹经书，经常辟谷、擅于符咒、多现奇术，成为丹鼎派的创始人之一，后世尊称为“太极左仙翁”。其从孙葛洪不仅是道教理论家，还是炼丹家、医学家，也好神仙导养术，以丹鼎终老。他兼通儒学，所著《抱朴子》内外篇，是现存最完整的神仙家言，其中还有不少内容对化学、药物学多有贡献。他著有《金匮药方》100卷，因其卷帙浩繁，不便携带，便摘其要者写成《肘后备急方》4卷，是古代著名的医书，其中有关天花、结核病、狂犬病的记载与现代医学相一致。

二是产生了符箓、斋醮等各种形式的宗教活动。道教认为符咒是道术的根本，是与灵界对话的媒介，通过它可以让九天神煞为我所用，役神驱鬼，以达到祈福禳灾、祛病救人的目的。葛玄修道就是以符入道。东晋道士杨羲将《上清经》传至茅山，逐步形成了奉道集团，重存思守一、诵经念咒之术，以后又扩展经咒法箓、供斋醮神，成为上清派宗教活动的导向。到南朝刘宋时，名道陆修静编撰斋法仪规，建立上清派较为完善的斋醮科仪，传于后世。

南京的道教在发展过程中影响远播江南各地。句曲山山脉绵延，树木茂盛，是最早有道士修炼的名山。南京在历史上有全国第八洞天的金坛华阳洞天、第三十一小洞天的金陵钟山洞天、第三十二小洞天的良常山洞天，而茅山曾有“秦汉神仙府，梁唐宰相家”之称。东晋后，道教转向上层社会，一直到明代，南京道教除了上清派外，各地形成的其他派别如太平道、正一派、帛家道、灵宝派、全真道等也都先后传入，且都有发展，后来又互相借鉴、逐渐融合。在统治者的支持下，除了茅山的洞天福地外，都市的宫观也不断设立，明代朝天宫成为全国道教管理中心，其他官方建造的还有方山洞玄观、天坛神乐观、北极真武庙、狮子山卢龙观、龙江天妃宫、雨花台清源观、长寿山朝真观。此外，斗姥宫、二郎庙和洞神宫被称为南京三大宫观，都是历史上著名的道教活动中心。

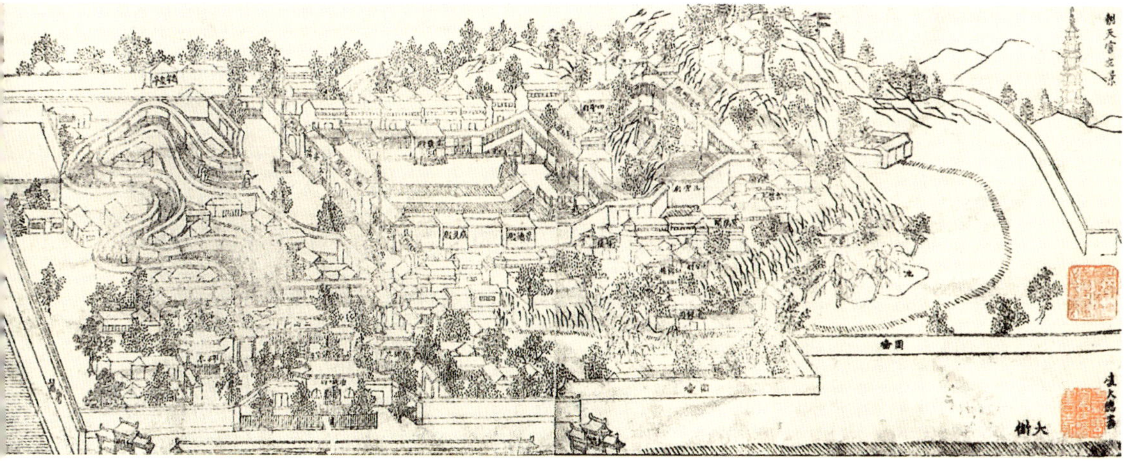

图 6-6　朝天宫（《金陵玄观志》）

道教早期有许多教派，大多以符咒祭祀、驱鬼治病为特征。元代以后，道教归为全真和正一两大教派。全真道认为“识心见性”就是全真，有较为浓厚的道释儒合一的色彩。这一派不尚符箓，不事烧炼，道士独身，必须出家。正一道为符箓各派的总称。由于元成宗封张陵后裔张与材为“正一教主”，才有了正一派的名称。这一派主要奉持《正一经》，崇拜鬼神、画符念咒、驱鬼降妖、祈福禳灾等，道士允许结婚。进入近代以来，南京的道教逐渐归于全真道和正一道。

道教的主要节日有老君会、玉皇圣诞和蟠桃会。

三、南京道教的贡献

道教与中国传统文化密不可分。道教文化既是道教的组成部分，也是传统文化的组成部分，具有历史性、群众性、社会性，而且是多层面的、动态的。

中国的传统哲学中，以老庄为代表的道家哲学地位显著，影响久远。虽然道家并非道教，但在道教诞生以后，道家哲学的延续和发展就和道教分不开了。南京道教从传入之初就注重道学研究。茅盈来茅山修道，携带了《太霄隐书》《玉佩金丹》《三元流珠》等道书。其后，葛洪在《抱朴子》中阐述了“玄道合一”的哲学思想，将玄和道作为宇宙本原、一切事物的创造者和运行规则，丰富了道教的哲学理论，并使之成为中国古代哲学的重要组成部分。南京道教推动了玄学研究的深入，促进了内丹学的成熟，深化了传统的天人之学，揭示了人体小宇宙与生态大宇宙之间的若干内在联系，直接影响了宋朝理学的形成（因之世人多称理学为道学）。

魏晋南北朝时期，儒释道三教发生过多次理论冲突。其中南齐道士顾欢所作《夷夏论》，引发了释道的大争论。虽然顾欢尊夏贱夷、道优佛劣的观点十分狭隘，但他的宗教比较论，客观上起到了促进佛教吸收中国传统文化的作用，加快了佛教中国化的进程。同时，拓展了儒家的文化视野，为以后多元文化的交流打下了基础。道教自身也因此注重与佛教的思想交流，吸收佛教的教义教规，建立起了道戒、教规和科醮仪制。

道教的道德历来是维系传统道德的一支重要力量，在民间推行道德教化方面发挥着潜移默化的作用。南京道教历代名士皆儒道兼修，甚至儒释道三家齐修，在讲道家知足自得、清静无为的同时，又讲儒家忠孝仁义、佛教慈悲喜舍。道士陶弘景就是一个代表人物。他不仅有《真诰》等道教著作，还有《孝经集注》《论语集注》等儒家方面的著作。

道教为中国的文化艺术发展提供了丰富的思想元素。受神仙崇拜的影响，我国文学史上产生了大量的道教仙话、以神仙为题材的文学作品。南京道教的作品极为丰富多彩。葛洪的《抱朴子》文辞并茂，富有感染力，被鲁迅所推崇。葛洪的《神仙传》、陶弘景的《真诰》有大量神仙故事，为后人进行文学创作提供了丰富素材和想象空间。南京道教的雕塑、绘画、园林建筑也都有很高的水平。东晋明帝司马绍《瀛洲神仙图》、画家顾恺之《列仙图》，画中人物都是道教列仙谱里的神仙。南京的道教音乐始于秦汉，在茅山修炼的周太宾擅鼓琴，奏八音。晋时，葛洪在《抱朴子》中记载有道教“撞金伐革，讴歌踊跃”。南朝时，陆修静在《玉音法事》中记载有道曲《华夏颂》《步虚声》。明时，南京的道教音乐形成了完整的体系。神乐观的道士乐队是明王朝的国乐队，由国家供养，常备乐舞生300名、实习生300名，凡遇敬神、朝礼等祭祀庆贺大典，皆出场演奏。永乐皇帝朱棣还制作了《大明御制玄教乐章》，全篇分三个乐章14首道曲，堪称中国式的交响音乐。

道教在我国古代科技史上占有重要地位。外丹学推动了古代化学和冶炼术的发展，内丹学演化出了许多气功疗病养生流派。在重生修命的宗旨下，道教的养生之道推动了古代人体生理学和医药学的发展。南京的道教为此贡献甚大，道士葛洪、陶弘景等都是古代医药学家。同时，许多道教著作为山志名著，有丰富的地理学、历史学知识。

道教对社会和民众的风俗习惯有潜移默化的影响。在岁时节令、人生礼仪、婚丧嫁娶的活动中都有道教的痕迹，例如，拜天地、祭神仙、敬祖先、供财神等。在民间特别是农村地区，各种神灵俱存，活动各色各样。在众多的习俗中，崇拜祖先最为普遍和持久，具有全民性，并遗留有道教礼仪的特征。

道教文化是中国历史的产物，内涵丰富，良莠混杂。因此，对道教文化中只要是追求和创造出真善美的内容，就要肯定和褒扬，反之则要摒弃和批判。

第三节 伊斯兰教文化

伊斯兰教兴起不久就通过海陆丝绸之路由阿拉伯商人以和平的方式传入中国。据明代何乔远《闽书》载：“（穆罕默德）有门徒大贤四人，唐武德中来朝，遂传教中国。一贤传教广州，二贤传教扬州，三贤、四贤传教泉州。”一般认为，南京伊斯兰教最早是由扬州传入的。

唐宋是南京伊斯兰教初传时期，以蕃客（指外国穆斯林商人）为主，人数较少。南京最早的清真寺出现在宋代，位于现丰富路口，因寺内有一棵古松，故称“一棵松清真寺”，现已不存。元代，南京穆斯林人口大增，仅在志书中有记载的穆斯林官员就有107人，其中官职四品以上23人。

明初朱元璋建都南京后，军中大批穆斯林将士和元军穆斯林降将随军迁入，加之全国各地穆斯林商人、手工业者也来到繁华的京城，南京遂成为东南沿海地区穆斯林最集中的城市，坊间有“天下回回半金陵”之说。明洪武后期至永乐年间，由于随军西征、戍边、屯垦、迁都等原因，南京穆斯林开始陆续分散到全国各地。现居住在甘肃、青海、广西、云南 、湖南等地的许多穆斯林，根据自己的宗谱或世传称自己的先辈是在明代迁出南京的。

明末清初，发源于南京的“以儒诠经”活动加速了伊斯兰教中国化的进程，并在此基础上诞生了中国伊斯兰教金陵学派。所谓“以儒诠经”，是指明末清初中国伊斯兰教学者以阿拉伯文、波斯文的伊斯兰教经籍为蓝本，吸取中国宋明理学的思想，运用儒家学说的概念、范畴、语词与表达方式，著书立说。他们用中文撰写、翻译了百余种著作，构建了中国伊斯兰教理论基础，结束了千余年来中国穆斯林只依赖于“习俗之渲染，口头之授受，阿拉伯文之讲解”的传习方式。

“以儒诠经”活动持续了两百余年。开创者及主要代表人物王岱舆、伍遵契、马君实、刘智、金天柱等都是南京人，故称“金陵学派”。

王岱舆，又名“真回老人”，出生于南京，金陵学派的开创人。他自幼学习阿拉伯文和伊斯兰教经籍，后攻读中国儒学和佛道著作，被誉为“博通四教”（指佛、儒、道与伊斯兰教）的伊斯兰教学者。他将伊斯兰教教义与中国传统儒学（主要是宋明理学）相结合，阐释伊斯兰教的本体论、宇宙论、认识论，并在中国率先提出了“真一”“数一”“体一”三个伊斯兰教基本理论概念，为构建金陵学派的理论体系奠定了基础。主要译著有《正教真诠》《清真大学》《希真正答》等。后世学者称他“发人之所未发，言人之所不敢言，正教光辉，因之昭著”，称赞他“盖自正教入华以来，一人而已”。

刘智，字介廉，号一斋，出生于南京，通晓阿拉伯语、波斯语、拉丁语，“博通四教”。晚年曾隐居南京清凉山扫叶楼十余载著书立说，是金陵学派的集大成者。他一生著述数百卷，刊行的仅十数种，最有影响的是《天方性理》（用儒家思想阐释伊斯兰教深奥思想的哲学著作）、《天方典礼》（带有鲜明中国特色的伊斯兰教义、伦理学、教法学理论专著）、《天方至圣实录》（用编年体形式撰写的先知穆罕默德传）、《五更月偈》（中国伊斯兰教苏菲主义诗歌）。其中《天方典礼》是我国唯一被收入《四库全书总目提要》存目的伊斯兰教义汉文著作。刘智的著作被中国穆斯林尊为“汉乞他布”（汉文经典）。

刘智是中国伊斯兰教中各教派和门宦共同敬重的伊斯兰教学者。他创立的中国伊斯兰教的汉语话语体系，译意准确，符合中国人的思维习惯，至今被中国穆斯林沿用；他在坚持伊斯兰教基本信仰原则的基础上，主动适应中国政治制度和法律制度，为伊斯兰教在中国的生存和发展赢得了宽松的环境；他构建的中国伊斯兰教的宗教哲学体系，在坚持伊斯兰教“真主独一”根本信仰的同时，将中国传统哲学思想涵盖其中，是对中国以儒家思想为核心的传统哲学的丰富和发展。以刘智为代表的伊斯兰教金陵学派学者发起并亲身实践的“以儒诠经”运动，从本质讲，就是伊斯兰教在中国的本色化或本土化运动，也是中国伊斯兰教发展到一定阶段的一种“文化自觉”的表现。刘

图 6-7 刘智墓（平涛 摄）

智逝世后，葬于南京中华门外花神庙街茅家巷穆斯林公墓，1982 年刘智墓被列为江苏省文物保护单位，每年都有来自全国的各地的穆斯林前来悼念。

近现代南京曾涌现出以达浦生为代表的著名阿訇和一大批穆斯林慈善家。其中伊斯兰教学者、经师、教育家和社会活动家达浦生最为著名。他曾任北京牛街清真寺和上海福佑路清真寺教长，创立六合回民广益小学、上海伊斯兰师范学校，并任校长。抗日战争期间，他前往埃及、沙特阿拉伯、印度等地，撰写《告全世界穆斯林书》，争取国际社会对中国抗日战争的支持。中华人民共和国成立后，曾担任过第一、二届中国朝觐团团长，中国伊斯兰教协会副主任，中央民族事务委员会委员，全国人大代表，全国政协常委，中国伊斯兰教经学院院长等职。1956 年他以周恩来总理顾问身份，随同参加在印度尼西亚万隆举办的亚非会议，并访问了印度尼西亚、埃及、叙利亚等伊斯兰国家，受到苏加诺、纳赛尔总统的热情接待，为新中

图 6-8 净觉寺（平涛 摄）

国与伊斯兰国家的友谊与交往做出了重要贡献。达浦生著有《伊斯兰教六书》，在穆斯林中广为流传。2006年，设立在南京六合区南门清真寺内的达浦生纪念馆被国家民族事务委员会命名为“全国民族团结进步教育基地”。

近现代南京的石家樑、张鹤岩、马榕轩、马少园、陈经畬、杨叔平、蒋国榜、金子云等穆斯林慈善家，出资办学，设立助学、奖学基金和慈善机构，在不同的历史时期为南京伊斯兰教发展做出了积极的贡献。

南京现有清真寺10座，分别是净觉寺、草桥清真寺、吉兆营清真寺、南京市江北新区泰山街道伊斯兰教东门清真寺、南京市六合区竹镇清真寺、南京市六合区长江路清真寺、南京市六合区南门清真寺、南京市浦口区星甸清真寺、江宁区湖熟街道清真寺、南京市溧水区清真寺。

第四节　基督宗教文化

一、天主教

16世纪末，天主教传入南京。明万历年间，意大利传教士利玛窦等来到中国，以传播科学知识为媒介，将天主教教义与中国儒家伦理观念相融合，为天主教传播开辟道路。他曾三次来南京传教。1599年，他在南京工部主事刘斗墟的帮助下，购置了崇礼街住所，成为南京第一个天主教活动处，万历进士、后于崇祯朝任礼部尚书的徐光启便在此由罗如望施洗入教。随后又有常熟名士瞿太素入教并由此将天主教导入常熟。1600年，意大利籍传教士王丰肃在南京建“圣母无染原罪始胎堂”，成为南京一座重要的天主教堂。

图6-9　利玛窦

1610 年，龙华民接替利玛窦的主教职务后，一改天主教顺应中国传统的宗法观念，企图厘清天主教的“上帝”与中国的“天”的概念，激化了与中国政界、学界的矛盾。1616 年，南京礼部侍郎沈漼向万历皇帝连上三本奏章，力主对天主教实行禁教，引起部分官员共鸣。他还先斩后奏，包围教堂，逮捕传教士及信徒。第二年，万历皇帝采纳了礼部官员的主张，下令封闭两京（北京、南京）教堂，督令外国传教士回国。南京所建的圣母教堂也被拆除。这就是著名的丙辰南京教案，也是中国发生教案的开始。明末南京教案平息后，外国传教士又陆续回到南京，在原螺丝转湾（今螺丝转弯）“公所”修建了一座圣母堂，继续传教活动。

清初，在顺治帝的支持下，天主教在中国有了较快发展。1659 年，天主教罗马教廷建立宗座代牧制，将南京天主教划为南京代牧区，由教廷委派圣部主教以教宗代牧的名义管理教务，管辖江苏、安徽、河南、山东、山西、陕西、北京（河北）、鞑靼（东北及内蒙古）和高丽等地区。南京成为当时近半个中国的天主教传教中心。康熙十三年(1674)，罗马教廷任命中国人罗文藻为“巴希利卫主教、南京教区宗座代牧”，罗文藻成为天主教历史上第一位中国籍主教。三年后，他在螺丝转湾天主堂内亲自主持为三位中国修士举行了隆重的晋铎礼仪，开创了中国主教主礼天主教大典的先例。康熙三十年（1691），罗文藻病逝于螺丝转湾天主教任所，以中国礼仪葬于雨花台任家花园。

康熙四十三年（1704），因外国传教士在中国争夺传教权，引发了中国天主教徒能不能敬孔祭祖的争执。最终，教皇的“禁约”被康熙帝否定。雍正二年（1723），清政府正式宣布禁传天主教。此后，雍乾嘉三朝一直严厉禁教。道光二十六年（1846），清王朝迫于帝国主义压力，解禁天主教。同治年间，天主教在南京建圣母无染原罪始胎堂（今石鼓路天主教堂），这也是南京第三次重建圣母教堂。清末，南京有天主教徒近400人。

图6-10　石鼓路天主教堂（崔龙龙 摄）

民国初期，孙中山在《中华民国临时约法》中明确宗教信仰自由，外国传教士纷至沓来，在南京购地建教堂、办学校、开设慈幼儿童园，天主教传教事业有较大发展。此后，罗马教廷颁布“建立中国公教圣统制”，任命黎培里为首任公使，并在南京设立驻华公使馆，随后又任命于斌为南京教区总主教。1949年南京解放前夕，南京共有大小教堂12座，信徒1200余人。

新中国成立后，西方教会明目张胆地干涉中国内政，激起了爱国神职人员和教徒的义愤和抵制。1950年12月，南京天主教会所办的弘光中学的爱国师生成立“三自”（自治、自养、自传）革新运动促进会，并带领全市一千多名教友开始了轰轰烈烈的反帝爱国运动。对此，在南京的罗马教廷驻华公使黎培里于1950、1951年两次以梵蒂冈的名义发布“训令”，并以开除教籍相威胁。在教区代主教李维光和教友孙持方、汪皓等爱国人士的带领下，先后挫败了黎培里反对中国天主教“三自”革新运动等种种图谋。1951年9月4日，南京市军管会发布命令，将黎培里永远驱逐出境。1958年，南京教区召开司铎、修女、教徒代表会议，取消了于斌总主教的名义，以无记名投票方式选举李维光为南京教区第三任总主教。自选总主教标志着南京天主教从此走上了独立自主、自办教会的道路。

二、基督教

1517年，德国天主教神父、维登堡大学神学教授马丁·路德贴出《关于赎罪券效能的辩论》的95条论纲，引发了欧洲轰轰烈烈的宗教改革运动，并产生了独立于罗马教廷的众多教派。这些教派被称为基督教新教，传入我国后被统称为基督教，民间也称之为耶稣教。

从19世纪初开始，西方帝国主义列强向全球推行殖民主义，基督教会的传教活动伴随其中并被视为其重要组成部分。鸦片战争后，帝国主义列强凭借不平等条约获取了在华的传教特权。《南京条约》中规定“耶稣、天主教原系为善之道，自后有传教者来到中国，一体保护”。从此，西方列强掀起了派遣传教士来华的热潮，纷纷在中国建设教堂、发展信徒，同时开办学校医院、出版图书。到民国初年，先后来华的基督教团体有170个左右，传教士近6000人。

基督教来到南京，最早始于1860年，为太平天国定都天京时期。美国南浸礼会牧师罗孝全因洪秀全的“拜上帝会”而由苏州来南京传教，受到洪秀全的欢迎。在一年多时间的宣教活动中，罗孝全弄清楚“拜上帝会”并非纯正的基督教，洪秀全也无意信奉基督教，便不辞而别，传教以失败告终。1873年，美国北美长老会牧师韦理夫妇来南京传教，收效甚微。次年增派牧师李满夫妇来南京协助传教。他们在门东半边营租用民房开设教堂，逐渐有人受洗入教。1874年，在四根杆子处租地建布道所。1884年又建明德女子书院（今南京财经高等职业技术学校）并内设小教堂，四年后在学校东边购地建正规教堂，取名耶稣会堂，可容纳400人，受洗入教人数逐渐增多。1927年改名为汉中堂。1934年四杆子路拓宽为莫愁路，教堂被拆除。1936年重建汉中堂，可容纳千人。该教堂房角石上刻有冯玉祥将军题写的“因为那立好了根基的就是耶稣基督”（引自《圣经·哥林多前书》三章十一节），现称南京市基督教莫愁路堂。 清末，除了美国长老会外，美国卫理公会、浸礼宗、贵格会、来复会等基督教组织也纷纷派牧师来南京传教。其中，卫理公会女传教士沙德纳先后创建了城中会堂、卫斯理堂和上新河、江宁镇、秣陵镇福音堂，布道十分活跃。

民国初年，美国的基督教神召会、圣洁教会、浸信会、信义会和英国的救世军也相继到南京传教。其中，圣公会美籍传教士季盟济在门帘桥大街（今太平南路）建圣保罗教堂。到 1920 年，南京的外国传教士已有 250 人，成立了“南京基督教协进会”，由美国传教士掌权，司徒雷登任会长。

外国基督教差会为帮助传教活动，还创办了各种神学院校，例如由美国南北长老会合办的圣道书院、美以美会办的圣道馆和基督会办的圣经学校等。在美国基督教纽约圣经学院长怀德倡导下，在此基础上联合创办了金陵神学院、金陵女子神学院。

抗日战争时期，部分外国传教士受到差会通知回国复命。而一些外国传教士随国民政府西迁，还有一些则留守在南京。1937 年 12 月 13 日，侵华日军占领南京并进行了惨绝人寰的大屠杀。留守在南京的西方人士设立“南京安全区”，成立了安全区国际委员会，由德国商人拉贝担任主席，美国传教士约翰·马吉等人积极参与其事。他们克服困难，救助和收容了大量难民。约翰·马吉不仅担任南京安全区国际委员会委员，还是国际红十字会南京委员会主席。他用 16 毫米摄影机拍下的日军暴行及南

图 6-11　金陵神学院（平涛 摄）

京人民受难的画面，是迄今发现的有关南京大屠杀的唯一动态影像。

至1949年，南京基督教有19个教派，除了中华基督教会南京区会由美国长老会联合英国伦敦会、公理宗等多个外国差会联合组建外，其他教派都有各自的外国差会在操控。全市有60多处教堂和聚会所，外籍传教士79名，教牧工作人员248名，信徒7000多名。

新中国成立以后，吴耀宗等基督教界爱国人士一致认为，基督教长期受帝国主义势力影响，是它与新中国难以适应的症结所在，于是在上海联名发表了《中国基督教在新中国建设中努力的途径》（又称《三自革新宣言》），提出了“自治、自养、自传”的倡议，在全国基督教内发起了反帝爱国的“三自”革新运动。1951年8月，南京市召开第一届基督教三自革新代表会议。会上成立了南京市基督教三自革新促进委员会（后改名为南京市三自爱国运动委员会），陈鹤琴担任主席。随后，全市教会的传道活动全部由中国牧师担任，教会面貌发生了根本变化，彻底改变了基督教会的“洋教”形象。

第七章

文物古迹甲天下

南京作为六朝古都、十朝都会，其地上、地下保存有大量各种类型和等级的文物古迹，这是历史遗留给南京的一批珍贵财富。

新中国成立以来，南京地区经过考古工作者清理发掘的墓葬已达数千座。新石器时代的先民墓葬是南京古文化遗址的组成部分，商周时期江南地区流行比较独特的土墩墓，两汉时期墓葬则多发现于今南京的鼓楼岗、大光路和近郊的栖霞山，以及江宁、溧水、高淳、六合等地。六朝时期陵墓数量最多，最值得重视的是帝王陵墓，多为巨型砖构建筑，在墓道两侧，往往设有石兽、石柱、石碑三种六件石刻。隋唐时期墓葬数量少，其规模和等级也无法与六朝相提并论，这与当时南京政治地位急剧下降有关。五代时期，南京成为南唐国都，1950—1951 年发掘的南唐二陵，规模巨大，结构复杂，被誉为迄今发现的江南最大地下宫殿。两宋墓葬数量则较此前明显增多，分布更广，且类型多样，墓内屡见文物精品出土，是当时经济、文化进一步发展的实物证据。有明一代，南京作为洪武、建文、永乐三朝五十余年京师和此后两百多年的南都，其皇皇大者首推明孝陵以及功臣墓。至民国时期，南京作为首都所在，再次成为国家政治、经济及文化中心，成就了以中山陵为代表的民国墓葬，以及一批规模恢宏、中西建筑风格结合的民国建筑。

第一节　历代陵寝

一、六朝陵墓

六朝三百多年，建康是当时中国南方名副其实的政治、经济和文化中心，故而南京地区的六朝墓葬数量多，类型多样，其中具有代表性的是帝王陵墓。

六朝前后共历 40 余帝，其陵墓绝大部分位于京畿地区。新中国成立以来，南京地区发掘了不少可确定或推定墓主身份的六朝帝王和宗室王侯陵墓。其著名者如江宁上坊孙吴大墓、富贵山东晋大墓、汽轮电机厂东晋大墓、南京大学北园东晋大墓、西善桥宫山南朝墓和罐子山南朝墓、狮子冲南朝陵墓等，均为巨型砖构建筑。兹列举代表者如下。

富贵山东晋大墓　富贵山是文献记载中地处钟山之阳的晋东陵所在，这里先后埋葬有康、简文、孝武、安、恭五位东晋皇帝。1960 年，在富贵山南麓东段距地表约 1 米深处发现晋恭帝玄宫石志，上刻“宋永初二年太岁辛酉十一月乙巳朔七日辛亥晋恭帝之玄宫”25 字。1964 年，在石志西约 400 米发掘一座东晋晚期大墓，分砖室、墓道和排水沟等部分。砖室平面呈凸字形，由墓室、甬道、封门墙等部分组成，甬道中设有两道木门槽。此墓早年虽被盗，但仍出土 71 件器物。关于墓主身份，专家认为可能是东晋末代皇帝晋恭帝。

南京大学北园东晋大墓　位于南京大学鼓楼校区北园东北部，

1972年发掘，是一座带有侧室的单室砖墓，南北总长8.04米，东西总长9.9米，由墓门、甬道、主室、侧室等部分构成。早年被盗，所出随葬品除较多的陶器、青瓷器外，还有一定数量的金银、铜铁、玻璃、水晶、玛瑙、石质等类遗物。该墓规模大，随葬品等级高，甬道内还设有代表身份地位的两道木门槽。其墓主可能是东晋早期葬于鸡笼山之阳的元、明、成、康四帝之一。有学者依据文献记载，把此墓推定为东晋开国皇帝晋元帝司马睿建平陵。

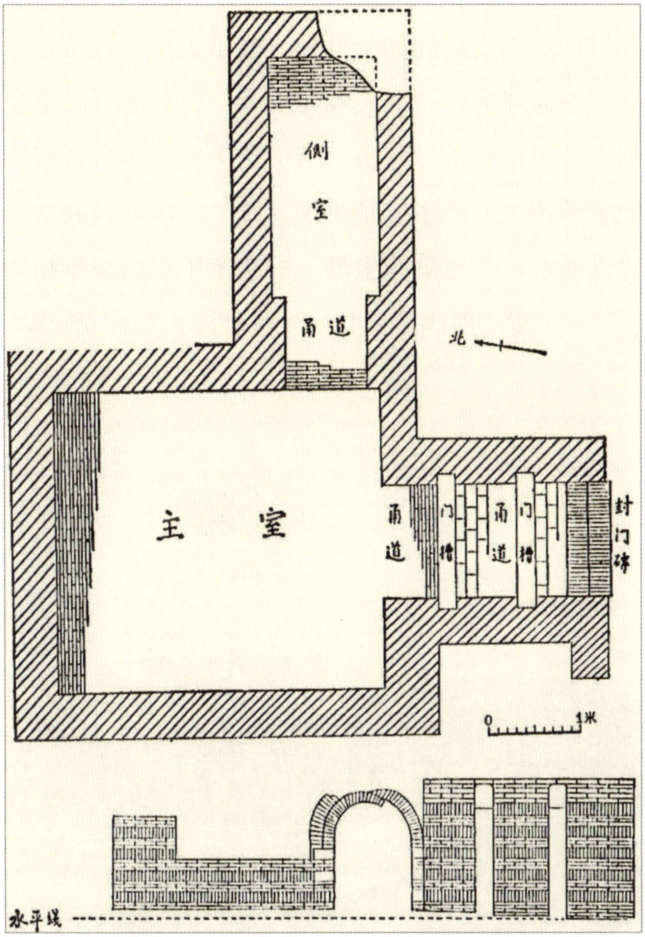

图7-1 南京大学北园东晋大墓平、剖面图
（南京大学历史系考古组《南京大学北园东晋墓》）

狮子冲南朝陵墓　栖霞区栖霞街道狮子冲有一对大型南朝石兽，其造型威猛，装饰绚丽，是南京地区现存南朝陵墓神道石兽中最为矫健精美的，1988 年被列为全国重点文物保护单位。关于这对石兽的墓主身份，影响最为广泛的观点认为它属陈文帝永宁陵，若干年来又先后有宋文帝长宁陵、齐代帝陵、梁元帝萧绎陵及梁昭明太子萧统安陵等多种推测。2012 年 11 月至 2013 年 8 月，南京市文物局组织专业人员对狮子冲南朝石兽所在陵园开展全面勘探，并对与石兽相对的芦岗山南麓发现的两座并列的大型南朝砖室墓进行了考古发掘。两墓虽未清理至底，但据已经出露的部分可知，其甬道中部设两道石门，墓室侧壁使用了“羽人戏虎”“羽人戏龙”及“竹林七贤与荣启期”类大型砖拼壁画。其中东侧 1 号墓出土铭文砖上的“中大通贰年”与梁昭明太子萧统卒年相关，墓主应是萧统，陵号安陵。西侧 2 号墓出土铭文砖上的“普通七年”与萧统生母、梁武帝丁贵嫔卒年相符，墓主应是丁贵嫔，陵号宁陵。两座陵墓共处一座陵园，合称安宁陵。

图 7-2　昭明太子萧统陵石麒麟（平涛 摄）

此外，今南京地表还遗存22处南朝帝王陵墓的神道石刻，分布于栖霞和江宁两区，其中推测属帝陵的有4处，推测属宗室王侯的有18处。这些神道石刻形体硕大，造型优美，雕琢精致，为当时陵园中不可分割的重要组成部分，代表着六朝石刻艺术的最高成就，在我国古代雕塑艺术上占有十分重要的地位。一般来说，神道石刻与其尽头的陵墓在一条中轴线上，两者相距500—1000米。现存南朝陵墓神道石刻以江宁麒麟铺的一对石兽时代最早，以萧梁一代保存最多，品类最全，多数神道两侧对称分布了三种六件石刻，由前往后依次为石兽、石柱（或称华表、表、标等）和石碑。神道石刻的种类和大小有一定的等级区别，帝陵神道的一对石兽均有角，左侧的双角，右侧的独角，一般分别称为天禄和麒麟。王侯墓神道的一对石兽皆无角，一般称之为辟邪。在所保存的神道石刻中，石柱以梁吴平忠侯萧景墓最为秀美，石麒麟、天禄以狮子冲萧统陵石刻最为俊逸，石辟邪以梁临川靖惠王萧宏墓最为威武，神道碑以梁始兴忠武王萧憺墓保存最好。

图7-3　梁安成康王萧秀墓石刻（平涛 摄）

二、南唐二陵

南唐二陵位于祖堂山西南麓的“太子墩”，为南唐开国皇帝烈祖李昪与皇后宋氏合葬的钦陵以及中主李璟与皇后钟氏合葬的顺陵。史载昇元七年（943）十一月，李昪葬于钦陵；保大四年（946）四月，宋皇后祔葬于钦陵。建隆二年（961）八月，李璟葬顺陵；乾德三年（965）冬，钟皇后祔葬于顺陵。二陵均依山而建，皆南向。1950—1951 年，由南京博物院等发掘。1988 年，被列为全国重点文物保护单位。

钦陵规模较大，墓上为一圆形土墩，高约 5 米，直径 30 米。墓门外有石灰粉饰的八字砖墙，中为拱形墓门。墓室全长 21.48、宽 10.45 米，分前、中、后 3 个主室和 10 个侧室，皆为仿木结构建筑式样，各室间互有券门贯通。其中前、中两室为砖结构穹窿顶，东西各有砖砌侧室 1 间；后室为石结构叠涩顶，东、西各有石砌侧室 3 间。后室规模最大，前有巨大石门，室顶彩绘日月星辰，青石板铺砌的地面上刻有江河图案，正中为青石棺床。侧室内均设有陈放随葬品的砖石祭台。钦陵虽早年被盗，但仍出土陶男俑、女俑、人首蛇身俑、人首龙身俑、人首鱼身俑、马、骆驼、鸡、蛙、罐、盘、壶，玉哀册、玉佩、石函、瓷碟、盘、铜镜、钥匙等文物 400 余件。

图 7-4　南唐先主李昪钦陵（平涛 摄）

顺陵在钦陵之西约 50 米，其形制与钦陵相似，但结构相对较为简陋。墓室长 21.9、宽 10.12 米，分前、中、后 3 个主室和 8

个侧室，后室两侧较钦陵各少 1 间侧室，均为砖砌仿木结构，无彩绘及石刻浮雕等装饰。顺陵早年亦遭盗掘，出土陶男俑、女俑、人首龙身俑、人首鱼身俑、狮、狗、鸡、蛙、罐、盆，石哀册、玉佩、骨珠、瓷盘等文物 200 余件。

图 7-5　南唐中主李璟顺陵（平涛 摄）

南唐二陵系 1949 年后在江南地区最早发掘的帝王陵墓。二陵的发现，对于研究唐宋时期帝王陵墓的建筑、绘画、雕刻、陶瓷、服饰以及陵寝制度等具有重要的价值。

三、明孝陵

明孝陵位于紫金山中峰南麓独龙阜玩珠峰下，是明太祖朱元璋及马皇后陵寝所在。

洪武九年（1376），朱元璋动用 5 万禁卫军迁移独龙阜前蒋山寺和宝公塔等建筑，开始为营建陵墓做准备。洪武十四年（1381），朱元璋任命中军都督府佥事李新主持建陵事宜。次年，马皇后葬入陵墓。因马皇后卒谥孝慈皇后，故称“孝陵”。洪武十六年（1383），主体工程大殿建成。此后，孝陵工程仍继续不断。洪武三十一年（1398）闰五月，朱元璋葬入孝陵玄宫。

明初钟山陵区经过了统一的规划，以孝陵为核心的钟山南麓为朱氏皇族陵地，孝陵之左有太子朱标东陵，其右可能是部分妃嫔从葬区。“文革”期间，考古工作者曾在今中山植物园附近清理过几座残墓，墓中出土过一些金饰件，推测墓主为从葬的妃嫔或宫女。钟山之北则是开国功臣陪葬墓区，亦是陵区不可分割的重要组成部分。此外，当时为加强对陵区的管理和保卫，陵内设神宫监，由太监负责日常祭祀和管理；外设孝陵卫，派兵日夜巡守保卫孝陵。

孝陵规模宏大，布局独特，建筑华美，为明代帝陵之冠。其布局可分三个部分：第一部分自下马坊西北行至孝陵外郭正门大金门前。主要建筑有孝陵入口处标志性的单楹冲天式石牌坊，坊额上刻楷书“诸司官员下马”，明代谒陵官员须由此下马步行入陵。

第二部分为孝陵外郭。陵垣长达45里，从大金门向两侧延伸的红墙，西接前湖明城垣，东接灵谷寺，大致为今环陵路范围，垣内被列为禁区。大金门是进入陵区的第一道大门，门内约73米处为朱棣为其父所建的“大明孝陵神功圣德碑”亭。由碑亭西北行约50米，经过一道御河桥，便进入孝陵神道。神道两侧排列六种十二对石兽，依次为狮、獬豸、骆驼、大象、麒麟和马，每种两对，一对伫立，一对蹲坐。石兽尽处，神道折向正北，迎面为一对云龙纹华表，其后依次对称分布两对武将和两对文臣。

第三部分为孝陵主体建筑。从陵宫正门文武方门始，到方城明楼后独龙阜止。陵宫平面呈长方形，纵深720米，周围筑有围墙，以文武方门、中门、内红门为界分为三进院落，其内建筑皆按中轴线对称分布。文武方门有5个门

图7-6　明孝陵石象路（明珠 摄）

图 7-7　晚清明孝陵全景（《江南陆师学堂总教习骆博凯家书》）

道，门外东侧有立于清宣统元年（1909）旨在保护孝陵的《特别告示碑》，门内庭园两侧有御厨、具服殿、神库、井亭等建筑。内有中门，又称孝陵门，是陵宫主体建筑享殿的前门。中门以北 50 余米是享殿（孝陵殿），享殿两侧原有东西配殿，以北 20.4 米为内红门，门后御道尽处又为一道御河桥（升仙桥）。桥后是体量巨大的方城，其顶部建明楼，后为崇丘，称宝顶，朱元璋及马皇后梓宫即葬其下。崇丘周围有 1000 多米长的封闭城垣，称为宝城。1998 年底，文物部门曾利用精密磁测技术对宝顶下玄宫做了调查勘测。勘测结果表明，孝陵玄宫确实在独龙阜宝顶之下，其范围南北向约长 90 米，东西向约长 50 米，墓道长达 120 多米，其入口偏于宝顶右侧，与已经发掘的北京明神宗定陵墓道情况相似。

明孝陵在我国古代陵寝发展史上具有划时代的意义。它废除了唐宋陵墓方上、灵台、上下宫制度，开辟的宝城、宝顶、方城、明楼、享殿等建筑堪称一代帝陵新制，对此后明清两代帝王陵寝制度影响深远。1961 年，明孝陵被国务院公布为第一批全国重点文物保护单位。2003 年，明孝陵及明功臣墓被列为世界文化遗产。

在明孝陵陵宫东垣以东约 60 米处，是明太祖朱元璋长子朱标的东陵。史载，洪武元年（1368）朱标被立为皇太子，洪武二十五年八月葬东陵。1999—2000 年，南京市文物研究所和中山陵园管理局文物处联合对东陵遗址进行了勘探和清理。考古工作表明，东陵寝园坐北朝南，所有建筑呈中轴线对称布置，南北长 94 米，东西总宽 49.8 米，从南向北由两进院落构成。第一进院落包括寝园大门、享殿前门门殿以及环绕两侧的弧形园墙；第二进院落中心建筑即为享殿，东、西、北三面有园墙围护。享殿坐落在南向高台台基上，面阔五间，进深三间。殿前有宽大的月台基址，东、西两侧有石砌台阶可供上下。月台前有三条道路通向前门门殿；寝园以北约 300 米处则是隆起的宝顶，宝顶为夯土堆筑而成，南北纵深达 100 米。出土的遗物主要有大量砖石及琉璃建筑构件，后者有黄釉、绿釉、彩釉多种，器类包括螭吻、套兽、蹲兽、龙纹勾头、素面勾头及龙纹、凤纹、莲纹滴水等。明东陵实际上为太子陵之建制，其总体布局虽与孝陵相仿，但规模要小得多，亦未发现单独设置的神道石刻及御河桥，而与孝陵布置于同一陵域内，共用一条主神道及御河桥，其第一进院落两侧围墙呈弧形内收作龟状的形制罕见于我国古代帝王陵寝制度。

四、中山陵

中山陵位于南京城东紫金山（又名钟山）的中茅山南坡，是“伟大的民族英雄、伟大的爱国主义者、中国民主革命的伟大先驱”孙中山先生逝世后的长眠地。建陵 90 多年来，每年都吸引着成千上万的海内外同胞和国际友人前来瞻仰、拜谒。

图 7-8　吕彦直与中山陵设计图

图 7-9　中山陵牌坊施工图（摄于 1931 年）

中山陵建于1926—1931年，占地面积约 8 万平方米，坐北朝南，依山体而建。总平面呈“警钟形”，象征着孙中山先生毕生致力于唤醒民众。寓意深刻，气势非凡。主体建筑有牌坊、墓道、陵门、碑亭、祭堂和墓室。全部纵向排列在同一条中轴线上。从牌坊到墓室，平面距离 700 米，高低落差约 73 米。从牌坊到祭堂共有 392 级台阶。

牌坊　中山陵的入口。四楹三开间，高 11 米，宽 17 米。花岗岩建造。牌坊正中的横额上，镌刻着孙中山先生的手迹“博爱”二字，故又名“博爱坊”。牌坊前面有一座半圆形广场，场内有花坛 6 座。

墓道　博爱坊至陵门之间是长达 442 米的墓道，宽 39.6 米，由三条平行的路组成，中宽 12 米，左右各宽 4.6 米。

陵门　平面呈长方形，花岗岩建成，歇山顶，上覆蓝色琉璃瓦。朝南有三个拱门，中门上镌刻着孙中山先生的手迹“天下为公”四字。

碑亭　平面呈方形。花岗岩建造。碑亭正中竖有一碑，高约 9 米，用一块巨大的花岗石雕琢而成，正面上书 24 个镏金大字：

中国国民党葬

总理孙先生于此

中华民国十八年六月一日

这 24 个字，是 1930 年 3 月 7 日总理陵园管理委员会第 13 次委员会议决定的，出自国民党元老谭延闿之手。碑文上方刻有国民党党徽。碑额白云朵朵，碑座巨浪滔滔，寓意中山先生的丰功伟绩，比天高，比海深。

令人惊奇的是，碑的背面没有文字。据说 1926 年 3 月 18 日葬事筹备委员会第 23 次会议议决：推定汪精卫撰写碑文，胡汉民撰写墓志铭文，吴稚晖撰写传文，张静江撰写祭文。可是，过了将近两年时间，碑文内容还没有确定下来。到了 1928 年 1 月 7 日，葬事筹备委员会研究后认为：“以总理之伟大，非墓志铭、传记文字所能包括一切，致以不用为宜。”遂决定仅由谭延闿书写碑刻正面文字。

祭堂　碑亭到祭堂之间除了台阶有 10 个平台，祭堂建造在第 10 个平台之上，是一座融中西建筑风格于一体的宫殿式建筑。祭堂前有一对华表，是向福建蒋源成石刻铺定制的。祭堂为重檐歇山顶，上覆蓝色琉璃瓦。祭堂正面的 3 个拱门上，自东至西分别镌刻着国民党元老张静江手书的“民族”“民生”“民权”字样，正中“民生”门楣上方，又有孙中山先生的手迹“天地正气”四字直额。祭堂内大理石铺地，周围排列着 12 根青岛花岗岩石柱；东、西两壁上刻着孙中山先生手书的《建国大纲》全文；后壁通墓室，左刻蒋介石、胡汉民手书的《总理校训》《总理遗嘱》，右刻谭延闿手录的《总理告诫党员演

图 7-10　中山陵碑亭、祭堂鸟瞰图（梅宁 摄）

说词》；祭堂正中是孙中山先生身穿长袍马褂的全身坐像，由著名的法籍波兰雕塑家保罗·朗特斯基花了三年时间用意大利白石雕刻而成，坐像四周浮雕孙中山先生的革命活动故事。1930 年，雕像安置于此。

墓室　平面呈圆形，直径 18 米，高 11 米。有门两道。第一道门上镌刻着孙中山先生的手迹“浩气长存”四字，第二道门上镌刻着张静江撰写的“孙中山先生之墓”七字。墓室正中是一个圆形的大理石墓圹，直径 4.3 米，深 1.6 米，墓圹周围有高 1 米的大理石护栏。1929 年 6 月 1 日，国民政府举行隆重的奉安大典，将孙中山先生的灵柩安放在这个墓圹之下。为了满足人们瞻仰孙中山先生遗容的需要，又在墓圹内安放了一尊孙中山先生身穿中山装的白色大理石卧像，与孙中山先生身高相同。在卧像的左腿靠近脚跟处，雕刻着一朵菊花，花的下面用汉字阴刻捷克斯洛伐克著名雕塑家“高祺”二字。下沉的墓圹仿自法国巴黎荣军院的拿破仑墓。

著名建筑师吕彦直设计的中山陵，既继承传统，又有所创新和突破，熔中西建筑风格于一炉。在建筑比例、体型组合、色彩运用、材料选择和细部处理上，表达了庄严肃穆的气度和逝者永垂不朽的精神，取得了令人瞩目的成就。中山陵不仅是民国建筑中最优秀的民族形式的建筑作品，也是近代化与民族化相结合的建筑典范，是中国建筑史上的一座丰碑。1961 年，中山陵被国务院列为第一批全国重点文物保护单位。

孙中山先生生前向人民“乞此一抔土”，而人民给了他一座山。南京因为有了孙中山、有了中山陵而注定永久性地成为全球华人瞩目的焦点。

第二节　民国建筑

中国的建筑，按照历史时期划分的话，可以分为古代建筑、近代建筑和现代建筑三个部分。一般而言，1840 年鸦片战争爆发前的建筑统称为古代建筑；1840—1949 年间兴建的建筑统称为近代建筑；1949 年中华人民共和国成立后兴建的建筑统称为现代建筑。

南京民国建筑（1912—1949）是中国近代建筑的一个重要组成部分，在中国建筑史上处于承上启下、中西交汇、新旧交替的过渡时期，经历了由模仿（或称作照搬照抄）到洋为中用（或称作融合创新）的发展轨迹。

1912 年 1 月 1 日，随着孙中山先生在南京宣誓就任中华民国临时政府大总统，民国建筑的历史由此拉开序幕。截至 1949 年 10 月中华人民共和国成立，在前后 38 年的时间里，在南京、上海、北京、天津、武汉、重庆、广州、厦门、青岛、烟台、沈阳、大连等大中城市，相继涌现出一大批民国建筑。它们种类多样，风格各异，体现了各个城市的独特风貌。其中南京的民国建筑一枝独秀，无与伦比，富有典型性、独创性和代表性，堪称民国建筑的大本营。

一、发展历程

南京民国建筑的发展历程可以划分为应运而生、华丽转型、黄金十年、停滞不前和回光返照五个阶段。

1. 应运而生（1912—1919）

图 7-11　扬子江饭店（平涛 摄）

1912年，孙中山先生在南京就任临时大总统，结束了延续两千多年的封建帝制，建立中华民国。尽管孙中山担任临时大总统前后只有三个月的时间，对于南京的城市建设尚未来得及规划，就被迫辞去职务，然而中国建筑的历史却由此掀开了新的一页。

这一时期，南京的绝大多数建筑仍采用传统的民族风格，部分建筑采用清末南京开埠以来输入的西方建筑风格，以照搬照抄西洋风格的建筑为主流，有关建筑学家因此称之为“洋风”时期。这一时期代表性的建筑有下关扬子江饭店、和记洋行建筑群、白下路张佩纶故居等。

由于连年的军阀混战，南京这座古老的城市也不时地被卷入到战争的旋涡之中，建筑事业的发展步履蹒跚。

2. 华丽转型（1919—1927）

1918年第一次世界大战结束后，次年在我国爆发了轰轰烈烈的五四运动，科学与民主的思想深入人心，也影响到当时的建筑界。一

图 7-12　南京大学北大楼（明珠 摄）

批学有所成的中国建筑师从国外回国，打破了西方建筑师垄断中国建筑界的局面。

这一时期南京的建筑，处在由西方建筑师占垄断地位的“洋风”时期向中国建筑师的建筑活动占主导地位的“自立”时期的转变过程中。代表性的建筑有下关大马路江苏邮政管理局、建康路邮政支局、金陵大学建筑群、金陵女子大学建筑群，以及中央大学图书馆、体育馆和科学馆等，体现了模仿与守旧的建筑观念之间相互碰撞、相互包容、相互融合。

3. 黄金十年（1927—1937）

1926 年 7 月，国民革命军在广州誓师北伐，目的是推翻北洋军阀统治，建立统一的中央政府。1927 年 3 月 24 日，北伐军占领江宁（今南京）。4 月 18 日，以蒋介石为首的国民政府宣布定都南京，随即着手进行城市建设，南京出现了自六朝、南唐、明朝以来的第四次建筑高潮。

1928 年 1 月，国民政府专门成立了首都建设委员会，下设国都设计技术专员办事处，负责制订《首都计划》，并聘请美国建筑师墨菲、工程师古力治为顾问，以期借鉴国外城市建设成功的经验。1929 年 12 月 31 日，《首都计划》正式公布，其内容包括人口预测、功能分区、交通计划、市政工程、城市管理等方面。《首都计划》是我国历史上第一部按照国际标准制订的城市规划，其中专门有“建筑形式之选择”

一章，明确指出南京的建筑“要以采用中国固有之形式为最宜，而公署及公共建筑物，尤当尽量采用”。这一规划，深深地影响到南京民国建筑。

经过 1927—1937 年连续十年的建设，南京的城市面貌有了较大改观，初步具备了现代城市的规模。当代著名作家聂绀弩在 20 世纪 40 年代发表的《失掉南京得到无穷》一文中写道：“南京是我的第二故乡，我在南京足足住了五年之久。初到南京的时候，城内还没有一条宽阔平坦的马路，街面上尽是破旧低矮的瓦屋。……一年两年，五年十年，南京完全改换了面目，有了全国最好的柏油路，有了富丽雄伟的会堂、官廨、学校、戏院、商号、饭店、菜馆、咖啡店乃至私人住宅。”实际上，由于经费的不足以及抗战的爆发，《首都计划》中的许多规划都未能实现，如中央政治区、市级行政区的建设都未能付诸实施。在南京城内，除了沿中山大道一线有较多的新建筑以及山西路、颐和路一带有成片的新住宅外，其他的地方仍未得到应有的改造。

图 7-13　国民政府大门旧影（郭锡麒《南京影集》）

这一时期的南京民国建筑风格多样，大多数建筑物为我国建筑师自行设计。因此，有关专家称这一时期为“自立”时期。

4. 停滞不前（1937—1945）

1937 年 12 月 13 日，侵华日军占领南京，烧杀淫掠，无恶不作。在日军占领南京的六周内，30 万同胞惨遭屠杀，南京城成了人间地狱。经过侵华日军的涂炭，南京城内外的许多建筑物惨遭日寇的焚毁。

在日伪统治南京的八年时间里，南京的经济和建设遭到掠夺性的破坏，日伪占领者基本上都是利用原有的旧建筑，或对旧建筑进行一些局部的改造，南京的城市建设基本上处于停滞状态。即使是偶有兴建，要么是出于宗教需要，要么是出于粉饰太平的目的。如 1941 年在灵谷寺松风阁西面建造的宝公塔，是用来纪念六朝的宝志和尚；1943 年在小九华山之巅建造的三藏塔，是为了安置唐朝玄奘法师的部分舍利。这一时期的南京民国建筑陷入了低谷期。日本右翼作家林房雄在南京沦陷期间曾于 1943 年来南京旅行，他在后来创作的《四个字》小说中写道：“大体而言，南京的建筑较新，海派的伪西洋建筑较多，即便是纯中国风的宅邸也会给人感觉样式颓废或是混血。”

5. 回光返照（1945—1949）

1945 年 8 月 15 日，日本宣布无条件投降。第二年的 5 月 5 日，国民政府由陪都重庆还都南京。由于机关、学校、工厂企业陆续返回，饱经血雨腥风的南京城人气骤旺，呈现出百废待兴的景象。这一时期又涌现了一批民国建筑，代表性的有北京西路 67 号美军顾问团公寓（又称 AB 大楼）、西康路 33 号美国大使馆、下关火车站扩建工程、中山陵 5 号孙科延晖馆、鼓楼馥记大厦，以及逸仙桥附近的标准民居逸仙村等。不过，由于国民政府忙于内战，财力枯竭，无力也无心投入经济建设，因此这一时期刚刚复苏的南京城市建设也只能是昙花一现。到 1949 年 4 月 23 日南京解放时，南京城内的最高建筑只有 6 层，仍然是20世纪30年代建造的福昌饭店和中国国货银行。

图7-14 美国大使馆旧址（平涛 摄）

民国建筑经过上述五个阶段的兴衰起伏，在南京城内留下了深深的印记，也为1949年中华人民共和国成立后中国建筑从传统走向现代化的转型奠定了基础。

二、门类齐全

南京民国建筑按照使用功能划分的话，主要有公共建筑、居住建筑和工业建筑三大类。

1. 公共建筑

公共建筑，即提供人们进行各种公共活动的建筑物，包括国家机关、社会团体、科研院所、教育机构、文化体育、娱乐设施、医疗卫生、慈善机构等建筑。各种公共建筑的使用性质和类型尽管各不相同，但其基本要素均包括空间构成、功能分区、人流组织与疏散，以及单一空间的大小、容量、形状、采光、通风、日照、温度、湿度等方面。

民国南京的公共建筑众多，若按照使用功能细分的话，又可以分为七类：

一是政治、军事建筑，如国民政府（总统府）、行政院、考试院、外交部、国防部、军政部、海军部、中央军人监狱等。

二是科学、教育、文化建筑，如国立中央研究院、紫金山天文台、

图 7-15 外交部大楼旧影

国立中央研究院气象研究所气象台、国立美术陈列馆、中央地质调查所地质矿产陈列馆、国立中央博物院筹备处、汇文书院、金陵大学、金陵女子大学、国立中央大学、国立编译馆等。

三是宗教、体育、卫生建筑，如喇嘛庙和诺那塔、三藏塔、金陵神学院、石鼓路天主堂、基督教圣保罗堂、基督教莫愁路堂、中央医院、中央体育场等。

四是市政、交通、电信、金融类建筑，如浦口车站、南京下关车站、新街口广场、鼓楼广场、中山大道、中山码头、国民党中央广播电台、南京电信局、江苏邮政管理局、建康路邮政支局、中国银行南京分行、中国国货银行、交通银行南京分行等。

五是公共活动和娱乐服务建筑，如国民大会堂、励志社、中央饭店、华侨招待所、国际联欢社、大华大戏院、首都大戏院、扬子江饭店、中央饭店、福昌饭店、首都饭店等。

六是驻华使领馆，如美国、法国、英国、日本、比利时等36个国家的馆舍。

七是墓葬及纪念性建筑，如中山陵、谭延闿墓、廖仲恺墓、韩恢墓、国民革命军阵亡将士公墓、光化亭、音乐台等。

这些公共建筑绝大多数是由中央政府投资，属于国家工程，坚固、美观而又实用，这是同时期其他城市同类建筑所无法比拟的。仅从名称上就可以看出民国公共建筑的气度。如以“中央”命名的一系列建筑——国立中央研究院、国立中央博物院筹备处、国立中央大学、中央陆军军官学校、中央政治学校、中央医院、中央体育场、中央银行、中央商场、中央饭店、中央军人监狱等，还有哪座城市能够与南京相比呢！

2. 居住建筑

居住建筑是指供人们日常居住生活使用的建筑物，包括官邸、别墅、住宅、宿舍、公寓、茅舍等。

南京成为民国首都后，人口激增，最多时达到100万人以上，各类建筑如雨后春笋般涌现。华丽的公馆别墅、新潮的住宅小区、简朴的公寓宿舍与蹩脚的棚户茅舍，形成强烈反差和对比。

图7-16　小红山主席官邸旧影

在南京民国居住建筑中，具有代表性的有小红山主席官邸、宋子文公馆、孔祥熙公馆、赛珍珠故居、拉贝故居、梅园新村、桃园新村、复成新村等。

民国南京达官贵人的公馆（官邸别墅）星罗棋布，争奇斗艳。《首都计划》将住宅区分为四个等级，即第一、第二、第三住宅区和旧住宅区，其中的第一住宅区实际上就是达官贵人的公馆，以颐和路一带尤为集中。据 1937 年 5 月南京市工务局统计，这一带的花园洋房分为 4 个公馆区，共建房 1700 处，总占地面积达 69 万平方米，平均每户 400 平方米，平均密度为 20%，庭院绿化面积达 65%，水电、电讯、道路设施齐全。这些官邸别墅千姿百态，宛如万国建筑博览馆。民国南京居住建筑中的公馆，多为个人投资，风格各不相同，可谓千娇百媚，体现了上流社会人物价值取向和审美水平的差异。南京民国建筑中公馆数量之多、规格之高也是其他城市无可比拟的。

3. 工业建筑

18 世纪 60 年代，随着英国工业革命的到来，工业建筑率先在英国出现。此后，美国以及欧洲、日本等一些国家和地区也陆续兴建了各种工业建筑。中国早在洋务运动时期就已经出现工业建筑。民国时期，《首都计划》对南京的定位是政治中心和工商业中心，因此南京也开始兴建各种类型的工业建筑。其中代表性的有和记洋行、金陵兵工厂、中国水泥厂、首都电厂、首都水厂、永利铔厂、江南水泥厂、中央化工厂、胜昌机器厂、大同面粉厂、扬子面粉厂、中央电瓷制造厂等。工业建筑见证了中国民族

图 7-17　江南水泥厂俱乐部旧影

工业的发展历程，是中国农业文明向工业文明发展的活化石。

南京民国建筑从门类上来讲，应有尽有。无论是建筑形式，还是所选颜色、使用材料、采光效果，代表了当时的最高设计建筑施工水平和审美水平，引领了时代的建筑潮流，具有较高的历史、科技和文化艺术价值。

三、建筑形式

建筑形式（风格、造型）是一个时代政治、经济、科技、文化、气候、地理及民族心理等诸多因素合力的结果。

民国时期，在中国各大城市中，上海、天津、广州、青岛、武汉、大连、长春、沈阳、哈尔滨等城市的建筑更多体现的是“西化”。它们或多或少带有一种政治上、军事上、文化上强加的色彩，并非这些城市历史发展的必然，也不是这些城市文脉的自然延续。

南京则不然。南京作为中华民国的首都，是“中外观瞻所系”，它的建筑中相当一部分是在《首都计划》的指导下进行设计建造的，并不含有任何外来势力在政治上、文化上的压力，属于主动地吸纳。因此，中国北方建筑的粗犷浑厚、南方建筑的灵巧细腻，与西方古典建筑的雍容典雅、现代建筑的简洁明快既互相共存，又互相交融，构成了一幅美轮美奂的都市繁会图卷。直到今天，民国建筑依然是南京城市建筑中的一大景观，令人驻足流连。

据有关部门统计，南京现存民国建筑有900处1500余座，其中具有代表性的民国建筑有200多处，无论是从现存面积上来讲，还是从数量上来讲，在全国都是独一无二的。这些建筑流派纷呈，造型独特，风格各异。概言之，可分为两大系统。

一是旧的建筑系统，分布在广大乡村、南京城南地区，以砖木结构建筑为主，我们称之为中国传统民族形式的建筑；二是新的建筑系统，属于舶来品，既有外国建筑师设计的，也有中国建筑师设计的作品，分布在南京城内外。具体而言，南京民国建筑形式可分为以下七种。

1. 中国传统民族形式的建筑

中国传统民族形式的建筑多为木结构或砖木结构，大多数是单层，少数是双层；宫殿、庙宇多为重檐歇山顶，民居多为人字顶。民国时期，这一形式的建筑基本上沿袭着旧有的功能布局、技术体系和风格风貌，保持着因地制宜、因材致用的传统品格和乡土特色。

以栖霞寺建筑群为例，仍沿用了传统的布局形式，由泮池、山门、弥勒殿、毗卢宝殿、藏经楼，以及两侧的祖堂、客堂等组成一个完整的建筑群。在这一组建筑中，弥勒殿、祖堂、客堂为人字顶，毗卢宝殿、藏经楼为重檐歇山顶，均为单层、砖木结构。

2. 殖民式建筑

殖民式建筑是 19 世纪下半叶由通商渠道移植到我国的一种建筑形式。这种建筑有着规整的或者稍有变化的矩形平面，简单的西式四坡屋顶，一面、两面、三面或四面建有外廊，外廊的进深很大，可以作为室外起居室、客厅或餐厅使用。殖民式建筑的主要特点是简单实用，一般用作住宅，或者是学校、办公、医院等。这种建筑传入我国后，在商埠城市中被大量复制，

图 7-18　张佩纶故居（平涛 摄）

广泛传播。由于这种建筑产生于东南亚一带的热带地区，特别注重通风避热，并不适应我国各地的气候条件，因此在1900年之前由盛转衰，直至消失。

南京的殖民式建筑保存至今的数量极少，如1909年建成的浦镇机厂英籍厂长奥斯登和总工程师韩纳的别墅、1912年建成的白下路国民政府立法院内的张爱玲祖父张佩纶故居等。其中1912年建的张佩纶故居有上下两层，四面建有回廊，坡形屋顶，属于典型的殖民式建筑。

3. 西方折衷主义建筑

折衷主义建筑是19世纪20年代在欧美一些国家流行的一种建筑风格。这种风格的建筑任意模仿历史上各类建筑，或自由组合各种建筑形式，不讲究固定的法式，只讲求比例匀称，注重纯形式的美。这类建筑在南京开埠前后比较流行，如1870年建立的石鼓路天主教堂，采用的是法国罗曼式教堂形制；1888年建立的汇文书院钟楼，采用的是美国殖民期建筑风格；1909—1910年前后建立的江苏谘议局大楼和临时大总统办公楼，采用的是法国文艺复兴建筑式样，等等。

民国建立后，这类建筑逐渐淡出。南京下关的扬子江饭店建于1912—1914年，就地取材，用南京的明城墙砖砌造成法国的建筑式样，是民国时期西方折衷主义

图7-19　和记洋行英国总监办公楼（平涛 摄）

建筑的实例之一。和记洋行英国总监办公楼建于 1915 年，是西方折衷主义风格建筑的又一实例。

4. 西方古典式建筑

西方古典式建筑（又称西方古典主义建筑）主要是指 17 世纪后期从法国兴起的古典主义建筑。其特点是以古典柱式为构图的基础，突出轴线，注重比例，强调对称，讲究主从关系。这种风格的建筑多被应用在宫廷建筑、纪念性建筑和大型公共建筑中。古典主义建筑以法国为中心，首先传播到欧洲其他国家，后来又影响到世界上其他一些地区。

大约在 20 世纪初，这种风格的建筑出现在南京的校园里。建于 1922—1924 年的国立东南大学孟芳图书馆，由外国人帕斯卡尔设计，采用的是标准的罗马爱奥尼亚柱式构图，并采用仿石材构造的水刷石粉面，整个建筑造型十分严谨，比例匀称，细部装饰精美，是南京地区最为地道的西方古典式建筑。建于 1930—1931 年的国立中央大学大礼堂，由英国公和洋行设计，采用的也是法国文艺复兴时期的古典建筑式风格，正门门厅上部立有四根爱奥尼亚式列柱，在众多的校园建筑中独具特色，成为国立中央大学标志性建筑之一。此外，国立东南大学体育馆、科学馆、生物馆，以及新街口中央银

图 7-20　东南大学孟芳图书馆（平涛 摄）

行南京分行均采用了西方古典柱式构图，是西方古典建筑的典型实例，显得坚实雄伟、华贵典雅。

5. 中国传统宫殿式近代建筑

这种风格的建筑是中、西方的建筑师力图将中国传统的建筑造型和西方现代工程技术结合起来而作出的一种尝试，19 世纪后期在南京开始出现。国民政府定都南京后，在《首都计划》中明确强调南京的建筑以“中国固有之形式为宜，而公署及公共建筑尤当尽量采用”。由于这类“新功能、旧形式”的建筑既符合现代建筑的功能需要，又能表现中国传统建筑的外貌，顺应了时代潮流的要求，所以在 20 世纪 20—30 年代的南京成为一股时尚。

这种风格的建筑较早出现在教会学校中。如金陵大学礼拜堂、北大楼、西大楼、东大楼，以及甲、乙、丙、丁、戊、己、庚、辛学生宿舍；金陵女子大学会议楼、科学馆、文学馆、图书馆、大礼堂，以及四幢学生宿舍，等等。教会学校中之所以要采用这种建筑造型，意在利用中国固有的建筑形式，表达教会尊重中国文化的姿态，使得中国的学生在传统建筑的氛围中不知不觉地接受西方文化的影响。这与同一时期由中国人独办的国立东南大学（1927 年改称国立中央大学）的建筑一律采用西方古典式风格形成鲜明而又强烈的对比。

图 7-21　励志社旧影

此后，这种风格的建筑扩大到大型纪念性建筑、行政性建筑和公共建筑中。如中山陵、铁道部大楼、励志社、国民革命军遗族学校校舍、国立中央研究院地质研究所、小红山主席官邸、谭延闿墓、国民革命军阵亡将士公墓建筑群、交通部大楼、中山陵藏经楼、国民党中央监察委员会建筑群、国民党中央党史史料陈列馆、国立中央研究院总办事处、国立中央博物院筹备处等。

6. 新民族形式的建筑

20 世纪 30 年代，中国一些有见识的建筑师看到中国传统建筑形式与西方现代建筑技术、现代建筑功能相结合的矛盾，同时考虑到宫殿式建筑造价昂贵，费时费工，以及建筑格局呆板，于是提出了创新的主张，反对烦琐的复古主义形式，反对大屋顶，探索将中西方建筑有机地融合起来，创造出既具有时代气息又具有传统特色的新民族形式建筑（又称现代化民族形式建筑）。

这类建筑一般采用现代建筑的平面组合体形构图，大多采用钢筋混凝土平屋顶，或采用现代屋架的两坡屋顶，造型简洁对称，在檐口、墙面、门窗、入口部分以及室内施以中国传统建筑装饰，并辅以适当的传统建筑图案。这类建筑兼顾西方现代建筑技术、现代建筑功能的需要，同时又带有中国民族风格，追求的是新功能、新技术、新造型与民族风格的和谐统一。

图 7-22　紫金山天文台（平涛 摄）

20 世纪 30 年代，南京对这类形式建筑的探索在当时国内处于领先地位。代表性的建筑有中央体育场建筑群、紫金山天文台、中央医院、中山陵音乐台、外交部大楼、国民大会堂和国立美术陈列馆、中国国货银行等。

以外交部为例，整座建筑的平面设计与立面构图基本采用西方现代建筑手法，同时结合中国传统建筑的特点和细部。从建筑物的外观上来看，立面上下分为勒脚、墙身和檐部三部分：底层半地下室部分的外墙用水泥粉刷，象征基座；墙面用褐色面砖贴面；檐口部分用同色的琉璃砖做成简化的斗拱装饰。建筑物内部大厅天花饰有清式彩画，室内墙面做有传统墙板细部。

7. 西方现代派建筑

第一次世界大战后，由于欧洲政治、经济和社会思想状况的变化，西方现代派建筑（又称西方现代主义建筑）应运而生。这种风格的建筑强调建筑式样与时俱进，主张摆脱历史上过时的建筑式样的束缚，积极采用新材料和新结构，创造出反映时代特征的新建筑风格。由于这一风格的建筑实用、经济而又美观，便于新材料、新结构的应用，所以一经产生，便迅速在世界各地传播开来。

20 世纪 30 年代，这种思潮影响到中国的建筑师。他们紧跟时代的脉搏，在南京等地也设计建造了这一风格的建筑。如首都饭店、国民政府最高法院、福昌饭店、行政院、地质矿产陈列馆、国

图 7-23　最高法院旧影

际联欢社等。抗战胜利后，这一风格成为新兴建筑中最常采用的建筑风格。如北极阁宋子文公馆、美国大使馆、美军顾问团公寓、延晖馆等，都是这一建筑风格的代表作。

以首都饭店为例，整个建筑为钢筋混凝土结构，采用了西方现代派造型，根据建筑功能与所处地形的特点，建成不对称的形式。平面布局比较灵活，大楼平面呈“八”字形，周围用名贵树木点缀园景，正面为椭圆形广场，中部设有花坛；建筑物后面设有两个标准的网球场。大楼的主体为对称的两翼，中部为厅楼，高4层，两翼为3层。立面主要以窗和墙体组成线条，构思新颖，简洁明快，在同期建筑中独领风骚。

南京民国建筑作为中华文物和文化遗产的一个重要组成部分，具有历史、建筑与科技、文化、社会等多方面的价值，值得我们很好地传承、保护和弘扬。正确地认识、合理地保护、适度地开发利用南京民国建筑，对于彰显南京特色文化，提高南京的美誉度，增强南京的城市竞争力和影响力，具有十分重要的历史意义和现实意义。

第八章

传统技艺竞擅雄

非物质文化遗产是人类历史长河中通过世代相续、口传心授而形成的活态文化遗产。它以人为核心载体，映射人的美感体验和美学理想，展现人的品格修养与人生追求，蕴含着丰富的审美资源。

2021 年，中共中央办公厅、国务院办公厅联合印发了《关于进一步加强非物质文化遗产保护工作的意见》，体现了国家对非物质文化遗产保护工作的高度重视。截至目前，列入南京市级以上非物质文化遗产名录的项目共计 277 个，其中有 13 项列入国家级非物质文化遗产名录（含 5 项列入人类非物质文化遗产代表作名录），76 项列入省级非物质文化遗产名录。

在南京非物质文化遗产名录中，传统技艺是南京文化的重要组成部分且资源丰富。它们代表并演绎着南京人传统的生活方式，曾经是日用的器物、礼俗的载体、情感的纽带，是日常生活的重要组成部分，有文化凝聚、文化传承、文化创新的功用，并拥有广阔的市场前景及进一步开发利用的经济价值。

南京云锦织造技艺、金陵刻经印刷技艺、秦淮灯彩等是既具有深厚的文化内涵又具有一定的生产能力的传统技艺项目，同时又是具备潜在的可以创造出世界性品牌效应的文化遗产资源，在我国社会经济大发展大繁荣的背景下，“慢工出细活”的传统生产方式，已不能满足新时代的需要，促使项目的保护单位及传承人求新、求变、求发展。

项目保护单位和传承人走向生活，融入市场，塑造品牌，才能创作出既适于当代人的生活需求，又富含人文意蕴的作品，以此促进非遗在当代生活中的广泛应用。

第一节　南京云锦

南京云锦始于东晋，兴于南宋，发展于元，全盛于明清，没落于民国，因用料考究、织造精致、色泽艳丽、美如云霞而得名。

一、历史渊源

南京丝织业的发展与北方技术工匠的南迁密切相关。史载，孙吴建国之前，孙策与周瑜等人攻克皖城后，“得（袁）术百工及鼓吹部曲三万余人”。这里的“百工”，指的就是各行各业的手工业者，其中也包括纺织工匠。他们后来成为孙吴都城建业（今南京）官营手工业作坊的基本力量，这为以后南京云锦的生产奠定了基础。

南京云锦的正式发端，始于东晋安帝义熙十三年（417）。这一年，东晋权臣刘裕北伐中原，灭掉后秦，将长安织锦工匠迁到建康（今南京），并在南京秦淮河畔斗场寺附近设置锦署，专门管理和从事锦缎的生产，这是南京历史上的第一个官办织锦机构，从此南京织锦业登上了历史舞台。

南朝时期，南京的织锦产量已相当可观，还传入高句丽，为贵族阶层服务，成为财富和权力的象征。

隋唐时期，由于定都中原的统治者恐惧“金陵王气”，采取提高扬州地位、抑制南京的政策，南京的政治经济地位一落千丈，织锦业裹足不前。南唐定都金陵（今南京）后，金陵织锦得到缓慢的恢复和发展。

宋代，在建康府（今南京）城南天津桥（今内桥）南大道两侧设有东、西锦绣坊。“锦绣坊”这一地名作为南京云锦发展历史的见证，一直流传至今。

南宋政权灭亡后，元朝蒙古贵族对江南的丝织品特别喜爱。至元十七年（1280），元朝政府在建康路（后改为集庆路）设立了专为皇室和官府织造锦缎的“东织染局”和“西织染局”，南京云锦进入发展的新阶段。

明朝建立后，南京、苏州、杭州三地成为丝织业发展的中心。明朝政府在南京设有“内织染局”（又称“南局”）、“神帛堂”及“供应机房”等，专门管理云锦的生产。明代南京的云锦织造工艺日趋成熟和完善，以大花楼木质提花机生产皇室和达官贵族专用的衣袍和室内铺陈用品，把辽、金、西夏、蒙古等贵族喜爱的织金技艺与中原传统织锦技艺融为一体，创造出“妆花”工艺，使云锦既具有北方的“壮美”，又具有南方的“秀美”，豪华富丽，为锦中之冠。

清朝顺治二年（1645）设立了江宁织造署，南京云锦迎来了新一轮的发展机遇，呈现出前所未有的繁荣景象。《红楼梦》作者曹雪芹的曾祖曹玺、祖父曹寅、伯父曹顒、父亲曹頫先后担任过江宁织造这一要职长达 59 年之久。

乾隆、嘉庆年间，南京丝织业的发展达到鼎盛时期，仅城内就有织机 3 万余台，男女织工 20 余万人（约占全城人口的二分之一），年产值 1000 万银圆以上，其中相当数量的织机是专门从事云锦生产的，以云锦为龙头的南京丝织业成为南京经济的支柱产业。清代南京生产的织锦产品除供应宫廷、官府服用和赏赐之需外，还远销蒙古、新疆、青海、甘肃、西藏等地，并在对外贸易中具有很高的声誉。

清代南京云锦在元、明两代的基础上，进一步吸收了辽、金、西夏、蒙古等壮美的织金技艺与南方传统的彩织技艺之成就，品种系列化，花纹壮美、格局规整、配色浓重、金彩辉煌、寓意吉祥，居苏、杭、蜀锦之上，代表了中国织锦工艺的最高成就。

民国建立后，由于封建政权的覆灭，南京云锦失去了主要的服务对象，同时由于质优价廉的西方纺织品的输入，以及国内政局动荡不安、销路不畅等原因，昔日兴盛发达的南京云锦业呈现出一派萧条景象。1927 年，南京云锦尚有织机 8000 架，男女织工 2 万余人；到了 1949 年 4 月，南京云锦只剩下织机 150 台左右，能够从事云锦生产的只有中兴源丝织厂的 4 台织机而已。南京云锦的生产跌入历史的最低谷。

中华人民共和国成立后，南京云锦受到政府的重视。1956 年 10 月，周恩来总理指示："一定要南京的同志把云锦工艺继承下来，发扬光

图 8-1　南京云锦博物馆（南京云锦研究所 提供）

大。”1957年12月，南京云锦研究所成立。在陈之佛、何燕明、汪印然、张福水、吉干臣、朱枫、徐仲杰等人的共同努力下，至20世纪80年代，该所在继承传统工艺的基础上，成功地复制了明十三陵定陵出土的明万历皇帝“织金孔雀羽妆花纱龙袍”。

南京云锦于2002年、2004年、2008年三次被中国列入向联合国教科文组织申报人类非物质文化遗产代表作名录的预备清单。2009年，在阿联酋首都阿布扎比召开的联合国教科文组织保护非物质文化遗产政府间委员会大会上，“南京云锦织造技艺”被列入人类非物质文化遗产代表作名录。

近年来，中国非物质文化遗产保护工作日益受到重视，支持、保障传承活动的开展也成为政府、社会乃至教育部门的一项重要工作。各级政府文化部门积极开展国家级、省级、市级非物质文化遗产项目代表性传承人的认定与命名工作。截至2022年12月，列入“南京云锦织造技艺”的国家级代表性传承人3人、省级代表性传承人3人、市级代表性传承人7人。

二、科技价值

南京云锦在1500年的历史中，吸取了各族人民纺织技艺的精华，形成了自己的独特风格和鲜明特色，由皇室、官府的专用品发展成为大众喜闻乐见的产品。这一发展变化过程在某种程度上见证了中国政治、经济、文化的发展历程。

南京云锦织造技艺继承了中国古代丝织工艺的优秀传统，并在意匠设计和织造技艺上有新的创造，具有鲜明、强烈的地方工艺特色。它主要的生产工具是长5.6米、高4米、宽1.4米的大花楼木质提花机，织造时由上、下两人配合操作，一天仅能织出云锦5厘米左右，故有“寸锦寸金”之称。

图 8-2　云锦服饰原图（南京云锦研究所 提供）

南京云锦用自己特有的手工织造技艺涵盖了各民族织锦的特点，汇集、提升、发展了云锦的富丽堂皇、壮锦的花鸟山水图案、傣锦精炼的色彩、黎锦的小巧细致、苗锦的生动自然等织锦的精华，因而也是各民族世代共同创造的成果。

南京云锦因其皇室专用的特殊地位，对艺术和织造的要求极高。特别是自元代以来的 700 余年里，在图案的取材、构成、配色、纹样设计、挑花结本、原料准备和织造等方面形成了一套完整的体系，并产生了“织金”“库锦”“库缎”“妆花”等优秀的传世品种。

其中“妆花”的织造工艺最为复杂，是明代织锦业中的一个重大创造。这种织造技法可以在纱、罗、绸、绢、绒等不同质地、不同组织的织物上娴熟地运用，将色调众多的妆花，处理得繁而不乱、统一和谐，使织物上的纹饰获得生动而优美的艺术效果。这种利用通经断纬“挖花妆彩”的织造工艺来完成的品种，是一般丝织品所不能企及的。直到今天，现代化的机器仍然无法替代这种手工工艺。

南京云锦作为中国传统科技最高成就的代表，曾应邀赴几十个国家和地区进行科技文化交流，展出和展示手工织造操作表演，这些交流活动既促进了南京云锦事业的发展，又有力地增进了中国人民与世界各国人民的友谊。

三、文化艺术价值

南京云锦不仅历史悠久，技艺精绝，其文化艺术蕴义，尤为博大精深，充分体现了物质文明和精神文明的双重属性。

南京云锦古代就曾沿着陆上丝绸之路经中亚、土耳其到达地中海地区，明代以后通过海上丝绸之路销往欧洲和东南亚等地。

南京云锦不仅为皇室所用，同时作为服饰面料也为蒙古族、藏族、维吾尔族等民族所青睐，常用于寺庙中的经幡、包柱等。南京云锦为各民族之间的沟通、团结创造了一定的基础。

南京云锦在历史上不是孤立存在的文化、艺术现象，而是审美与实用、物质与精神的统一体。它的艺术价值在于，通过云锦纹样、色彩形式显示了皇权和宗教、伦理、吉祥的情感意念，表现了具有鲜明的中国吉祥文化的深厚底蕴，集中国传统吉祥图案之大成，且真实地反映了不同时代人们的审美取向。

明清时期，是南京云锦发展的鼎盛时期，皇帝龙袍冕衣、后妃凤衣、华冠霞帔、宫帷帐幔、马褂旗袍、文武官员补服、宫廷坐褥和靠垫等御用贡品，以及高级华贵的衣裳和绚丽璀璨的云锦装饰品中，装饰纹样几乎“图必有意，意必吉祥”。

如龙纹和黄色被皇帝专用，是皇权的象征；麒麟、蟒等纹样和靛蓝色是王公大臣的专用品和地位的象征；其他如长寿纹、宝相花、莲花、缠枝花等极富圆满、喜庆、绵延不断等吉祥意义的纹样形式及明亮的色彩，千百年来为中国民众所喜闻乐见。

清代的江宁织造府不仅创造了南京云锦鼎盛的辉煌，而且造就了一位伟大的古典文学作家曹雪芹。出生于织造世家的曹雪芹，耳濡目染的是传统的民族文化、吉祥文化、皇室文化，这些文化积淀都成为他创作《红楼梦》的深厚基础。《红楼梦》用古典文学特有的笔锋，对云锦服饰进行了细腻的描写和渲染，表现了南京云锦昔日的辉煌，影响遍及世界，是我国历史和传统文化的见证。

手工织造的南京云锦是中国丝织业高度发展的产物，是中国古代织锦技艺最高水平的代表，且能够完整地流传至今，非现代机器所能替代，成为中华民族文化遗产中的“活化石”。中国著名工艺美术家陈之佛先生指出：“南京云锦是中国古代织锦工艺史上的最后一座里程碑。”正因如此，南京云锦被誉为“中华现宝”和“中华一绝”，确实是当之无愧的。

第二节　金陵刻经

金陵刻经处创建于清同治五年（1866），在国内外享有盛誉。它是中国最早成立的刻经处，也是近代中国第一家由私人创办的融经书收藏、雕刻、印刷、流通及研究于一体的佛经出版机构。它的佛经刻印准确、清晰，受到国内外佛教界人士的高度认可，全国寺院的汉传佛经基本皮藏于此。直到今天，全国乃至国外的各大寺院的经书，大多出自金陵刻经处经版楼里的版本。

一、历史渊源

金陵刻经处的创始人是中国清末佛教复兴的奠基人杨仁山。他是安徽石埭县（今安徽石台）人，出身于书香门第。他的父亲与曾国藩是同年进士。

1866年，杨仁山携全家移居南京。他参与了历经十年战火后的城市恢复工作。当时江南久经战火，佛教文物典籍损毁殆尽，甚至连最常见的佛经如《无量寿经》也很难找到。他感到只有广为流传佛教典籍，才能普济众生。于是，决定靠个人的力量创办金陵刻经处，弘扬佛教文化。

1897 年，杨仁山用多年积蓄在南京延龄巷（今淮海路 35 号）买下 6 亩 2 分土地，建造房屋 60 多间。金陵刻经处成立后，首刊《净土四经》，成为刻版印经的开始。

图 8-3　金陵刻经处（金陵刻经处 提供）

图 8-4　深柳堂（金陵刻经处 提供）

1907 年，杨仁山在金陵刻经处创办了祇洹精舍，这是中国最早的佛教学校之一。它吸引了一批青年才俊来这里学习，虽然只办了两年，却培养了一批高僧和佛学人才。后来一度担任中国佛教协会会长的太虚法师早年就是这里的高才生。

1911 年 10 月 8 日，杨仁山居士病逝，他的弟子门人遵其遗嘱“经版所在即遗体所在”，在刻经处深柳堂后为他建塔安葬，突破中国人从不将遗体葬于家中的传统。

杨仁山居士毕生精研佛法，几十年时间一直从事于讲学和刻经事业，在佛教界、学术界产生了巨大的影响，杨仁山以新式教育培养出释太虚、欧阳竟无、桂伯华、李证刚、蒯若木、梅光羲、黎端甫等一大批佛学人才。此外，谭嗣同、章太炎、苏曼殊、蔡元培、沈曾植、陈三立、梁漱溟和熊十力等人也直接或间接地受到他的影响。

金陵刻经处是中国近代第一个汉传佛学研究、讲学机构，是中国第一家汉文木刻佛经出版机构，成立至今从未停止过刻印佛经。2006年以来，金陵刻经处成为“金陵刻经印刷技艺”的国家级项目保护单位。2009 年 9 月，“中国雕版印刷技艺（金陵刻经印刷技艺）”列入人类非物质文化遗产代表作名录。截至 2022 年 12 月，列入“金陵刻经印刷技艺”的国家级代表性传承人 1 人、省级代表性传承人 1 人、市级代表性传承人 1 人、区级代表性传承人 1 人。近些年来，新传承人雕刻的佛像经版人物神态慈善、栩栩如生，线条流畅圆润，章法严谨，刀工细腻飘逸，在继承传统技艺的同时有了新的突破，深得佛教界高僧大德及社会各界人士的认可。

二、科技价值

中国的雕版印刷技艺远在一千多年前的唐代就有了，它对文化的传播有很大的意义。从印刷史上看来，最初的雕版印刷与佛教有很密切的关系，如现存最早的雕版印刷书籍便是佛教经典《金刚经》。

“中国雕版印刷技艺”入选人类非物质文化遗产代表作名录是由三家单位联合申报成功的。其中金陵刻经处是用木刻水印印汉传佛经，扬州广陵刻经主要是刻印文史类书籍，四川德格印经院是刻印藏传佛经。

金陵刻经处自创办以来，雕版有两项核心技艺即写样和刻版。写样一律为标准的小一号宋体反体字，称“金陵体”；所刻经版的字体笔画也大有讲究，例如撇如鼠尾、捺如锹、钩若鹅头、点似瓜子，横平竖直，横细竖粗，层次分明，“金陵体”得到了日本、美国、韩国及东南亚地区法师和居士的称赞。

经过八代传承人不断地努力、实践，金陵刻经处在原来黑白单色刷印、二色套印基础上，发展了四色套、六色套印刷技艺，这些作品得到了前来视察的中央领导的好评。

金陵刻经版式疏朗，字大悦目，刻印考究，纸墨精良，著称金陵本。它的木刻水墨印刷技艺在清末国内经书出版界占有重要地位，它是在世界印刷史上占重要地位的中国古老雕版印刷的遗存。南京大学的印刷史课程、复旦大学的古籍版本课程，都有金陵刻经雕版印刷技艺的内容。2014 年，英国牛津大学图书馆馆长特地来到南京，参观金陵刻经处。他就是在看到自己馆里收藏的金陵本佛经后，深深为之着迷，循着“金陵”的线索来到这里的。

金陵刻经处保存的 18 种佛像版如《西方三圣图》《慈悲观音像》《释迦牟尼像》《释迦牟尼说法图》《西方极乐世界图》《十八臂观音》《四十八臂观音》等，展现了高超的雕版技艺。

金陵刻经处经版楼里珍藏的经版、佛像、经书等是中国佛学界的图书馆和基因库。这些千百年的典籍，是现代与历史对话的钥匙。

金陵刻经处作为中国佛教文化的重地，在世界佛教文化界特别是在东南亚佛教国家声誉卓著。目前，金陵刻经处仍完整地保存着我国古老的雕版印刷、线装函套等传统工艺，是世界范围内的汉文木刻版佛经的出版中心及收藏木刻佛教经像版的文物中心。日本、泰国、缅甸、尼泊尔、斯里兰卡、印度、

图 8-5　经版楼（金陵刻经处 提供）

新加坡、美国、加拿大、意大利、奥地利、瑞典等国家及我国港澳地区前来参观者络绎不绝。金陵刻经处与世界各国佛教文化界的交往日趋频繁，并与许多国家和地区的佛教界人士、学者等建立了密切联系，为促进中外文化交流做出了积极的贡献。

第三节　秦淮灯彩

南京举办灯节、观灯、赏灯起源于汉代，到明代达到了鼎盛。明太祖朱元璋在南京倡导元宵闹花灯，为南京赢得了“秦淮灯彩甲天下”的美誉。灯彩有很好的视觉效果，对于营造节日气氛来说，它与春节的爆竹有异曲同工之妙，就连秦淮河里悬挂花灯的画舫也蜚声天下，为文人墨客所吟唱。

一、历史渊源

元宵观灯习俗始自汉代，帝王提倡佛法，敕令元宵用盛大的灯火祭神敬佛。当时，元宵张灯仅限于深宫禁苑。

明初，朱元璋为征招天下富商建设国都南京，营造盛世图景，将元宵灯节增至十夜。从正月初八开始，到十七才落灯，使之成为我国历史上时间最长的灯节。南京城里花灯烟火通宵闪耀，鼓乐杂耍喧闹达旦。此时的灯彩逐渐地演变成人们舞弄玩耍的道具，如舞龙灯、狮子灯等。朱元璋还经常微服私访，走街观灯，体察民情。他本人还是一位制作灯谜的高手，由此促进了元宵灯会朝着内容更加丰富多彩的方向发展。

随着科举考场江南贡院在秦淮河畔扩建后，秦淮河变得愈加繁华热闹，此时秦淮灯彩的品种已出现了虎灯、蛤蟆灯、鱼灯、虾灯、荷花灯、藕灯等，品种达到了两三百种，整体水平在全国首屈一指。

朱棣执政后，又下令在南京皇宫午门外，集能工巧匠筹办灯会，精心扎制鳌山“万岁”灯与民同乐。鳌山灯是以数千百种、上万盏灯彩叠成山形的特大型组合灯彩，各种花灯尽收其中，五光十色，令人叹为观止。真所谓“银烛影中明月下，相逢俱是踏灯人”。

明代中期以后，南京已成为当时世界上屈指可数的大都市之一。《南都繁会景物图卷》形象地描绘了明朝南京内秦淮河至三山街一带的繁华街景，其中就有绚丽的鳌山灯以及民众游玩的热闹场景。秦淮灯彩这时进入了一个高峰期。

明代后期每逢农历新年，南京人几乎“家家走桥，人人看灯”，秦淮河及夫子庙一带的庙宇店铺、河房照壁、石桥画舫等，无不张灯结彩，处处火树银花，鼓乐声声，人流如潮。

清代，元宵灯节被缩减为三天，民间的灯会依然繁荣。每年元宵节前后，由笪桥、评事街、升州路到夫子庙一带灯火辉煌的热闹盛况是其他地区难以比拟的。同治三年（1864），在曾国藩的倡导下，元宵观灯这一传统习俗又得到了恢复和发展。

光绪年间，驻扎在南京的湘籍军人所扎制的龙灯也非常有名。这些灯彩元素的融入，进一步丰富发展了秦淮灯彩。老百姓喜闻乐见的神话传说，如刘海戏蟾、麒麟送子、二龙戏珠、鲤跃龙门、五子夺魁等题材也在灯彩中得以体现。

清末民初，灯会已不如以前繁盛，南京每年元宵观灯的场面，一度受到很大影响，昔日秦淮灯彩的灿烂已不复存在。尽管历史上由于时局动荡等原因，秦淮灯会几经起伏，但它作为历代南京民众难以割舍的传统习俗，最终还是延续到了当代。

自20世纪80年代以后，国家、省、市陆续拨款建设夫子庙“十里秦淮”风光带，还兴建了高低错落、富有地方传统特色的河厅河房，以及包括众多书肆、小吃店、茶楼与酒楼的商业街，并且恢复了绝迹多年的“春灯画舫”。1985年，秦淮区政府组织举办了首届夫子庙元宵节花灯晚会，前往赏灯的游客达20万人次之多。此后，每年一度的元宵灯市一直延续至今，以“秦淮灯会”闻名于世。2006年，中国邮政发行了“民间灯彩·（秦淮）荷花灯”特种纪念邮票。2008年，“秦淮灯彩”列入国家级非物质文化遗产代表作名录。

经过四十年的发展，秦淮灯会现已连续举办了36届。现在每年元宵节前后，秦淮河两岸灯如海，人如潮，人们沉浸在欢乐祥和之中。秦淮灯会吸引了众多海内外游人纷至沓来，他们在领略秦淮灯会、感受特色文化的同时，也促进了南京经济的发展。

每年的花灯上市量达100万盏以上，春节正月初一到十八期间，吸引游客1.5亿人次，直接拉动南京消费额超过100亿元；同时，与台湾、西安、盐城等多地联办灯会，并远赴美、法、英等40多个国家展示交流。

由于秦淮灯彩在当代生活中得到延续、发展和振兴，秦淮区先后被国家文化部命名为“中国民间灯彩艺术之乡”“中国民间文化艺术之乡”，秦淮灯彩获评中国十大节庆活动品牌、江苏省十大节庆活动之首。

截至2022年12月，列入“秦淮灯彩”的国家级代表性传承人1人、省级代表性传承人4人、市级代表性传承人2人。各级政府部门采取多种措施，如办展览、搞活动、拍视频做宣传等，给传承人创造条件，提供经费、场地、带徒等支持，为传承、传播活动及人才培养提供资助；鼓励和支持社会机构、社区等开展普及灯

图8-6　秦淮灯彩（杨海鹏 摄）

彩的传播活动。南京市、秦淮区的一些文博场馆也将“秦淮灯彩”的传播活动作为活态展示，为传承人提供宣传平台及传播场所；一些高、中等职业院校及中学、小学、幼儿园也积极行动起来，开设秦淮灯彩的相关课程。

二、文化艺术价值

秦淮灯彩融合了多种艺术门类、制作材料和工艺技术，是一种汇集纸扎、装裱、绘画、书法、剪纸、皮影、刺绣、编织、雕塑等艺术形式于一身的传统技艺，具有民间乡土风格和南京本土气息。在民间张灯习俗中，灯彩不再只是满足人们审美需求、愉悦心情的观赏品或装饰品，它更是一种承载着人们积极、乐观心理期盼的事物，饱含了人们对新年生活风调雨顺、百业昌盛、子孙兴旺的希望，以及对幸福生活的美好祝愿。

在主题上，秦淮灯彩与南京本地的风俗、信仰、衣食住行水乳交融，采用了民间传说、典故、故事等内容（如“麒麟送子”寓意如愿，荷花既象征高洁的情操，又与“多子多福”有关），在历史的进程中逐渐变为对美的追求。

在色彩上，秦淮灯彩表现出自由、大胆、随意的浓烈和艳丽。为了烘托秦淮灯彩的气氛，传承人注重传统情趣的再现，大多采用红、黄、金、橙等色彩强烈明快的暖色调，或者适当配以银、白、绿色调，充满喜庆、吉祥的气息，营造热烈、欢庆的过年氛围。

在风格上，秦淮灯彩把握了传统艺术的神与形，体现出朴实的乡土气息和浓厚的地方特色，显现出“拙而不呆”“艳而不厌”。

在造型上，秦淮灯彩表现为“以心造型”“以理造型”“以美造型”，扎制手法古老又富于表现力，体现在狮子灯、兔子灯、鲤鱼灯的神似上。

在工艺上，秦淮灯彩汲取了中国传统纸扎、绘画、书法、剪纸、皮影、刺绣、雕塑等艺术之长，随着科技进步，又采取了声、光、电、控等新工艺、新方法，实行了全面的创新。

秦淮灯彩至今保留着的纯美、质朴的乡土气息和浓厚的地方特色，凝聚了历代传承人的智慧和艺术才华，无论在造型上、色彩上、意趣上都体现了传承人的集体审美意识、审美情趣和理想。这就是秦淮灯彩的可贵之处，因此能流传至今并成为民俗节日的主角。

第九章

近代工业启航地

19世纪60年代至90年代，针对中国面临的“数千年来未有之变局”和“数千年来未有之强敌”，清朝洋务派进行了一场以引进西方军事装备、机器生产和科学技术来挽救清朝统治的自救运动，史称“洋务运动”。南京作为六朝古都、长江下游的重要城市，既有“黄金水道”长江沟通内外，更有津浦铁路和宁沪铁路贯穿南北，因而成为我国近代工业的启航地之一。

咸丰十一年（1861），两江总督曾国藩创办安庆内军械所，同治三年（1864）迁到南京，称金陵内军械所，由徐寿、华蘅芳等人在南京长江边成功研制出我国第一艘蒸汽机轮船“黄鹄”号并试航成功。同治四年（1865），署理两江总督李鸿章将苏州洋炮局迁到南京，创办金陵机器制造局，专门制造枪炮，揭开南京近代工业的序幕。

图9-1　李鸿章

此后，一直到1949年中华人民共和国成立的近一百年时间里，南京境内长江南北两岸先后涌现出浦镇机厂、和记洋行、中国水泥厂、首都电厂、首都水厂、永利铔厂、江南水泥厂、中央无线电器材厂、中央电瓷制造厂、中央化工厂、胜昌机器厂、大同面粉厂、扬子面粉厂等一批工业企业，其中既有民族工业企业，也有中外合作企业和外资企业；既有军工企业，又有民用企业；既有官营企业，又有民营企业。它们共同推动南京乃至中国由农耕文明社会向工业文明社会迈进。

第一节　官营民族工业企业

在南京近代工业企业中，代表性的官营民族工业企业有金陵机器制造局、首都电厂、首都水厂等。

一、中国民族工业的先驱之一——金陵机器制造局

金陵机器制造局，又名金陵机器局、金陵制造局，位于今中华门外大报恩寺遗址公园东侧的1865文化创意产业园内。它与李鸿章在上海创办的江南制造总局、1866年左宗棠创办的福州船政局以及1867年崇厚创办的天津机器制造局齐名，是我国19世纪60年代洋务运动期间创办的四大兵工企业之一。金陵机器制造局是中国民族工业的先驱之一，也是南京历史上第一座机械化工厂。

清朝同治四年（1865），李鸿章因镇压太平天国有功，由江苏巡抚（治所在苏州）升任署理两江总督。他以苏州洋炮局的人马和技术为根基，在两江总督驻地江宁（今南京）筹建了一个较大规模的兵工厂，即金陵机器制造局。同年10月30日在南京城南聚宝门（今中华门）外西天寺的废墟上破土动工，至1866年8月竣工。直隶州知州刘佐禹担任金陵机器制造局的第一任总办，英国人马格理为督办。制造局设机器厂、

图 9-2　晚清时期的金陵机器制造局（《江南陆师学堂总教习骆博凯家书》）

翻砂厂、熟铁厂和木作厂。投产时，工人和士兵约有 400 人，生产枪炮弹药等军火，主要供应李鸿章的淮军使用，此后经过数次扩建厂房，添置机器，能够生产各类先进的武器和炮弹。

民国建立后，金陵机器制造局名义上属中央陆军军械司管辖，实则为江苏历任都督所控制。1927 年国民政府定都南京后，金陵机器制造局更名为上海兵工厂南京分厂，厂长陈钦。1929 年 6 月，改隶兵工署直辖，改称为金陵兵工厂，黄公柱、李承干先后任厂长。

1937 年 7 月抗日战争全面爆发，金陵兵工厂被迫西迁重庆，原址被日军占领。

1945 年 8 月日本投降后，工厂迁回南京。1946 年 9 月，改称六〇兵工厂。1948 年底淮海战役中期，国民党眼看败局已定，将六〇兵工厂向台湾高雄搬迁，只留下少量无法搬走的旧机器设备以及整座厂房等。

1949 年 4 月南京解放，同月 29 日中国人民解放军第二野战军接管工厂。同年 10 月，二野奉命南下，工厂改属第三野战军管辖，命名为

军械总厂。1950年8月，工厂改属华东军区。1952年11月，军械总厂改属地方，由原第二机械工业部领导。1952年底，山西长治三〇七厂搬迁南京，与军械总厂合并，称国营三〇七厂。1957年4月，采用国营晨光机器厂作为第二厂名，对外公开使用。1980年3月，改称南京晨光机器厂。1996年6月，作为全国一百家现代企业制度试点单位之一，正式组建晨光集团，并更名为南京晨光集团有限责任公司。2007年，金陵机器制造局华丽转型，变身“1865创意产业园”。

早期的机器正厂、机器右厂和机器左厂虽已拆除重建，但建厂标牌仍保存在重建后的厂房门额上，这些标牌上分别注明同治五年（1866）建机器正厂、同治十二年（1873）建机器右厂、光绪四年（1878）建机器左厂。现存清代建筑有：光绪七年（1881）建的炎铜厂、卷铜厂，光绪九年（1883）和光绪十一年（1885）五月建的熔铜房，光绪十二年（1886）建的木厂大楼和机器大厂等。每厂建筑少则一间，多则十余间。这些厂房具有西洋风格，坡屋顶，人字桁架，门窗上部为拱形青砖清水墙，坚固宽敞。金陵机器制造局留存下来的30多座（间）民国时期的厂房及办公用房，建筑风格大致可以分为三大类：一是建于1935年的七座二层西式厂房楼群，二是建于1936年的多跨连续厂房，三是两排带“气楼”的厂房。晚清民国时期的金陵机器制造局（兵工厂）厂房建筑，较为典型地反映

图9-3　建于同治五年的机器正厂（明珠 摄）

了近代中国工业建筑的特点，具有重要的历史、科技和文化价值。这些建筑得到了较好维护和保养，至今仍完好地保持着它的历史风貌。

金陵机器制造局向金陵兵工厂发展的历程，见证了中国民族工业的发展轨迹，是我国由传统的手工业向机器大工业发展的“活化石”。2013年，金陵兵工厂旧址被列为全国重点文物保护单位；2017年12月，金陵机器制造局入选第二批中国20世纪建筑遗产名单；2018年1月，入选首批20世纪“中国工业遗产保护名录”。

二、中国最早的官办电厂——金陵电灯官厂

清宣统元年（1909）五月，张人骏担任两江总督兼南洋通商大臣。时任江南财政局提调许星璧向张人骏提议，苏州、无锡等地都已经有了商办电厂，而江南第一重镇江宁（今南京）还没有电厂，只能依靠油灯、蜡烛照明，无论是生活还是经商都十分不便，因此建议在西华门设立电灯厂，为江宁将军府（位于今明故宫遗址）和两江总督府（位于今总统府旧址）提供照明，得到张人骏的同意，核准拨官银20万两，同时委任许星璧为总办。这是中国第一家官办电厂，定名为金陵电灯官厂（又名江宁电灯官厂）。宣统元年八月初九（1909年9月22日），该厂在《南洋官报》刊登广告，宣称：“凡官绅军学士商各界，如需装灯者，即到电灯官厂挂号，以便迭次装灯。每盏十六烛光电灯安装费为大洋五元，每盏电灯每月电费为大洋一元二角。供电时间，无论冬夏迟早，每晚供电八小时。”

金陵电灯官厂最初选址皇城西华门外的旗下街，邻近秦淮河，距离总督府又不远。建厂伊始，预计安装三台设计发电量为100千瓦的发电机，可支持1.8万多盏电灯。1910年8月南洋劝业会在南京城北丁家桥一带召开期间，第一台发电机组完成试运行，南洋劝业会场馆、江宁将军府和两江总督府内相继亮起了灯光。10月3日，金陵电灯官

厂正式成立。宣统三年（1911）冬，南京城内电灯用户达800家之多。

1912年，金陵电灯官厂由江苏省实业厅接管，改名为江苏省立南京电灯厂。至1919年，西华门发电所共有发电容量820千伏安，设有三山街、中正街（今白下路）、三元巷、鼓楼、下关5处变电所，变压器9台，线路64里，电线杆1178根，用户约计1200户。当时，下关商埠有居民万余家，商店数千户，皆需安装电灯。而金陵电灯官厂厂址远在明皇城西华门外，“然以区域辽远，用电日增，机力有限，不足应付，灯光暗淡”，而且经常断电，无法满足下关商埠的用电需求。下关商民遂联名呈请交通部，请求将电厂划归商办。

1919年12月1日，江苏省立南京电灯厂与美商在上海开设的慎昌洋行签订购机合同，由该洋行承办安装美国奇异公司制造的一台1250千伏安汽轮发电机和一台水管式锅炉。12月14日，时任江苏省省长齐耀琳收到下关商董联名呈文，要求在下关设立分厂，齐耀琳将情况向内务部上报，得到准许。于是，南京电灯厂向下关商埠局购买飞虹码头（今中山码头）与湖北街之间一块9亩多的荒地作为分厂厂址，定名为江苏省立南京电灯厂下关发电所。1920年秋，设备安装结束，10月正式发电。与西华门发电所形成“一厂两所”的格局。城里原先建立的电灯厂定名为江苏省立南京电灯厂西华门发电所。总厂办事机构设在西华门。

1927年，国民政府定都南京，江苏省立南京电灯厂改称南京市电灯厂，当时有用户3000余户。次年，改称首都电厂，都城内外及下关商埠均是其营业范围。由于电力不敷使用，下关发电所于1929—1930年先后安装了一台750千瓦和一台1600千瓦的汽轮发电机组。同时，首都建设委员会在下关发电所东侧购置50亩土地，进行扩建。第一期工程于1931年正式开工，1933年1月设备安装结束。由德国西门子公司负责设计并提供发电设备，第一期工程安装两台5000千瓦汽轮发电机和两台蒸发量为28吨/小时的链条炉。至此，南京的用电全部由下关发电所提供，西华门发电所改作他用。第二期工程于1934年开工，1937年全部完工。由首都电厂总工程师陆法曾负责总体设计，发电设备采取招标形式，分别从美国、德国、英国的公司购买。第一台1万千瓦汽轮发电机组于1936年投入生产发电，第二台于1937年秋安装竣工。安装1万千瓦发电机组的新厂房，由华盖建筑师事务所的童寯设计，外观简洁明快，错落有致。

图9-4　首都电厂旧影

1937年9月25日，日军空袭南京，下关发电所成为空袭目标之一，遭到轰炸，主厂房多处中弹，第二台发电机组被炸坏。日军占领南京后，进驻下关发电所，利用原有设备，进行掠夺性生产，致使设备严重损坏。抗战胜利后，原有装机容量3万千瓦的下关发电所，可调出电力只有8000千瓦，仅占铭牌出电的27%。

1948年，为了适应国民政府还都南京后的需要，下关发电所又增装三台2000千瓦的汽轮发电机组。至1949年南京解放，首都电厂下关发电所是南京唯一的一家公用电厂，装机总容量为3.6万千瓦。

民国时期，首都电厂在南京人民革命史上写下了光辉的一页。

1937年12月日军攻占南京前夕，首都电厂下关发电所由副工程师徐士英带领50名工人坚守岗位，为首都送电。12月13日日军攻陷南京后，徐士英率工人退出电厂，但其时交通已断绝，既不能进城，也无舟船可供过江，遂退至和记洋行内暂避。经日军检查，除有文件证明身份为和记公司雇员者外，下关发电所45名工人惨遭日军集体屠杀。1951年10月1日，为纪念死难工人，下关发电厂建成了“死难工人纪念碑”。这是南京第一座纪念侵华日军南京大屠杀遇难同胞纪念碑。

1949年南京解放前夕，国民党政府出于军事上的需要，从3月份开始封江，并采取烧、炸、沉等办法对长江下关段两岸的船只进行破坏，有的则被赶进内河停靠。同月，下关发电所秘密成立了工人护厂纠察队。从4月21日起，大批国民党军队开始溃退。为了防止特务破坏，护厂工人将发电所围墙通电，把工厂的前后铁门关死，不许外人进入厂区，同时迫使驻厂国民党宪兵撤走。护厂工人分成两班，连续开机发电，并抽出一部分工人护厂巡逻，加强戒备，以实际行动迎接南京解放。4月22日，首都卫戍总司令部下令首都电厂为战时需要，任何情况下均不得中断供电，违者以耽误战机论处。首都电厂以运煤为由，要求保留“京电”号小火轮，否则无法保证战时发电。“京电”号小火轮全长23.1米，宽4.25米，总吨位41.4吨，1925年由上海沈宝记船厂制造，主要用来从浦口火车站往下关电厂运送煤炭。于是首都卫戍总司令部和中央宪兵司令部联名在“京电”号轮上贴了一张不得动用运煤船的布告，遂使“京电”轮得以保存下来。

4月23日晚9时，首都电厂工人驾驶着“京电”号轮船从浦口码头满载着第一批中国人民解放军（35军先遣部队）渡过长江。4月25日，“京电”轮又从浦口迎接邓小平、陈毅过江到达中山码头，进入南京。渡江战役中，“京电”轮多次往返，共运送了包括邓小平、陈毅等总前委领导同志在内的数千名解放军指战员，成为名副其实的“渡江第一船”。该轮现收藏在南京渡江胜利纪念馆。

1949年4月23日南京解放后，首都电厂回到人民怀抱。同年5月，

图 9-5　首都电厂“京电”号小火轮（1949 年）

首都电厂下关发电所更名南京电厂下关发电所，继续发挥着重要作用。1950 年 6 月，改称南京下关发电厂。8 月 2 日，该电厂全体职工由于反轰炸和护厂斗争成绩显著，受到南京市政府嘉奖，被授予“发扬工人阶级团结友爱，坚决粉碎敌人的破坏”的锦旗。

自 20 世纪 50 年代初到 1990 年，下关发电厂向全国 15 个省、市、自治区的 54 个电业部门输送和培训了 1361 名电力人才，被誉为“培育电业人才的基地”，为中国电力事业发展做出了突出贡献。

由于南京城市经济建设的发展，对电力的需求日益加大，自 1957 年起，下关发电厂不断扩建，至 1999 年，工厂占地面积 17.88 万平方米。1997 年电厂开始改造，至 1999 年，电厂装机容量达到 25 万千瓦，是改造前的 2.4 倍，确保了南京地区乃至江苏省的安全稳定供电。2002 年 12 月，下关发电厂划归中国大唐集团有限公司，改名大唐南京发电厂，不断加速自身发展和技术革新步伐，装机容量和规模不断扩大。从 2004 年 7 月开始，大唐南京发电厂实施搬迁扩建工程。2009 年，该电厂搬迁至南京市栖霞区龙潭街道马渡村，成为中国大唐集团有限公司旗下历史最悠久的火力发电企业。

2014 年，鼓楼区委区政府决定在原电厂码头基础上翻扩建民国首都电厂旧址公园。公园位于鼓楼区中山北路与江边路交叉口大唐发电厂西侧长江岸边、中山码头北侧，占地面积近万平方米，建筑面积约3922平方米，由老码头、水上景观平台、展览馆和市民互动区等组成，完整保留了电厂运煤码头、塔吊、输送机和栈桥等遗迹，展现了这座百年老厂的历史变迁。

三、中国第一座自主设计建造的自来水厂——首都水厂

首都水厂，又名首都自来水厂、北河口水厂，位于南京市鼓楼区江东街道清河社区水厂街7号。

1927年4月南京国民政府成立后，南京成为“首善之区”，人口骤增，当时南京市民饮水大多取自外秦淮河或城内井水，既不卫生，又不方便。为了解决城市居民饮水及消防用水问题，南京市政当局于1929年春着手筹划自来水，旋于当年6月奉国民政府令核准发行特种建设公债300万元，暂以200万元作为建设首都自来水之用。8月，南京市长刘纪文督促南京市工务局成立南京市自来水工程筹备处，负责筹备自来水建设工程事宜，包括水源的选择、水厂地点的确定、水质的化验、蓄水池地点的选定、设备的选购以及相关工程建筑的实施与监督等。

1930年南京自来水工程处成立，收购了蒲包洲100亩土地作为第一期水厂的厂址范围。在水厂的布局与设置方面，工程处将收购的100亩土地划出60

图9-6　首都水厂混水机房（平涛 摄）

亩建造第一期自来水建设工程，包括进水间、进水井、码头、驳岸、动力室、混水机室等厂内建筑设施；在清凉山顶建蓄水池、看守室、开关室，河道处设置高架管桥。在水厂中专设快滤池、清水池等自来水处理设备等，确保清洁的自来水最后通过高压输送到清凉山山顶蓄水池和南京城内居民家中。

1932 年 4 月石瑛继任市长后，鉴于市内人口日增，自来水供应刻不容缓，于是决定实施局部供水计划，以应急需。经过一年建设工作，1933 年 4 月，南京第一座水厂北河口水厂初步建成，快滤池正式向南京城内局部供应沉淀消毒一次净化的自来水，由此开启了南京城内居民饮用自来水的历史。

自来水厂投产后定名为自来水管理处供水课，对外称国民政府首都水厂。随着南京城市发展，南京人口数量增加，自来水用户也不断增加，原有的自来水建设工程设备无法满足日益增长的用水需求。为了满足南京人民生活以及工业生产发展用水的需要，南京市工务局对自来水工程又进行了扩建。

首都水厂自筹备建设至正式局部供水，前后历时 3 年 8 个月。它结束了南京市无自来水的历史，是国内第一座完全由中国人自己设计建造的自来水厂，开启了我国独立自主建设现代水厂的先河。除了主要机器设备、管材水表由工程师沈宜甲购自国外以外，水厂及其供水系统均由中国人借鉴当时欧美各国先进的给水技术和管理方法，自行设计，自行施工，不但出厂水质良好，而且制水工艺堪与当时国外水平相当。

首都水厂原设计制水能力为 4 万吨 / 日，抗战胜利后，经 1947 年至 1948 年扩建，制水能力达到 6.7 万吨 / 日。新中国成立后，首都水厂改名为北河口水厂。经过多次大规模改造，尤其是 1987 年至 2006 年的 6 次挖潜改造，以及生产工艺和技术的改进，制水能力从 30 万吨 / 日发展到总规模120万吨/日，水河口水厂进入大型水厂的行列。如今，北河口水厂隶属于南京城建控股集团自来水公司管辖，是南京市最大的自来水厂，同时也是国内规模最大的自来水厂之一，承担了全市一半以上的供水任务，其出厂水质高于国家饮用水标准。

2018年1月，“国民政府首都水厂”入选首批20世纪“中国工业遗产保护名录”。

第二节　民营民族工业企业

在南京近代工业企业中，代表性的民营民族工业企业有中国水泥厂、永利铔厂、江南水泥厂等。

一、中国最大的水泥生产企业之一——中国水泥厂

中国水泥厂位于南京市栖霞区龙潭镇水泥厂路185号，是南京有名的“老字号”企业，也是中国早期民族工业的典型代表。

龙潭镇地处南京东北郊，距市区约28千米，位于宁镇山脉中段的北侧。这里石灰石、黏土、煤等原料贮藏丰富，开采方便；沪宁铁路从厂前穿过，又有便民河直通长江，水陆交通便捷；同时，这里毗邻上海、南京，产品销售市场广阔。

图9-7　中国水泥厂生产车间旧影

中国最早生产水泥的企业是始建于1889年的唐山细绵土厂（后来更名为唐山洋灰公司、启新洋灰股份有限公司）。上海姚新记营造厂创办人姚锡舟因从事建筑行业，深知水泥为近代建筑工程所必需的材料，而中国水泥生产只有唐山启新、湖北华记等少数厂家，远远不能满足国内建设事业发展的需要，大多数水泥仰仗从国外进口，造成大量的白银外流。于是，他萌发出创办水泥厂的念头。1921年，姚锡舟联合上海金融界、实业界人士李伯行、聂云台、萨桐荪、陈光甫、吴麟书以及龙潭镇的矿山主屠述三等28人，筹集白银50万两，选择江苏省句容县龙潭镇（1953年划归南京）作为厂址，建设“中国水泥股份有限公司龙潭工厂”（对外简称“中国水泥厂”），姚锡舟被公推为董事兼总经理，吴麟书为董事长。

工厂占地面积约1平方英里（约259万平方米），1921年9月3日破土动工，姚新记营造厂承建，1923年春天竣工，总投资白银113.74万两。德国人克思盟被聘为工程师。

1923年4月，中国水泥厂正式投入生产。当时只有一台从德国纳克尔—开姆泼公司进口的规格为直径2.25米、长46米的旋窑，日产水泥500桶（每桶170千克，共计85吨）。1924年7月，开始使用“泰山”牌注册商标。1925年，姚锡舟投标承建中山陵第一部工程（主要包括坟墓、祭堂等），以造价44.3万两中标。在中山陵第一部工程中，仅“泰山”牌水泥就需要150吨。1924年至1925年，江浙军阀齐燮元、卢永祥混战，致使交通受阻，工厂产销停顿，中山陵建筑工程进度也受到极大影响。

1927年春，从德国进口的另外两条直径2.85米、长60米的湿法旋窑和附属设备全部安装完毕。三台旋窑投入生产后，日产水泥达2500桶（425吨）。这一年的8月，龙潭战役爆发。8月24日，北洋军阀、五省联军总司令孙传芳调集重兵6万人从江北划子口、大河口一带渡江袭击国民革命军，进而准备进攻南京，栖霞山、龙潭被孙军占据，中国水泥厂成为孙传芳的指挥所。8 月 30 日，国民革命军与孙传芳的军队展开激战，并于当日击败孙军。工厂部分厂房、办公室、宿舍在这场战争中遭到严重破坏，厂外水泥栈桥也被付之一炬。战后经姚锡舟等人的努力，工厂很快恢复元气。

1933 年，中国水泥厂又从德国购进一台日产水泥 170 吨的湿法旋窑，形成由四台湿法旋窑构成的日产水泥约 700 吨的生产能力，成为当时中国最大的水泥生产企业之一。

1937 年 11 月底，日军侵占中国水泥厂。次年 7 月，日商三菱洋行强行租赁，更名为“磐城水泥株式会社南京工场”，进行生产和经营。直至 1945 年 10 月，日商才归还工厂，但机器、厂房损坏严重。经过修理，工厂逐步恢复生产。1947 年，工厂的产量创建厂以来最高纪录。这一年，生产水泥 98584 吨，全年盈利 121 万余元。

新中国成立后，该厂实行公私合营，改称中国水泥公司，后恢复中国水泥厂原名。中国水泥厂生产的“石城”牌水泥曾经一度远销海内外。

2002 年 6 月，安徽海螺集团在中国水泥厂基础上进行重组，成立中国水泥厂有限公司。新公司成立后，关闭了所有落后、高污染的湿法旋窑生产线，投资建设了两条 5000 吨 / 天水泥熟料新型干法窑外分解线，公司生产规模从改制前的年产水泥熟料 110 万吨提高到 500 万吨，成为南京市国企“三联动”改制的成功典范和重要的水泥、熟料生产基地。

2018 年 1 月 27 日，中国水泥厂入选首批 20 世纪“中国工业遗产保护名录”。

二、中国化学工业的摇篮——永利铔厂

永利铔厂位于南京市六合区大厂街道葛关路 189 号。

永利铔厂是我国化学工业的摇篮，也是我国民族工业的一面旗帜。

我国第一袋化肥以及第一套合成氨、硫酸、硝酸等装置都在这里诞生。它是当时亚洲最大、具有世界先进水平的联合化工企业。

1956 年 2 月，毛泽东主席在接见黄炎培时说："讲到中国的民族工业，有四个人不能忘记：重工业不能忘了张之洞，轻纺工业不能忘了张謇，化学工业不能忘了范旭东，运输航运业不能忘了卢作孚。"其中范旭东是永利錏厂的主要创始人，有"中国化学工业之父"之称。

范旭东，湖南湘阴人，原名源让，曾就读于日本帝国大学化学系，后由财政部公派至欧洲考察盐政和制盐厂制盐设备。1914 年，在天津塘沽创办中国第一家精盐公司。1924 年，在天津塘沽创办近代中国最大的制碱厂——永利碱厂。他并未满足于永利碱厂的成功。他深知，酸和碱是化学工业的两个"翅膀"，于是决心创办中国人自己的制酸厂。1933 年 11 月，他呈文国民政府实业部，请求允许建立兼产合成氨、硝酸、硫酸、硫酸铵的硫酸錏厂，获得批准。1934 年，范旭东改组永利制碱

图 9-8　永利錏厂旧影

公司为永利化学工业公司，选中六合卸甲甸作为永利铔厂的厂址所在地，任命侯德榜为公司的总工程师和永利铔厂厂长，全面负责铔厂的筹建工作。铔厂主要设备购自美、英、德等国。

1934 年 7 月，永利铔厂正式开工建设。1937 年 1 月，南京永利铔厂正式竣工。竣工后的永利铔厂由氨厂、硫酸厂和硫酸铔厂三部分组成，以其巨大的规模和一流的人才、技术令中外瞩目，外国人把它和美国的杜邦公司相媲美，称它为“远东第一大厂”。它的建成，奠定了中国化肥工业的基础，打破了英德垄断中国市场的局面。同时，永利铔厂的建成也带动了六合卸甲甸一带的发展，该地区也因永利铔厂的建立，被称为“大厂”。

1937 年 1 月 26 日，永利铔厂生产出第一批合格硫酸；1 月 31 日，生产出第一批合格液氨；2 月 5 日，生产出第一批硫酸铵（即氮肥，俗称肥田粉），打破了中国不能生产化肥的历史。不久硝酸装置也试车成功，日产硫酸铔 250 吨，硝酸 40 吨。

图 9-9　永利铔厂出厂的“红三角”牌肥田粉

永利铔厂的投产成功，揭开了中国化学工业崭新的一页。然而，永利铔厂开工不到半年，抗日战争爆发。范旭东授意侯德榜，将工厂由原来生产化肥改为生产炸药原料、地雷壳、军用铁锹和飞机尾翼等军需品，以支持抗战。

1937 年八一三淞沪抗战爆发后，日本侵略军进逼南京，先后多次采用威逼利诱的手段，向范旭东提出“合作”管理永利铔厂。范旭东予以严词拒绝。日军恼羞成怒，三次出动飞机对永利铔厂进行了疯狂的轰炸，迫使永利铔厂全面停止生产。在日军迫近南京前夕，范旭东按照国民政府的要求，宣布凡是能够带走的机器、零件、设备和图纸、资料等，全部转运至四川，搬不走的埋藏起来，或扔进长江，或付之一炬，厂里的主要技术人员随厂西迁。

1937 年 12 月 14 日，日军占领永利铔厂。1938 年初，日本军方委托日本三井物产公司和东洋高压工业社，吞并永利铔厂。1939 年，以中日合办名义，将永利铔厂改名为“永利化学工业株式会社浦口工业所硫铵工场”。1942 年太平洋战争爆发后，日军将生产硝酸的全套设备，包括 8 座吸收塔、1 座氧化塔、1 座浓硝塔，共计 28 套设备 1482 件，拆运到日本九州，安装在大牟田东洋高压株式会社横须工厂，用于军工生产。

抗战胜利后，侯德榜在接收永利铔厂时，发现硝酸厂只剩下空楼一座，所有的硝酸设备被日本侵略者盗运回国。他非常气愤，在《大公报》上发表了《向日本拆回被劫去的硝酸装置》一文，得到了社会各界的广泛声援和支持。1947 年 7 月，侯德榜前往日本，经过与盟军司令麦克阿瑟和远东经济委员会的多次交涉，最终如愿以偿。1948 年 3 月 27 日，包括硫酸塔在内的 1482 件设备终于由“海鄂”号装载回国，4 月 11 日，到达永利铔厂码头，硝酸塔经过重新安装后投入生产。

1948 年底，国民党当局眼看大势已去，计划将永利铔厂搬迁至广州或台湾，并扬言若不愿意搬迁，则全部炸毁。永利铔厂的产业工会和工人在中共地下党组织的领导下，同厂长李承干一起，与国民党当局开展了针锋相对的“护厂保家”斗争，最终顺利地保住了工厂。1949 年 4 月 21 日下午，人民解放军 35 军 104 师炮兵团带着毛泽东主席关于“对付永利铔厂守敌，只能诱至野外歼灭，不能强攻，不能硬打。如果毁坏了永利铔厂，就等于毁了半个南京城”的指示，占领了凤凰山，经短暂战斗，顺利进驻永利铔厂。

抗美援朝期间，永利铔厂捐献飞机1架、大炮1门，并将捐献的飞机、大炮骄傲地命名为“铔厂工人号”。

1952年6月，永利铔厂成立公私合营委员会，更名为公私合营永利宁厂。1958年1月1日，正式更名为南京化学工业有限公司。公司合营后，该公司先后创造了30多项“中国化工之最”。1965年，改名为南京化肥厂。2005年，成立中国石化集团南京化学工业有限公司，成为世界500强企业——中国石化集团的全资子公司。

永利铔厂现存工业遗产有1936年从德国波尔西克公司购买的循环压缩机、1936年从美国购买原材料安装建造的8台1组硝酸吸收塔等机器设备，以及厂房、技术人员住宅、工人宿舍、日本人建的碉堡等。这些工业遗存是中国化学工业从无到有、从小到大的历史见证物；同时，它还是一部生动鲜活的爱国主义教材，激励着一代又一代中国人为祖国的繁荣富强而不懈奋斗。

从永利化学工业公司硫酸铔厂到中国石化集团南京化学工业有限公司，80多年来，该厂薪火相传，创造了中国第一袋化肥、中国第一台高压容器等35项化学工业“全国之最”。2018年1月，永利铔厂入选首批20世纪“中国工业遗产保护名录”。

三、中国规模最大、设备和工艺最先进的水泥厂——江南水泥厂

江南水泥厂位于南京市栖霞区栖霞街道摄山镇88号。它的兴衰起伏，见证了南京乃至中国民族工业艰难曲折的发展历程。

1931年九一八事变后，唐山启新洋灰股份有限公司为了在南方开辟市场，就近生产，于1935年派遣技术专家赵庆杰到南京栖霞山附近考察厂址。

同年，唐山启新洋灰公司在天津成立江南水泥股份有限公司董事

图 9-10　江南水泥厂旧影（南京市档案馆 藏）

会，颜惠庆为董事长，袁世凯之子袁心武为主任、常务董事，王仲刘、陈范有为副主任、常务董事，陈范有任总经理，共筹集资金 240 万银元，选择南京栖霞山东麓摄山渡作为厂址，以建立“模范农场”的名义，征购土地，筹建水泥厂，取名为江南水泥股份有限公司栖霞工厂，占地面积 5000 平方米，设计规模为年产水泥 20 万吨。电器设备由德国禅臣洋行提供，水泥设备由丹麦史密芝公司提供。1935 年 7 月动工兴建，1937 年 10 月竣工，11 月试机，为当时国内规模最大、设备和工艺最先进的水泥厂。然而，随着中国守军在淞沪抗战的失利，日本侵略者逼近南京附近的栖霞山麓。江南水泥厂的首次试机，竟然成了 1949 年南京解放前工厂的最后一次开机。

1937 年 12 月 13 日南京沦陷前后，江南水泥厂成为南京最大的难民营，收容难民包括中国军队伤病员达 3 万多人。当时，德国和日本同为轴心国成员，丹麦是中立国，董事会利用这种特殊关系，以外国人来应对日本人，进而保护工厂财产。董事会聘请德国人卡尔·京特担任代理厂长。他与丹麦人贝恩哈尔·阿尔普·辛德贝格和留厂职工一起，一方面奋力保护工厂，另一方面英勇救助了成千上万难民免遭日寇屠杀和蹂躏。丹麦人辛德贝格因舍生忘死保护难民而被称为“南京的辛德勒”，江南水泥厂也成了保护南京军民的“诺亚方舟”。

在日伪统治时期，工厂坚持不资敌、不开工，八年间未曾为日军生产过一吨水泥，最后招致日方拆毁机器设备，工厂被洗劫一空。

抗战胜利后，工厂重建，又向丹麦进口设备，1948 年底，工厂安装完毕。由于输电线路迟迟得不到解决，直到 1949 年 4 月南京解放时，也未能投入生产。

1950 年 9 月，在人民政府的扶持下，江南水泥厂正式投入生产，终于生产出第一批水泥，为新中国建材事业的发展发挥了重要作用。苏联水泥专家誉之为“东方明珠”。江南水泥公司创始人、总经理陈范有为其商标起名“金轮”牌，希望工厂水泥像金轮一样滚动起来，为国家建设添砖加瓦。

1966 年，工厂改名为“红旗水泥厂”。1972 年恢复原名。

20 世纪 80 年代的江南水泥厂，占地面积 328 万平方米，各类建筑面积 16 万平方米，以生产“五羊”牌水泥和“钟山”牌水泥驰名中外。

2012 年 12 月，江南水泥厂老厂区停工停产。在投产的 63 年中，江南水泥厂为国家建设的特殊需要研制、生产了 36 个品种水泥，填补了我国水泥行业的多项空白。

2012 年，江南水泥厂旧址被公布为南京市文物保护单位，厂区内有 16 幢民国建筑，包括卡尔·京特旧居、小黄楼、甲乙丙丁住宅等，建厂初期水泥旋窑、栈房、筒仓，以及窄轨火车、职工生活区，建筑面积 6221.9 平方米。

2012 年 4 月，“江南水泥厂民国时期建筑风貌区”被列为南京首批 10 处重要近现代建筑风貌区之一。2018 年 1 月，入选首批 20 世纪“中国工业遗产保护名录”。

2021年7月，经过修缮整治后的江南水泥厂，逐渐褪去尘封的旧衣，部分文物建筑及周边环境已修葺一新，置身其中恍若隔世。

第三节　中外合作企业和外资企业

在南京长江两岸的工业企业中，除了民族工业外，还有中外合作企业和外资企业。其中最著名的有两座，一座是位于长江北岸的中外合作企业浦镇机厂，另一座是位于长江南岸的外资企业和记洋行。

一、南京第一家中外合作企业——浦镇机厂

浦镇机厂坐落在长江北岸的南京市浦口区南门镇龙虎巷5号，是南京历史上第一家中外合作企业，现为中车南京浦镇车辆有限公司老厂区所在地。

光绪三十四年（1908），清政府与英、德两国签署《天津浦口铁路借款合同》。根据合同，津浦铁路的修建由英、德两国工程管理公司负责，以山东境内韩庄为界分为两段，德国负责北段（天津至韩庄）共计626千米，于1908年6月开工；英国负责南段（韩庄至浦口）共计383千米，1909年3月开工建设。在开工修建津浦铁路的同时，英国方面提出由中英合资在津浦铁路南段建造铁路修理厂，以维修津浦铁路南段行驶的铁路机车车辆，以及制造机、客、货车配件等。工厂建设筹备工作由津浦铁路南段总工程师、英国人德纪负责，厂址选在长江北岸江浦县城西南隅浦镇万峰门（即今南门镇）内，工厂取名为浦镇机厂，隶属津浦铁路局南段管理局。

浦镇机厂于1908年建成投产，当时占地面积25万平方米，有厂房2幢，建筑面积5318平方米，内有42匹马力蒸汽机1台、金属切削机床20台。浦镇机厂虽属清政府官营企业，但经营权、管理权却操

图 9-11　浦镇机厂车间旧影

纵在英国人手里，从厂长到总监工，都由英国人担任。建厂初期，工人不足百人，新式机床、动力设备及车辆所需要的大小配件，均须向英国购买。从 1908 年开始，浦镇机厂一直从事配件生产，以及桥梁、轮渡、驳船及机械设备维修工作，至 1914 年开始维修铁路机车车辆。1919 年，随着津浦铁路的运输日益繁忙，浦镇机厂为应付需求进行了扩建，新建厂房 2 幢。1923 年，津浦铁路局浦口电气厂建成，促进了工厂电动机器设备的添置。

1927 年国民政府定都南京后，英籍厂长奥斯登被解职，结束了英国人操纵工厂的历史，厂内生产事务由中国人自行管理。1929 年，浦镇机厂开始组装从国外进口的铁路机车车辆。1937 年，国民政府铁道部设置铁路总机厂，将浦镇机厂、戚墅堰机厂和株洲机厂划归总机厂管理处统一管辖，此时浦镇机厂建筑面积达 2.03 万平方米，拥有机器设备 306 台。

1937 年 12 月南京沦陷后，浦镇机厂也被日军占领。1939 年 4 月，伪维新政府行政院与日本兴亚院华中联络部联合成立华中铁道株式会社，浦镇机厂归其管辖，更名为“华中铁道浦镇工场”。1945 年 10 月 17 日，国民政府接收工厂，恢复浦镇机厂原名，隶属于津浦区华中铁路管理委员会，后改隶于津浦铁路管理局。1946 年至 1948 年，浦镇机厂共检修机车 106 台，修理客车 93 辆、货车 424 辆，组装、翻新联合国善后救济总署由伊朗运来的旧货车 220 辆。

1949 年 4 月南京解放后，工厂更名为“济南铁路管理局浦镇铁路工厂”。至 1949 年底，工厂占地面积 32.5 万平方米，建筑面积 3.5 万平方米，各类机械设备有 495 台，职工达 1459 人。1952 年 12 月改由铁道部直接管辖，更名为“铁道部浦镇机车车辆工厂”，由修理铁路机车、客车、货车改为主修客车。自 1954 年起停止铁路机车、货车修理业务，工厂更名为铁道部浦镇客车修理工厂。从 1958 年起，浦镇工厂在修理客车的同时开始制造客车和货车，制造出我国第一辆铁路客车——YZ21 型硬座车，填补了国内铁路客车车厢制造的空白。此后，随着国民经济的飞速发展，浦镇工厂不断出厂一列列崭新的列车，为社会主义建设做出重要贡献。1975 年 2 月，铁道部由交通部分离独立，工厂重新启用“铁道部浦镇车辆工厂”的名称。

自 1978 年改革开放 40 多年来，浦镇车辆厂屡建奇功。在城轨市场，

图 9-12　1922 年建成的浦镇机厂厂房（平涛 摄）

公司生产的城市轨道车辆遍布上海、南京、苏州、杭州、无锡、深圳、东莞等城市，同时公司先后获得印度、新加坡、阿根廷、尼日利亚、肯尼亚等16个国家和地区的市场订单，实现了产品和技术、服务的海外输出。公司拥有强大的研发平台和雄厚的制造实力，掌握动车组、城市轨道车辆、现代有轨电车、跨座式单轨、全自动旅客捷运系统、空铁列车制造和无人驾驶、智能制造、智能物流等核心技术。公司具有完整的产业链，包括不锈钢、铝合金以及碳钢结构的A型和B型地铁列车、现代有轨电车、140千米/时至200千米/时的CRH6型城际动车组、160千米/时动力集中电动车组、250千米/时“复兴号”标准动车组、空铁列车、25型铁路客车、特种车辆以及各种类型转向架、各个速度等级制动机等。

在浦镇机厂现存的历史建筑中，规模最大、最具历史风貌的“大厂房”（现为浦镇车辆厂客车组装车间）面阔82米、进深63米、高12米，可同时容纳12辆机车入库。如今厂房内部已改为钢混结构，但建筑外貌却依然未变。2018年1月27日，浦镇机厂入选首批20世纪“中国工业遗产保护名录”。

二、南京第一家外资企业——和记洋行

和记洋行（International Export Company），又名和记蛋厂，其旧址位于南京鼓楼区宝塔桥西街168号。和记洋行旧址于1992年被公布为南京市文物保护单位，2002年被公布为江苏省文物保护单位。

1842年，英国强迫清政府签订丧权辱国的《南京条约》后，帝国主义列强纷至沓来，又签订了一系列的不平等条约，中国对外通商的口岸急剧增加。英国伦敦“合众冷藏有限公司”（又名“万国进出口公司”）的老板韦斯特兄弟凭借其拥有的先进冷藏设备也来到中国。自1897年起，他们先后在汉口、南京、上海、天津、沈阳、

图 9-13　和记洋行旧影

哈尔滨、青岛等地设厂，统称“和记洋行”，其中以南京的和记洋行规模最大。

1899 年，南京正式成为通商口岸。1911 年，韦斯特兄弟看中了这一江南政治、经济、文化中心，特派大班（洋经理）马凯司，买办（华人经理）韩永清、罗步洲来到南京，在下关金川河两岸，宝塔桥以北，东至二仙桥、西至老江口一带征地600余亩，大兴土木，筹建“江苏国际出口有限公司”，俗称“英商南京和记洋行”，或简称为和记洋行、和记蛋厂。和记洋行建筑群由英国公和洋行（Palmer & Turner Architects，又名英国巴马丹拿建筑设计公司）设计，上海姚新记营造厂承建。其中四至六层建筑物 16 座，二层英国总监工办公楼 1 座，均为钢筋混凝土结构。河西为工厂区，河东为饲养养殖区。1913 年正式开业，1916 年 7 月 8 日在香港注册。

南京和记洋行主要经营冰蛋、冻肉、家禽及野味出口业务，下设制蛋厂、杀猪厂、宰牛厂、鸡鸭加工厂、冷气房、厅子房、箱子房、炕蛋房、机器房、炉子间、制罐厂、火腿厂、熬油厂、猪鬃厂、制革厂、羽毛厂、饲养厂，还自备水厂、发电间、栈桥、趸船码头和小火轮，并有 300 多个“外庄”（即收购站），形成以南京为中心，辐射到整个长江三角洲乃至中原地区的收购网。第一次世界大战的爆发，给和记洋行的发展创造了极大的机遇。

1927年，北伐军占领南京，和记洋行房产一部分被毁，机器也被移走，生产一度停顿。1928年春恢复生产。20世纪30年代，和记洋行的生产业务发展到巅峰。据当时出版的《中国实业志》记载，南京和记洋行“每日屠宰生猪三千头左右，加工鸡鸭两万只左右，蛋制品每天产量一百六十吨，最高达三百吨，年产量五万吨，超过上海怡和、茂昌、班达等六家大蛋厂的总和”。它是当时南京最大、最现代化的食品加工厂。

南京和记洋行作为外商在南京投资开办的第一家工厂，既是英国资本家利用中国廉价原料和劳动力进行大规模剥削和掠夺的重要场所，同时又是南京人民反帝反封建的前哨阵地。

1925年5月30日，英、日帝国主义国家在上海制造了震惊中外的五卅惨案。消息传到南京，南京人民群情激愤，抵制英国风潮勃发。

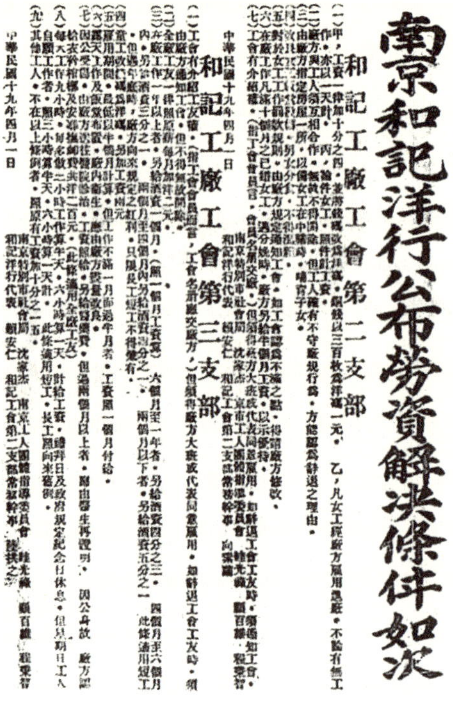
南京和記洋行公布勞資解决條件如次

和記工廠工會第二支部

中華民國十九年四月一日

和記工廠工會第三支部

中華民國十九年四月一日

图9-14　和记洋行工潮（南京市档案馆 藏）

在中共南京党、团组织的发动下，6月4日，满腔爱国热忱的万余名各界群众包括东南大学学生齐集下关游行示威，他们的目标就是要唤起和记洋行工人的罢工。经过了一天的动员，到6月5日清晨，觉醒的和记洋行工人们向全国发出罢工通电，一场声势浩大的罢工斗争就此拉开序幕。6月6日清晨，和记洋行5000余名工人臂缠黑纱，举行游行示威。

游行队伍高呼“打倒帝国主义”“劳工神圣”等口号，先绕下关一周，然后经仪凤门入城，到英国、日本领事馆门前抗议，又到宣抚使和省长公署请愿，下午游行队伍至夫子庙结束。

和记洋行工人提出了缩短工作时间、提高工资待遇等13项要求。罢工造成和记洋行100多万大洋的损失，英商被迫同意谈判，答应工人提出的绝大部分条件，7月17日，工人复工。大罢工前后历时42天，终于获得胜利。和记洋行工人的罢工斗争，在南京人民革命史上写下了光辉的一页。中国共产党著名工人运动领袖邓中夏高度赞扬和记洋行工人的斗争，在《中国职工运动简史（1919—1926）》中说“和记蛋厂罢工是南京反对帝国主义运动最壮烈的一举，给予各地影响不小”。当代著名文学家巴金当年亲自参加了对和记洋行工人的发动、募捐活动。1930年，他以和记洋行工人的罢工斗争为主题，撰写了中篇小说《死去的太阳》一书，再现了那场波澜壮阔的罢工运动。和记洋行工人的这次斗争在南京人民革命斗争史上占有重要地位，领导罢工运动的宛希俨、曹壮父、严希纯、顾作霖等人先后都走上了革命的道路。

1937年11月至12月，在日军对南京的连续空袭中，和记洋行也遭到日军轰炸，厂房遭到一定程度的破坏。1937年12月13日日军占领南京后，和记洋行一度成为南京安全区之外的难民收容所。南京沦陷期间，和记洋行被迫停产，机器设备被日军搬走或毁坏，厂房被改作日军仓库，直到1947年才恢复生产。

1956年2月20日，和记洋行因经营不善，将一切财产转让给大华企业公司。同年6月25日，在和记洋行旧址基础上建立南京肉类联合加工厂。20世纪60年代，产品远销东欧、东南亚等地。20世纪70年代，产品转向国内市场。1996年，企业实行现代企业制度改革，更名为“南京天环食品（集团）有限公司”。2003年，由国有企业改为民营企业。

在 1840—1949 年的 100 多年间，南京诞生的近代工业企业作为中国近代工业的一个重要组成部分，无论是厂址选择、规划设计、设备购买、施工安装，还是生产工艺、产品质量、技术水平、人才培养、企业管理，都代表了当时中国工业技术发展的最高水平和成就，为现当代南京乃至中国工业的发展奠定了坚实的基础；同时，留存至今的南京近代工业遗产，见证了中国由农业大国向工业制造大国发展艰难起步的历程，具有历史、社会、建筑和科技、审美等多重价值，也是进行党史教育、革命传统教育和爱国主义教育的生动教材。

第十章

博爱之都和平城

南京是一座博爱和平之都。六百多年前，航海家郑和从南京出发，率领团队七下西洋，船队途经之处，化解矛盾，平息冲突，繁荣贸易，这是人类历史上的和平之旅。到了近代，孙中山先生手书的“博爱”两字，镌刻在中山陵石牌坊的正中央，传承着南京这座城市的和平精神。历史上的南京，曾多次遭受战争和暴行的伤害，战争给这座城市留下了难以磨灭的创伤记忆，也让南京人更加懂得和平的珍贵。南京选择将这份历史责任，转化为对和平的追求和切实的行动，开展和平研究，推广和平教育，践行和平活动，并成功创建南京国际和平城市。

中国和平理念发展了几千年，从儒家强调社会秩序与和平，到墨家强调和平行动，再到道家的自然法则、阴阳平衡。中国文化中以和为贵、求同存异等思想精华，在中华民族的发展过程中发挥了重要作用。和平起步于共同的利益和理解，理解不等同于认同，但可以避免因为认知差异而引发冲突。第二步的特征是相互宽容，继而达成和解。第三步是在超越简单宽容之上的相互接受，彼此的不同成为丰富自己的缘由。第四步是重视他人的传统和珍爱，当人们共同搭起一座桥梁走向对方之时，会发现对方的世界也同样精彩。最后的步骤是人类社会的彼此联结，成为一个团结友爱的共同体。人类命运共同体的理念不是无视差异性，而是通过寻求共同性来尊重和超越差异性，最终实现新时代人类积极和平的共同目标。

和平像阳光一样温暖，和平像雨露一样滋润，和平是全世界人民的共同愿望。和平需要滋养和培育，才能成为现实。南京以和平理念修复战争创伤，以和平实践共促和谐发展，凝聚维护世界和平的力量，也同时促进南京的全面发展。

第一节　纪念场馆

和平的空间可以促进社会的可持续发展。和平意味着所有人类的平等价值，无论我们在文化、信仰和习俗上的差异如何。如果我们成为自己观点或偏见的俘虏，就看不到别人能够看到（或者我们应该看到）的真理，导致我们更加关注引发冲突的因素，而不是发现替代性的解决方案。和平空间的形成需要和平教育，在当今社会，跨文化和国际理解是和平教育的重要特点。和平教育秉持人类命运共同体的理念，教导我们超越社区的界限，认识人类彼此联系的重要性。

纪念场馆具有和平教育的使命和责任。在这里，和平教育可以让我们面对历史和我们自己，通过他人的眼睛看世界和自己，为持久和平做出贡献。纪念场馆的一个主要任务，是传承独特的国家受害者身份的历史记忆；另一个主要任务，则是帮助参观者理解他人如何及为何以不同的方式看待过去。而且，纪念场馆的历史教育应该教导我们认识到，自己做坏事或给他人带来痛苦的可能性。牢记历史，珍爱和平，意味着人类必须避免战争和暴力的危险，意味着将这些危险视为我们所有人都应承担的责任。因此，历史必须牢记，忘记历史就是背叛，而创建和平是对创伤历史最好的修复和记忆。

南京这座城市像是一座记忆宫殿，向人们诉说曾经发生的故事。南京明城墙距今已有600多年的历史，是我国现存规模最大、长度最长的古代都城城墙，是南京的一张城市名片，而中华门是明城墙十三座城门中保存最完整的一座。秦淮河是南京的母亲河，被称为“中国第一历史文化名河”。明城墙和秦淮河，守护着南京的安全与和平。六朝古都，十朝都会，起起落落，多少悲欢离合故事，发生在城墙内外，流淌在秦淮河水中，记录下南京人的幸福和欢笑、创伤和血泪。

赛珍珠曾久居南京，南京对她而言是中国的缩影。1938年12月10日，赛珍珠在诺贝尔文学奖颁奖典礼上的致辞中说道：“现在，中国人民正团结在一起反击威胁她的自由的敌人。有了这种对自由的决心，我知道，她是不可战胜的。”此时的南京，刚遭遇过一场大屠杀，正如德国驻中国大使罗森在致柏林外交部的一份电报中所言：“仍然有无辜平民无故遭枪杀，通常在孩子和其他亲属在场的情况下强奸妇女，以及抢劫金钱等报告。……例如一个妇女被刺刀从后背刺入，刀尖从前面出来，她入院五分钟后死去。”

正义和真相是培养和平文化与实现和解的基础。抗战遗址、纪念场馆作为传播历史记忆的强大平台与历史事件的记忆载体，是缅怀历史的公共文化空间，承担爱国主义教育的责任。南京有40处悼念抗日牺牲烈士的纪念地，其中6处入选国家级抗战纪念设施、遗址名录，即侵华日军南京大屠杀遇难同胞纪念馆、南京利济巷慰安所旧址陈列馆、拉贝故居纪念馆、南京抗日航空烈士纪念馆、中国战区侵华日军投降签字仪式旧址和云台山抗日烈士陵园。

一、侵华日军南京大屠杀遇难同胞纪念馆

1983 年底，南京市人民政府设立了“南京大屠杀”编史、建馆、立碑领导小组。1985 年 2 月 20 日，纪念馆正式动工，选址在南京大屠杀遗址之一的江东门万人坑，以“生与死”“痛与恨”为主题。同年 8 月 15 日，纪念馆建成并对外开放，邓小平题写馆名“侵华日军南京大屠杀遇难同胞纪念馆”。

侵华日军南京大屠杀遇难同胞纪念馆经 1994—1995、2005—2007、2014—2015 年三次扩建后，总占地面积 7.4 万平方米，原址场地中心沿轴线从东向西，设置战争、杀戮、和平三大主题，凸显对和平与暴力的辩证思考。纪念馆外形设计为“和平之舟”，地上部分犹如一把“被斩断的军刀”，寓意正义必将战胜邪恶，老馆的部分主体埋于地下。全馆以黑色和灰色为主题色，通过枯木、砂石、群雕、壁雕等营造肃穆凝重的氛围。纪念馆广场的十字架纪念碑上，铭刻南京大屠杀发生的日期（1937 年 12 月 13 日—1938 年 1 月），侧面的大理

图 10-1　侵华日军南京大屠杀遇难同胞纪念馆（方飞 摄）

石墙壁上用 11 国语言镌刻“遇难者 300000”。十字架寓意安息和对和平的向往，也像一把钉子，将侵略者的暴行钉在中国这片土地上，告诫世人永远不要忘记这段历史。

侵华日军南京大屠杀遇难同胞纪念馆的空间布局主要围绕情感变化进行安排，即大屠杀史实展览—祭场—冥思厅—和平公园。参观路线从地上到地下再到地上，寓意从黑暗走向光明，也象征着从屈辱走向胜利。“万人坑”遗址的遇难者遗骸让参观者体验到战争的恐怖。“冥思厅”中刻着一首诗：“让白骨得以入殓，让冤魂能够安眠，把屠刀化铸警钟，把逝名刻作史鉴，让孩童不再恐惧，让母亲不再哭泣，让战争远离人类，让和平洒满未来。”走出冥思厅，穿过肃静的长廊，可以看到户外中央祭台上的白色祭奠雕塑和燃烧着的圣火。光明与之前的黑暗形成了人间和地狱的强烈对比。最后进入和平公园，眼前矗立着高 12.13 米的汉白玉材质的雕塑——《和平》，一位母亲一只手托着象征未来的儿童，另一只手捧着和平鸽的形象，一群和平鸽上下翻飞起舞。公园内特别种植紫金草、南京·辛德贝格黄玫瑰等，以此祈念国际和平。

12000 多盒南京大屠杀的档案资料，记录着大屠杀遇难者的姓名、年龄、遇难前住址、遇难时间、遇难地点和遇难情形等个人信息。纪念馆结合多媒体手段，利用声光电技术、视频与场景布置，增强了参观者的感官体验与情感共鸣。三角形的“12 秒”的概念空间——每隔 12 秒就有水滴从黑暗的高空中落下，水滴落地声响起，墙上亮起一张遇难者照片，揭示平均每 12 秒南京城就有一个鲜活的生命因大屠杀而消失。展馆室外的 11 座“遇难同胞”群雕，每一座雕塑以真实的历史人物为原型，借助雕塑的艺术表现力，展现那段苦痛沉重的历史情境。纪念馆展出各类藏品 18 万余件，主要为照片、档案和实物，并配有音频解说和历史影像，其中包括从美国、日本、英国、德国、法国等征集的珍贵历史资料。2020年以前，纪念馆年接待量超过800万人次，包括来自美、日、英、德、法等100多个国家及地区的海外人士。纪念馆成为中国人铭记与悼念受难者的主要场所，也是南京大屠杀历史最重要的记忆承载空间。

二、南京利济巷慰安所旧址陈列馆

南京利济巷慰安所旧址陈列馆是侵华日军南京大屠杀遇难同胞纪念馆的分馆，是目前世界上最大的慰安妇纪念馆。二战期间，日军的慰安所遍及中国大陆南方占领区，仅上海一市，目前能确认的慰安所就有160多个，一些来自朝鲜半岛、马来半岛、菲律宾、缅甸等国家和地区的妇女，也沦为慰安妇制度的受害者。

陈列馆所在的南京利济巷几幢平凡无奇的黄色小楼，曾是侵华日军残害妇女的“人间地狱”。陈列馆的塑像主体是三位慰安妇，一位跪地披散着头发，一位扶着孕肚抚摸安慰着跪地的妇女，一位挽着其中一位的手掩面哭泣。其背面的外墙上，悬挂着十几颗巨大“泪滴”，

图10-2　南京利济巷慰安所旧址陈列馆（顾树荣 摄）

寓意慰安妇的悲伤与无助。陈列馆外墙上是70位慰安妇幸存者的肖像照片，照片墙下的土地“终年湿润”，象征着受害者的眼泪永不会干涸。陈列馆以“泪”为主题，有1600多件文物展品、近700幅照片，还原了慰安所的部分历史场景，包括慰安妇的日常用品与宿舍原址等，并利用视频、浮雕、实物、照片等方式增加参观者的感官互动。陈列馆的每一件展品都镶嵌着受害者的苦痛回忆。2014年6月，中国政府开始组织“慰安妇”档案申报“世界记忆遗产”，以让全世界人民都了解这一严重违反人性的慰安妇制度，从中吸取教训，不再让历史重演。目前这项工作仍在进行中。

三、拉贝故居纪念馆

在南京大屠杀的至暗时刻，也有爱的温情。南京市广州路小粉桥1号，有一座二层西式小楼，南京沦陷期间，在华经商的德国人约翰·拉贝在这里庇护了600多位中国难民免遭日军杀害，并写下详尽描述南京暴行的《拉贝日记》。自1997年起，在南京市人民政府支持下，南京大学开始规划将故居修建成纪念馆。2005年12月，南京大学与德国驻上海总领事馆、西门子（中国）有限公司、江苏博西家用电器销售公司等单位，签订了中德共建“拉贝与国际安全区纪念馆”和“拉贝国际和平与冲突化解研究交流中心”的协议，并于

图10-3　南京大学拉贝与国际安全区纪念馆（白爽 摄）

2006 年 10 月 31 日举行开馆仪式。

拉贝故居纪念馆从全国各地、德国外交部档案馆以及拉贝的亲属手中搜集了上千份史料，公开展出 300 多张图片、50 多件实物和 4 部影像资料片。纪念馆的院子里有一个防空洞，还原了空袭时庇护难民的场景。拉贝馆于 2010 年入选“和平博物馆国际网络”（INMP），成为和平交流的使者，承载着中德两国人民的友好情谊。

四、南京民间抗日战争博物馆

国家记忆与民间记忆的相融，才能更好构成民族的记忆。南京民间抗日战争博物馆创建于 2006 年，注重从民间记忆层面展示战争给中国人民留下的记忆和反思。博物馆目前共有文物 5900 余件，包括南京大屠杀的历史照片、实物、报纸杂志、著作、艺术品等，还包括抗战老兵口述史影像资料。该馆资料室有 4 万余册抗战书籍，其中孤本善本有 2000 多本。

图 10-4　南京民间抗日战争博物馆抗日老兵手印留言墙（白爽 摄）

博物馆里没有标语口号，只有陈列的文物、档案在讲述历史。让每一个参观者都可以在这里和历史对话，客观地反思历史。通往三层展厅的楼道里，排列着为保卫南京城而捐躯的无名烈士的照片，在照片的周围写满了参观者的感言、签名。在展厅的一整面墙上，悬挂着2000多幅抗战老兵的红色“手模”和签名，供人瞻仰。当国家遭受侵略、民族陷入危亡，他们舍生忘死，保卫家乡。馆徽上有简洁的两句话，“NO WAR”（反对战争）和“共赴国难”。博物馆墙面上镌刻着巨幅《义勇军进行曲》词谱。今天我们身处和平时代，仍然需要这种英雄情怀，在追逐梦想与和平的道路上奋进向前。

五、南京抗日航空烈士纪念馆

南京抗日航空烈士纪念馆是一座国际主义英雄馆。抗日战争期间，中国空军有6000多名飞行员和地勤人员阵亡或殉职，7897名空军官兵负伤或致残。危难时刻，苏联、美国和韩国等国的飞行员、地勤人员

图10-5　抗日航空烈士纪念碑（白爽　摄）

及其他专业人员，不顾个人安危，奔赴中国战场，与中国军队并肩作战。战争结束后，国民政府专门修建公墓，纪念这些英勇献身的国际抗日航空烈士。1995 年 9 月，在公墓上方修建了“抗日航空烈士纪念碑”。2008 年，南京市人民政府在紫金山北麓设南京抗日航空烈士纪念馆，成为国内唯一集“公墓”“纪念碑”“纪念馆”为一体的主题纪念馆。通过史料展陈、雕塑陈列、战机模型、历史影像等形式，纪念馆全面展现中国空军和国际援华空军共同作战的英雄事迹。陵园内的“航空救国”碑亭上面有“航空救国”四个字，这是 1923 年孙中山为元帅府航空局“乐士文”号飞机试飞成功所题写。在他的积极倡导下，国民革命军组建了四支航空队，设立了航空局、航空学校，为国家输送航空人才，奠定了中国航空事业的发展格局。

在墓园内 30 座黑色的纪念碑附碑上，镌刻着 3305 名中外航空烈士的英名（包括中国烈士 870 名、苏联烈士 236 名、美国烈士 2197 名、韩国烈士 2 名），威严肃穆，供人瞻仰和缅怀。纪念碑前有两组小雕塑，一组是中国和苏联飞行员并肩出征，另一组是中国和美国飞行员共同打着胜利的旗帜。

六、中国战区侵华日军投降签字仪式旧址

1945 年 8 月 15 日，日本宣布无条件投降。9 月 9 日，中国战区侵华日军投降签字仪式在黄埔路国民政府国防部大礼堂隆重举行，中国高级官员、盟国代表、中外记者等近千人共同见证这一历史时刻的到来。受降仪式历时二十分钟，结束了中华儿女最为沉痛的一段民族记忆。这不仅仅是南京人民的胜利、中国人民的胜利，也是世界反法西斯同盟的胜利！战争是一面镜子，让人更好地认识和平的弥足珍贵。作为世界反法西斯战争的东方主战场，长达 14 年的浴血奋战，中国人民用巨大的牺牲和贡献，为世界人民争取到不易的和平。

图 10-6　侵华日军投降签字仪式旧址（平涛 摄）

大礼堂门前大广场地面与建筑同色，呈现典型的民国建筑风格。入口处悬挂“中国战区侵华日军投降签字仪式旧址”“南京军区军史馆”牌匾。2008 年，为纪念中国人民解放军建军 80 周年，南京军区军史馆建成于此。走进军史馆内，序厅便是巨幅油画《公元一千九百四十五年九月九日九时·南京》和仿真人像所复原的侵华日军投降签字仪式场景，定格中国抗战胜利的辉煌时刻。整个展馆紧扣“党指挥枪”的军魂主题，按照“史”和“事”两个脉络，陈列着新四军、华东野战军的文献资料和部分实物。军史馆三楼设置了英烈厅，驻足瞻仰革命烈士照片和名单，令人心生敬畏。2014 年，中国战区侵华日军投降签字仪式旧址入选国务院公布的首批 80 处国家级抗战纪念设施、遗址名录。

纪念场馆是城市记忆的重要空间，也是城市精神的一种多维体现。在新时代，纪念场馆应承担传播和平文化和促进国家间和解的责任，提供多元观点，促发探究性思考的叙事模式，用和平方式产生共鸣和共情，促使一国的历史记忆成为各国共同的记忆。当然，纪念场馆作为公共教育机构，不能只停留在过去的暴行和受害情况，而不参与和解和冲突后的修复。因为如果只是停留在过去的认知，很难跳出战争对我们的侵害。和平城市需要和平纪念馆，对于和平教育至关重要。和平纪念馆不仅展示战争和其他暴力的代价，还为暴力和战争提供了替代手段，教育人们通过艺术、对话、抗议、和解等手段促进和平文化，在和平研究、和平教育、和平活动等方面发挥着重要作用。和平纪念馆抓住人们的想象力，激发同理心，成为真正的“无围墙的纪念馆”（A museum without walls），因为和平文化超越了纪念馆的围墙，在人与人之间交流与传播，并为未来的改变创造了可能性。

第二节　国家公祭

南京大屠杀不只是南京一座城市的悲剧和灾难，也是整个中华民族的悲剧和灾难。对于整个中华民族而言，唯有记住苦难，才能不再让悲剧重演。南京大屠杀是不可否认的历史事实，铁证如山。随着学术研究成果的出版发行、专业学术机构的成立、国际交流活动的增强、南京大屠杀档案被列入联合国教科文组织《世界记忆名录》，特别是南京大屠杀死难者国家公祭日的设立，南京大屠杀从个体记忆、家庭记忆上升到民族记忆、国家记忆，正在向“世界记忆”发展。

历史记忆是所有记忆的核心，主要指人们对于自我群体历史所持有的一种社会记忆，包括对历史事件的认知、对历史事件和人物的评价，以及对该群体在历史事件中行为的反思。历史记忆带有明显的时代印记，具有多面性和构建性。历史记忆也是国家利益和政治行为的反映，可以作为一个民族团结的黏合剂。集体记忆属于历史记忆的范畴，正是集体记忆将一个群体所有人结合在一起。集体记忆对于人的理性、情感和道德等方面的塑造与发展具有特殊的意义。它不仅影响着亲历者的现实生活，也被他们的后代所分享和延续。任何一个当事人都有责任确保记忆保存尽可能真实，没有亲身经历的人可以通过学习和分享来了解和保存这段历史记忆，最终构成一个国家与民族的情感联系和身份认同。城市正是这些记忆的一种主客观的集合载体。城市中的人是城市历史的创造者和传承者，城市中留存下来的自然物、人造物、事件和观念记录着城市的历史和情感，共同塑造出一座城市独特的身份认同和品格内涵。集体记忆不同于个体记忆。它没有一个共同的大脑，往往依赖于文化创伤的形成，而这种创伤中的“历史教训”又被沉淀在纪念碑、博物馆和历史纪念物之中。

国家公祭日的设立源于第二次世界大战。为追求和平，纪念在战争中伤亡的死难民众，世界上主要参战国纷纷设立国家公祭日，以国家公祭的形式来祭奠在惨案中死难的国民，增强民众对本国战争创伤历史的集体记忆，警示世人战争的危害。如波兰的奥斯威辛集中营解放纪念日、德国的大屠杀受害者纪念日、俄罗斯卫国战争胜利纪念日、以色列大屠杀纪念日、美国珍珠港事件纪念日、日本的广岛和长崎原爆纪念日，以及联合国缅怀大屠杀受难者国际纪念日。

1994 年 12 月 13 日，南京市创新性地在历史上首次举办悼念南京大屠杀 30 万遇难同胞仪式，此举开创了如何举办群众性纪念抗战期间遇难同胞活动的先河，在全国抗战类博物（纪念）馆范围内起到一定的示范和带头作用。此后的 20 年时间，江苏省暨南京市先后用文艺、烛光、宗教等方式，开展形式多样的纪念活动，还曾经把纪念活动办到美国旧金山，并且多次邀请国际友好人士来宁参加和平集会，在海内外产生一定的正效应和积极影响。

图 10-7 南京大屠杀死难者国家公祭日海报

为了悼念所有在日本侵华战争期间惨遭杀戮的死难者，在抗日战争暨世界反法西斯战争胜利 70 周年前夕，2014 年 2 月 27 日，十二届全国人大常委会第七次会议审议通过《关于设立南京大屠杀死难者国家公祭日的决定草案》，将12月13日设立为南京大屠杀死难者国家公祭日，以国家的名义在南京举行全国公祭活动。公祭活动的主场地设于侵华日军南京大屠杀遇难同胞纪念馆。以国家名义进行正式纪念与公祭，能促使人类历史记忆长久保持唤醒状态，以史为鉴，开创未来，共同维护世界和平及正义良知，促进人类发展和时代进步。国家公祭日，人们聚集哀悼，更能深切地体会到国家存在的目的和价值，体会到国家统一强大的重要，提升中华民族意识，促进中华民族伟大复兴的中国梦早日实现。

2014年12月13日，中共中央、全国人大常委会、国务院、全国政协、中央军委在南京隆重举行首次南京大屠杀死难者国家公祭仪式。中共中央总书记、国家主席、中央军委主席习近平出席仪式并发表重要讲话。

在公祭日这一天，中国所有的娱乐活动都停止，所有的网页都变成黑白色。上午10时整，战时的防空警报在南京全城响起，汽车停驶鸣笛，行人驻足默哀。与此同时，在国家公祭仪式上，在军乐团演奏的《国家公祭献曲》的旋律中，礼兵将8个花圈敬献于公祭台上，寄托全国人民对这场人类浩劫中受难者的追思，致敬为中国人民抗日战争胜利献出生命的革命先烈和民族英雄。在仪式结束后，伴随着三声深沉的钟声，上千只代表着死难者生命的和平鸽展翅飞向蓝天。

2017年国家公祭，习近平总书记再次出席仪式。南京市80名青少年代表宣读《和平宣言》。宣言240个字，参考《诗经》的韵文体，四字一句，朗朗上口，将对南京的情感、对历史的悲壮、对和平的祈愿融入其中。宣言中，“大道之行，天下为公，大德曰生，和气致祥”，表达了远离战争、珍爱生命，只有和平才能带来祥和幸福的感悟。

2020 年举行了第七个南京大屠杀死难者国家公祭日，受到全球疫情的影响，一些国际友人通过发布网络视频缅怀南京大屠杀死难者，共同祈愿和平。2021 年 12 月 13 日，第八个南京大屠杀死难者国家公祭仪式举行，各界代表 3000 余人参加。

在国家公祭日期间，南京市民自发组织参与各种祭奠遇难同胞活动，到纪念场所默哀、鞠躬、献花、参观。南京市各中小学及高校自发以“烛光祭”、诗朗诵、叠纸鹤、主题班会、放映历史纪录片等方式，悼念遇难同胞，祈祷世界和平。全国和世界各地也纷纷以自己的方式进行悼念活动。国家公祭日体现的是对生命的敬畏，表明抽象的国家已经拟人化，国家的意志、信念和情感，正与普通人情相融，体现了政治文明的进步。

在教科文组织总部大楼前的石碑上，用多种语言镌刻着一句话：“战争起源于人之思想，故务需于人之思想中筑起保卫和平之屏障。”习近平总书记在 2014 年南京大屠杀死难者国家公祭仪式上的讲话中指出：“我们为南京大屠杀死难者举行公祭仪式，是要唤起每一个善良的人们对和平的向往和坚守，而不是要延续仇恨。中日两国人民应该世代友好下去，以史为鉴、面向未来，共同为人类和平作出贡献。”

大屠杀记忆在政治和学术话语中应被赋予更丰富的内涵和期待，同时应给城市的历史记忆研究与和平构建任务带来更多的可能性。如何超越原有的政治记忆（political memory），探寻记忆本身的发展变化和建构逻辑，将对历史记忆的和平转型与国际传播产生重要意义。对每一个与大屠杀相关的记录者而言，由于记忆角色、环境、手段等不同，所生产的记忆亦会产生很大差别，因而需要辨别与弥合之间的关系，促进“共同记忆”的生成。尽管新的记忆理论和范式被不断引用，但现有研究还未摆脱传统的受难者叙事模式，而治愈创伤的最好方式不是揭开疮疤，用和平的话语和记忆符号去传播创伤历史记忆，更有助于获得国际社会的理解和共鸣。研究成果在不断接近历史真相的同时，也容易将历史记忆复杂化、碎片化，或者概念化，我们必须立足于“记忆”本身，其内涵不仅包括记忆的理论和内容，还有记忆的手段、方式、策略等。创伤城市的战后发展承担着国家间和解的重托，真相、仁慈（宽恕）、正义、和平必须植于和解全过程，构建一种充满理解和希望的积极关系。历史记忆带有明显的时代印记，具有多面性和构建性，为了避免过去伤痛历史制约现实的发展，用非暴力方式达成和解是一种有效途径。创伤城市研究应揭示战争的本质以及研究和平的世界意义，从“批判罪恶”拓展为“倡导和平”。历史表明，和解只能在非暴力冲突化解基础上才能实现。需要指出，和解是冲突双方通过共同努力，创造性地实现了冲突的转换。和解是指冲突双方关注双方的关系与利益，交流双方的感知和经验，并创建新的感知和分享新的经验的一个过程。从这种角度上说，和解是一种相互需要的思想与力量。南京创建国际和平城市就是为了促进这种思想与力量。

第三节　国际和平城市

“和平城市”（City of Peace）作为文本记载见于19世纪末20世纪初，二战以后真正付诸现代城市实践，最近十余年在全球的发展特别迅速。和平城市是指在特定的城市行政区内，继承城市的和平传统，倡导和平与和解，联合政府、高校、社会团体和城市市民，以和平为城市发展理念，融合历史、记忆、遗迹中的和平元素，通过和平维护、和平缔造、和平建设的途径，实现多维度的和平项目创建，全面提升城市发展并推动国际和平的一种城市形态。

和平城市可以分为十类：该城市（1）发生过战争并已通过缔结和

平条约结束，如奥斯纳布吕克（德国）；（2）设有对于维护世界和平有重大意义的国际机构，如日内瓦（瑞士）、海牙（荷兰）；（3）在历史上获得过重要的和平奖项或有重大的纪念和平活动，如奥斯陆（挪威）、法兰克福（德国）；（4）遭受过战争的创伤并利用历史遗产致力于和平建设，如考文垂（英国）、格尔尼卡（西班牙）、安特卫普（比利时）、南京（中国）；（5）诞生过杰出的和平倡导者和实践者，如亚特兰大（美国）是黑人民权运动领袖马丁·路德·金的出生地和主要活动地；（6）设有重要的和平机构，主办过重要的和平大会，并继续利用和拓展这些和平记忆，如卢塞恩（瑞士）；（7）建有重要的和平研究或培训机构，如布拉德福德（英国）在其同名的大学设有和平学系，南京的南京大学是联合国教科文组织和平学教席所在地；（8）设有重要的国际和平组织并发挥重要作用，如曼彻斯特（英国）、代顿（美国）；（9）在和平实践方面做出了重要贡献，如费城（美国）、勒尚邦（法国）；（10）颁布有利于推动国际和平的重要文件，如哥廷根（德国）、塔乐礼（法国）等。

“和平城市”有六个基本要素：一是共享和平理念的城市，以和平建设为共同的愿景、任务和目标；二是开展和平教育、和平研究与和平活动；三是通过媒体、网站、报纸等媒介传播和平，保存和平文化遗迹；四是寻求和平建设的合作伙伴，进行开拓性的和平建设；五是在图书馆、博物馆等公共场所举办和平主题展览；六是提交城市的和平倡议。“和平城市”促进联合国教科文组织倡导的和平文化，致力于建设和平，调解，预防，化解冲突，和平教育，有关非暴力、宽容、接纳与尊重的教育，不同文化和宗教间的对话与和解。

和平城市作为一种可持续发展的先进理念，得到国际社会的广泛认可，推动了世界和平，也促进了城市自身的发展。南京具有创建国际和平城市的历史背景与现实基础。考文垂、德累斯顿、广岛、华沙与南京同为二战时期的世界创伤城市，这些城市构建和平的经验表明，用和平话语传播创伤记忆，更能引发世界人民的认同和共鸣，城市身份也从殉难城市向和平城市发生转变。殉难城市是自己向他人去诉说痛苦，和平城市是他人向你询问伤痛。和平城市建设更能唤起世人对南京大屠杀这段惨痛历史的关注。需要指出，战争记忆研究正在发生三个维度的变化：英雄记忆转向创伤记忆；战胜国的记忆转向所有创伤国的记忆；国家的历史记忆转向多国共享的历史记忆。我们相信，随着越来越多的城市成为和平城市，形成全球和平城市网络，和平的记忆终将超越战争的记忆。

自 2001 年起，南京开始进行和平城市创建活动，开展了多层面的交流与合作，在坚持和平理念、铭记历史、珍爱和平方面做了大量工作，公开发表《南京和平宣言》，提出了《南京和平城市在建及其战略构想》《关于创建南京“国际和平城市”的提案》等报告。2003 年 9 月 3 日，南京市社会科学院与侵华日军南京大屠杀遇难同胞纪念馆成立了“南京国际和平研究所”，聘请日本立命馆大学著名和平学教授安斋育郎教授作名誉馆长，开展一系列和平学研究与活动。2016 年 3 月 1 日，南京大屠杀历史与国际和平研究院（现名南京国际记忆与国际和平研究院）成立，致力于南京大屠杀史、日本侵略史、抗日战争史、中日关系史及和平学等方面的研究。2017 年，“联合国教科文组织和平学

图 10-8　2020 年南京和平论坛 LOGO

教席”（UNESCO Chair on Peace Studies）落户南京大学，标志着南京的和平学的研究与教学得到了国际上的高度认可。

和平学通过跨学科的合作，以非暴力手段探究预防、消减和化解冲突的方案，阐释暴力和非暴力的行为，分析冲突的结构机制，创建有助于实现和平的知识和实践体系，寻求创建人类理想生存条件的途径。和平学关注暴力造成的痛苦，“诊断”暴力的状态，“预测”暴力的变化进程，通过“治疗”减少暴力，改善生活境况。和平学包括和平研究、和平教育与和平活动三大部分，宗旨是实现一个更加公正与和平的世界，重点探究如何用和平方式实现和平。非暴力（Nonviolence）是和平学最核心的概念，它与两个印度词汇有关：Satyagraha（非暴力不合作）和 ahimsa（非暴力的爱）。甘地认为，非暴力是正面的实体，而暴力是负面的阴影，世界建立在真理基础之上，所以非暴力最终一定会取胜。“和平学之父”加尔通教授认为，在人类历史上，人们解决暴力问题的方式有两种，一是采取正义暴力或正义战争，二是站在正义一边进行干涉，两种方式本身就与暴力相连，而维护和平不一定要使用军事手段，“无法抵抗的非暴力的力量”可以使暴力失去存在的空间。费孝通先生提出的 16 字箴言——“各美其美，美人之美，美美与共，天下大同”，表达了实现和平的非暴力途径。

经过两年的准备工作，南京大学和平学研究所、南京大屠杀史与国际和平研究院，联合向“国际和平城市协会”提交申请。该协会于 2017 年 9 月 4 日向全球

图 10-9　2021 年南京和平论坛“和平教育圆桌会”

公告，南京成为第169个国际和平城市。作为中国首个国际和平城市，表明国际社会对南京和平城市建设工作的积极肯定，也标志着南京和平城市建设步入了新的发展阶段。和平城市建设是为了历史得到更好的传承，为了促进面向未来的积极和平的目标，关系到南京的身份定位与全面发展、中日和解、“一带一路”等现实问题。南京大屠杀是一份特殊的历史遗产，将这份伤痛记忆转化为和平建设的不竭动力是南京努力的方向。

战争和大屠杀是一种暴力。和平学将暴力定义为造成“现状”和“潜能”之间差异的原因。这意味着，在一个人不能过上这个世界原则上能够为所有人提供的生活时，他所生活的环境就存在暴力（如富人和穷人对生活的不同期望）。和平学拓展了暴力的定义，在（直接、可见的）人际暴力之外，增加了（间接、无形的）结构暴力。加尔通指出，暴力不仅发生于人际关系之中，而且也存在于社会、政治结构或体系中。暴力还有第三个维度：文化暴力，即暴力在文化、思想上的合法化。

和平是暴力的对立面。和平分为“消极和平”“积极和平”。没有战争是一种消极和平，为了实现和保持这种和平，我们可以依靠和使用武器，正如古罗马人所言：“如果你想要和平，你就要准备战争。”即相信力量均势与正义战争理论。积极和平具有社会正义和整体福祉的内涵，“如果你想要和平，你就必须准备和平”，和平意味着有足够的粮食，有效的医疗救助，性别、种族和国家间的平等，良好的生态环境，意味着创建一种保证所有人幸福和尊严的社会空间，其原则是“正义和平理论”。两种和平都重要，不可偏废。在美国华盛顿的马丁·路德·金和平广场的石匾上，写着他曾说过的一句话：“我们仅仅说‘不能发动战争’是不够的。我们必须热爱和平，为和平付出牺牲。我们不能仅仅关注于消极地废除战争，还要积极地肯定和平。”

南京孕育和促进着中国和平学。和平学在中国不断发展的历程表明，新事物在自下而上的推进过程中，必须具有坚持不懈的勇气。经过 20 年的发展，和平学在中国从无到有，最主要的成绩就是：开设课程、翻译经典著作、出版教材、创办集刊、建立研究机构、推动南京和平城市建设、创建和平学网站、建立与国际和平学机构的联系，其标志是南京大学获得联合国教科文组织和平学教席、南京成为中国首座国际和平城市、南京和平论坛的持续举办。

多年来，南京以和平城市建设作为城市可持续发展和对外形象塑造的重要抓手，为推动中国和平学理论与实践的发展夯实根基。2020 年 9 月 21 日“国际和平日”至 10 月 24 日“联合国日”期间，南京与联合国教科文组织合作举办了首届南京和平论坛这一意义重大的国际间和平交流活动，以“构建全面、多元与持久的和平愿景”为主题，联动全球五大洲五个城市开设分会场，同步在日本名古屋举办“和合之音·美美与共”音乐会，展现中国青年在“一带一路”国家和地区致力于和平建设的力量，以及合作行动共筑和平愿景。2021 年第二届和平论坛以“和合共生：与自然和平相处”为主题，联动全球四个地区开设分会场，来自全球 40 多个国家、地区，近 500 人以线上线下交流的方式，围绕自然环境与人类命运、可持续发展目标与绿色投资、环境挑战与青年行动、全球绿色复苏与商业向善、和平行动与国际实践等，进行了热烈深入的探讨，发布《2021 南京和平共识》，推动共建人类命运共同体。

人类命运共同体理念致力于建立一个持久和平、普遍安全、共同繁荣、开放包容、清洁美丽的世界。人类命运共同体是世界各国融合发展的理念，人类的融合可以发生在人类共同生活的不同层面，每一个联合都是一个过程，联合是迈向世界和平的第一阶段，也将是实现世界和平的最后步骤。当更多人愿意成为一名和平使者（To be a Piece of Peace）的时候，人类期盼的真正和平才能实现。

南京城的西部有一座战争纪念馆，战争作为人类的一种发明已经过时了，就像黄昏西边的落日。我们有个梦想，在南京城的东部修建一座和平博物馆，和平是人类的希望，如同清晨东边冉冉升起的太阳。南京作为一座博爱之都，和平事业一旦开始，将永不停息。

第十一章

清慎廉政美名扬

廉政不仅是一种政风，更是一种文化。廉政文化在我国历史悠久、思想广博、底蕴深厚，是中华优秀传统文化的重要组成部分，蕴含了古代治国理政的精髓。古为今用，了解中国古代廉政文化，观照现实，颇有其积极的意义。

西周初年，人们就把“廉”作为一种比较完整的道德观念和治国思想来认识。《周礼·天官冢宰·小宰》就提出了廉善、廉能、廉敬、廉正、廉法、廉辨“六廉”之说，要求官员必须具备善良、能干、敬业、公正、守法、明辨是非的基本品格，并且以“廉”为本，考察群吏的政绩。“六廉”之说，传诸后世，代有发挥，诸如诸葛亮《诫子书》、司马光《训俭示康》、包拯《乞不用赃吏疏》、海瑞《禁馈送告示》等，都对廉政文化做了精辟的论述。在中国古代，历朝都有奖励清廉、为廉吏树碑立传的优良传统，二十五史中就有《循吏传》《良吏传》《良能传》等列传之载，各地地方志记载的廉吏故事更是数不胜数。青史留名，后世流芳，不仅对廉者本人是极大的褒奖，又为百官树立效法的榜样，实现警示、教化的作用。

南京是六朝古都、十朝都会，风骚传诵，富甲天下，为人人向往之地。在南京这块土地上，千百年来涌现出许多清慎无私、受人爱戴、政绩卓著的廉明官吏，留下了许多特色鲜明、可资借鉴的廉政制度，诸如清廉无私、体察民情的东汉溧阳长潘乾，廉明公正、气节凛然的唐代昇州刺史颜真卿，“服官数十年，起居如寒素”的清代两江总督陶澍，心念黎民、功在国家的清代江苏巡抚林则徐，以及“物勒工名”、问责到人的南京明城墙质量责任管理制度，振聋发聩、发人深省的清康熙“圣谕碑”等，影响深远，广为传颂。更为难能可贵的是，这些清慎廉洁的事迹都有迹可循、有志可考，而且还有实物可供观摩学习，抚仰追思，足见南京廉政文化资源之丰富。

习近平总书记指出：“研究我国反腐倡廉历史，了解我国古代廉政文化，考察我国历史上反腐倡廉的成败得失，可以给人以深刻启迪，有利于我们运用历史智慧推进反腐倡廉建设。”以史为鉴，可以知兴衰；以人为鉴，可以明得失。进一步挖掘和展示南京历史上那些清正廉洁的事迹，领略和感受历史人物敬业为民的理念，在潜移默化中弘扬清慎廉政的风尚，从中感悟到南京历代廉吏的为政之道，能够教育、促进党员干部为民务实清廉、忠诚干净担当，坚定理想信念，永葆政治本色。

第一节　颜鲁公祠

颜鲁公祠位于南京清凉山之南，东靠乌龙潭，西毗龙蟠里，北望虎踞关，整个建筑古色古香，占地面积 1800 多平方米，环境优雅宜人。大殿正中高悬颜鲁公立像，左手按剑，右手执笔，正气凛然，令人肃然起敬。

据史料记载，唐乾元二年（759），大书法家颜真卿在昇州（今南京）任刺史时，唐肃宗下诏，于天下州县临江带郭处各置放生池，“始于洋州之兴道，泉山南、剑南、黔中、荆南、岭南、江西、浙西诸道，讫于昇州之江宁秦淮太平桥。临江带郭，上下五里，各置放生池，凡八十一所”。此后，颜真卿将乌龙潭辟为江宁放生池，并亲书《天下放生池碑铭（并序）》，原文收入《颜鲁公文集》中。

图 11-1　颜真卿

“放生”，其本意是把捕捉到的龟、鱼、鸟等动物放归大自然，使其自由繁衍生息。《列子 · 说符篇》：“邯郸之民，以正月之旦献鸠于简子，简子大悦厚赏之。客问其故，简子曰：‘正旦放生，示有恩也。’”《周易 · 系辞下》：“天地之大德曰生，圣人之大宝曰位。何以守位？曰仁。”《尚书·虞书·大禹谟》云：“好生之德，洽于民心。”可见“放生”之意的逐渐演变，已从最初的把捕获的动物放归自然，“示有恩也”，转化为对天下苍生的关爱，恩施天下的仁政，与民生息息相关了。正如康熙时两江总督王新命在《乌龙潭放生记》中所言：“夫亦以好生之心，不可不扩而充之也。诸君子存此放生之心，将来立朝行政，佐圣德之好生，以全天地之大生，其推暨正，自无穷已。”

自唐乾元二年撰写《天下放生池碑铭（并序）》，颜真卿于上元元年（760）又上《乞御书天下放生池碑额表》，大历八年（773）又三书其文，反复提及“放生”，正是借“放生”之名，奉劝当朝执政者“施行仁政，爱民为本”。

颜真卿，字清臣，祖籍山东琅琊临沂，生于京兆万年县（今陕西西安）。少时家境贫寒，3 岁时父亲去世，随母亲居住在外祖父家，勤奋读书，刻苦习字。26 岁举进士登甲科，历任礼泉尉、长安县尉，在冯翊（今陕西大荔）、浦州、饶州、昇州（今南京）等地为官，官至刑部、吏部尚书。因曾出为平原太守，后世习称颜平原。安禄山叛乱，颜真卿与从兄常山太守颜杲卿起兵讨贼，率附近17郡奋起抵抗。在抗击叛匪的战斗中，颜氏家族中有30多位亲人献出了生命。唐玄宗李隆基闻之深为感慨道："朕不识颜真卿作何状，乃能如是！"颜真卿在安史之乱平定后官至太子太师，封鲁郡公，所以又被称作颜鲁公。颜真卿为官清廉、宽简惠民。他关心百姓疾苦，重视发展农业生产，治理水患，鼓励农民开荒种田，受到百姓的拥护爱戴。唐德宗时藩镇李希烈谋反，颜真卿已是70多岁的老人。他不顾个人年迈体弱，为了维护大唐的统一毅然前往规劝，不幸被缢死。直到叛将李希烈被杀，叛乱平定，颜真卿的灵柩才得以护送回京，厚葬于京兆颜氏祖茔。德宗皇帝下诏废朝五日，举国悼念，并亲颁诏文，追念颜真卿的一生"才优匡国，忠至灭身，器质天资，公忠杰出，出入四朝，坚贞一志，拘胁累岁，死而不挠，稽其盛节，实谓犹生"。

颜真卿一生在玄宗、肃宗、代宗、德宗四朝为臣，虽然从未执掌朝廷大权，但他一直秉持着儒家"以民为本"的思想传统，主张行仁政、"宽简惠民"。据史料记载，颜真卿在平原，"躬疾苦以劝义，宽征徭以劝学，令不肃而信行，教不敷而化洽"；在抚州，"以约身减事为政"；在湖州，"政尚清净，长孤养耆，彻备浚隍，式廉明，进吏事，特责大旨而已，郡人悦之，立碑颂德"。可以看出，颜真卿在州郡地方治理中，关心百姓疾苦，爱惜民力。

在昇州刺史任上时，颜真卿始终严肃对待公事，从抚恤、教化民众至发现、举荐人才，事事都尽心尽力，丝毫没有懈怠。昇州的广大民众，对颜真卿为政廉洁清明铭记心中。唐元和年间，后人又在乌龙潭边建放生庵，设颜鲁公神位，以祀颜真卿。宋、明、清历代曾对放生庵几度修缮，其中清代《道光上元县志》记载了很多名人撰写过"乌

图 11-2　颜鲁公祠（程瑶 摄）

龙潭放生碑记”，有两江总督马鸣佩、王新命、于成龙《永远放生碑记》，江苏巡抚陈大受《重修鲁公放生池庵碑记》，桐城派大家方苞《乌龙潭放生举本记》，南京本地人汪涛《金陵乌龙潭放生池始末说》等。清同治年间，江宁知府涂宗瀛于庵址始建颜鲁公祠（又名放生祠），当时有祠宇 22 间，祠内刻有多块古碑和一口放生井。颜真卿在南京为官仅仅半载，却被百姓一直纪念着，抚仰追思，超越千年，正是因为他清正廉洁，宽简惠民。

中华人民共和国成立后，南京市人民政府于 1952 年将颜鲁公祠委托南京水利实验处（即今南京水科院）使用保管。1982 年，南京市开展大规模的文物古迹普查工作。颜鲁公祠得到省、市、区各级政府的重视，1983 年被定为市级文保单位。1998 年，以颜鲁公祠为办公地点的南京颜真卿纪念馆正式成立。新建的颜真卿纪念馆曲径通幽，墨香四溢，通道前方大型汉白玉上刻有著名女书法家萧娴书写的“书魂”，风雅秀逸；大殿上方由全国政协原副主席赵朴初亲题的“书坛泰斗”

横匾，熠熠生辉。留存下来的七块碑刻均镶嵌于殿内墙壁上，与其他实物、碑帖、拓片等合在一起，较为详尽地介绍了颜真卿的生平、仕途、政绩，以及书法艺术成就。

第二节　南京明城墙

朱元璋攻占集庆（今南京）后，采纳了儒生朱升的建议：“高筑墙、广积粮、缓称王。”自元至正二十六年（1366）至明洪武二十六年（1393），完成了宫城、皇城、京城、外郭四重城垣的修建。南京明城墙建设用料之巨、用工之多、耗资之大、涉及范围之广，在中国古代都城建设史上均属罕见。为保证工程质量和工程进度，明朝不仅沿用了流传千年的“物勒工名”制度，还在修建工艺及法律建设等诸多方面予以保障。

“物勒工名”制度最早出现于先秦时期。《礼记·月令篇》提到“物勒工名，以考其诚。工有不当，必行其罪，以究其情”。秦自商鞅变法开始，在兵器上实施物勒工名制度，要求将工匠名字刻在生产器物上面，同时设置了官府管理质量的官员职位“大工尹”。而后，不仅勒工名，还要勒督造者和主造者之名，且将勒名实施范围从兵器扩大到砖瓦。一旦发现产品质量问题，“大工尹”将对不合格产品进行调查，并“按名索骥”追究处罚相关责任人，同时“大工尹”也负有重大产品质量事故监管责任。此后，“物勒工名”这一良好的管理制度被沿袭下来，并起到了监督产品、工程质量的作用。

今天，毗邻中华门瓮城的秦淮区老门东边营1号，有一座中国古代城墙历史与文化的专题博物馆——南京城墙博物馆，其中有一个由700多块印有不同铭文的城砖组成的展厅，给人以极大的视觉震撼。“洪武七年八月□日”“袁州府宜春县提调官主簿高亨、司吏陈廷玉、烧砖人李受、人户张富”；“洪武十年□月□日”“临江府提调官照磨李好、正司吏陈鑑，清江县提调官知县王贞、司吏刘显德”；“扬州府提调官同知竹祥、司吏陶旭，泰兴县提调官县丞王鼎、司吏吴亨，总甲叶春、甲首孙敏、小甲蔡岫，窑匠张正四，造砖人夫施文二”；“荆州府公安县提调官知县贾大用、司吏王琪、作匠姚李华，洪武七年九月□日”……一块块坚固、厚重的城砖上的不同铭文，就是明代继承与发展“物勒工名”制度的直接体现。

据《南京城墙志》估算，修造南京四重城垣需耗城砖上亿块，城砖来自包括现在的江苏、安徽、江西、湖南、湖北五省广大的长江中下游地区，涉及35个府11个州174个县。另外，城砖大小为厚10厘米，宽20厘米，长40厘米，即1 ∶ 2 ∶ 4的规格。为了保证城砖的质量，明朝政府制定了极为严格的层层责任制，砖上印有时间、地名、府州县各级提调官、通判、司吏、主簿、总甲、甲首、小甲、窑匠、造砖人夫等相关责任人的姓名，现在已知的最多可达11级相关责任人。经过严格质量监管烧制的城砖，还必须有专门的官员亲自进行核验，务必达到“敲之有声，断之无孔”的严格标准，才能运送至京。如果官员对砖坯的质量把控不严，是要被问责的，甚至可以判死罪。

图11-3　刻有各级责任人的南京明城墙砖

烧制完成的城砖，运送到京后，还要经过严格的检验。据史料记载，验收时由工部组织，检验官派两名精悍强壮的专职士兵从每批城砖中任意取出规定数量，两人抱砖相隔一定的距离相击，如相击后城砖不脱皮、不破碎且声音清脆者，方为合格。验收中城砖有掉皮、破碎、声音混浊，有裂缝或表面弯曲不规则，且超过一定比例的，则为不合格砖，责令重烧。如两度检验不合格，就要严格追究铭文中记载的有关提调官及各环节中的具体责任人，甚至砍头处死。据现代技术检测，城砖至今的抗压强度每平方厘米仍在100千克—150千克之间，比当代砖的强度还要高得多，无怪乎南京明城墙屹立650多年仍安然无恙。

有了合格的城砖还不够，修筑城墙还需要一些特殊的工艺，才能将一块块砖头或石头垒砌在一起，达到坚固、实用、美观的效果。今天，人们在南京城墙的砖缝或石缝间经常可以看到一些白色物质，民间传说这就是使用糯米汁、石灰和桐油混合而成的城砖黏合材料。明代书法家、文学家祝枝山在《野记》卷一记载："太祖筑京城，用石灰、秫粥锢其外，时出阅视。监掌者以丈尺分治，上任意指一处击视，皆纯白色，或稍杂泥壤，即筑筑者于垣中，斯金汤之固也。"秫粥即糯米汁。这段话意思是说，明太祖朱元璋修南京城，用石灰、糯米汁浇灌墙体，使其坚不可摧。城墙修造按长度分段，由专人负责。朱元璋时常到工地巡视，随便指一处，令人砸开检查。合格的墙体里都是石灰和糯米浆的纯白色，如果稍有泥土掺杂其中，便将监工、工匠全部筑进城墙。

图 11-4　南京明城墙中的黏合剂（明珠 摄）

如此一来，无人敢敷衍疏忽，南京城墙因而修造得固若金汤。

要建造“高坚甲于海内”的南京城防设施，还要有一套严格的制度保障，首当其冲就是法律保障。《大诰武臣》“监工卖囚第二十六”收录了一则与城墙建设有关的“千户卖放人匠”案：留守中卫千户所郭成，接受囚人舒余庆等钞300贯，将他卖放回家。然后拿61贯买了一具死尸，顶替舒余庆。事发后，被充军。朱元璋用几近白话的语言写道：“他为贪财了，将有罪的人卖放，却将一个千户的名分弄坏了，有这等薄福的小人。”《大诰》是明太祖朱元璋亲自写定的刑典，以实际案例警示官员廉洁从政，拒绝贪腐。明城墙的建造涉及人员广，耗资巨大，虽然绝大多数的监造官员能廉正恤民、勤政职守，但仍有部分官吏利用手中职权，贪赃枉法，营私舞弊，腐败现象时有发生。据《大诰初编》《大诰续编》《大诰三编》《大诰武臣》及《明太祖实录》《国初事迹》《玉堂丛语》等明代文献及笔记材料整理，南京城墙营建中的各类职官犯罪名目繁多：有卖放囚徒、人夫、工匠、逃军等；有以虚报实，或冒领钱物，或贪为已用；有为逃避赴京吏役，受赃隐匿，等等。针对出现的问题，无论是工部的官员，还是府、州、县的官员，抑或是差役，一经发现，朝廷或杀或流放充军，而且录入《大诰》中，以为训诫，昭示天下。另外，《大明律》中有《工律》篇，这是针对工程建筑方面的专门法律，在非法营造、虚费工力、采取木石不堪用、造作低劣等方面有非常具体的刑法规定。对违规者，轻者打板子、判徒刑，重者处死。

时至今日，南京明城墙的军事防御功能虽已经逐步淡化，但其历史文化价值及教育、艺术、科学、旅游方面的价值得到普遍认同。1988年，南京城墙被列为全国重点文物保护单位。2006年和2012年，南京城墙作为“中国明清城墙”联合申遗项目的牵头者，两度被列入《中国世界文化遗产预备名单》。

南京明城墙，不仅是一座建筑设计精巧、工艺精湛、规模雄壮的古代都城城墙，其修建过程中遵循的“物勒工名”责任制和落实责任制的严格法治精神，也是历史留给我们的宝贵财富。以史为鉴，古为今用，弘扬廉政清风，才能铸起抵制贪腐的廉洁“城墙”。2000 年 4 月 8 日，时任国务院总理朱镕基参观南京明城墙并观看城砖铭文时感叹：“如果我们今天采用这种严格的责任制，就不会有豆腐渣工程了。”

第三节　鼓楼戒碑

在南京近 2500 年的建城史中，留存了很多重要的古代文物，其中蕴藏着丰富的廉政文化资源。江苏省文物保护单位、南京市标志性建筑——鼓楼，就是其中之一。

鼓楼是明王朝定都南京时遗留下来的珍贵建筑遗产，位于钟山余脉延伸入城的高岗上。明《洪武京城图志》记载：“鼓楼，在今北城兵马司东南，俗名为黄泥岗。”始建于明洪武十五年（1382），形如城阙，坐西北，面东南，上下两层，楼上置有大鼓、点钟、铜壶、滴漏等报时器物，报时鼓声可传遍全城，规模宏大，气势雄伟。正如清末民初陈诒绂在《钟南淮北区域志》所记：“（鼓楼）坡上作城阙状，置楼于上，以鼓报昼夜时刻，明都城之规制也。”至清初，鼓楼因遭战火毁坏，上部木结构殿宇建

图 11-5　鼓楼（明珠 摄）

筑坍塌，楼内钟鼓等器物无存，仅剩下部砖石结构的台座和台坪上的石柱础。

据《清圣祖仁皇帝实录》载，康熙二十三年（1684），为“周览民情，察访吏治”，康熙帝第一次南巡江南。十一月初一到达江宁（今南京），以驻防城内江宁将军署为行宫。初二登上鼓楼城台，凭高远眺，纵览南京风貌，并为鼓楼赐名为“畅观”。次年，两江总督王新命等在原明代鼓楼的台座上立康熙帝圣谕碑，也称戒碑，以此“大书深刻，以垂永久”。为保护圣谕碑，特将明代鼓楼上层重新修建为三开间木质阁楼，命名“碑楼”，故有“明鼓清碑”之称。

戒碑，由碑额、碑身、龟趺三部分组成。碑额镌蟠龙云纹，高 0.9 米，宽 1.56 米，厚 0.49 米。碑身主体部分为长方形，高 3.2 米，宽 1.43 米，厚 0.38 米，正面刻篆体“圣谕”二字。龟趺高 1.24 米，长 2.15 米，宽 1.5 米。碑身正面刻有碑文，碑阴镌刻两江总督王新命等 20 名参与立碑官员的官衔与姓名。戒碑至今仍保存完好，字迹清晰可见。

图 11-6　康熙圣谕碑（邵世海 摄）

据碑文记载，康熙帝“东巡省方，渡黄河，历京口，至苏州。十一月壬戌朔，回銮幸江宁，驻跸二日。初四日乙丑，圣驾出石城门御龙舟，天颜甚豫”。然而，康熙看到“民人数十万夹岸持香呼送，直达七里洲。其文武大小臣工、绅衿公服分班跪送于七里洲，直达燕子矶”的“亘古未有之盛典”，却并不高兴，指出“朕向闻江南财富之地，今观民风土俗、通衢市镇，似觉充盈。至于乡村之饶、民风之朴，不及北方，皆因粉饰奢华所致”。同时告诫两江总督王新命、巡抚汤斌等地方官员“身为大小有司，当洁己爱民，奉公守法，激浊扬清，体恤民隐，务令敦本尚实，家给人足，以副朕望老安少怀之至意”。王新命、汤斌等人听了康熙帝的昭示训诫后，诚惶诚恐，当即向康熙帝表示“自当钦遵，洁己率属，加意抚绥，祛黜浮华，敦尚朴实，仰副皇上谆谆德教至意”。

康熙帝对诸官员耳提面命，意在提倡官吏廉政爱民、洁己奉公。在这之前十年的康熙十三年（1674）正月庚辰，康熙帝就曾在接见各省朝觐官员时，要求地方官员“俱宜实心任事，洁已爱民，安辑地方，消弭盗贼。钱粮不得加派，刑名务期明允，赈济蠲免，必使民沾实惠，以副朕察吏安民之意”，与圣谕碑所记载异曲同工。搜捡《清圣祖仁皇帝实录》，全文出现“洁己爱民”十数次，“清廉”二字更是七十余次，可见康熙帝始终把以民为本、清廉奉公的廉政建设作为巩固政权稳定的重要施政大计，并为此建立了监督促廉、以廉制廉、榜样养廉、谈话养廉等一系列制度保障。

康熙帝在位期间曾多次出巡东西南北各方，通过察访民情，建立了监督促廉制度。他主张以民众的态度来了解官员主政情况，把百姓的评价甚至百姓的神情，作为考察当地官员是否贤良的标准。据《清圣祖仁皇帝实录》载，抵达江宁前，康熙帝就刻意嘱咐江宁巡抚汤斌，本次南巡意在“周知地方风俗、小民生计”。驻跸江宁期间，亦曾传谕江宁府知府于成龙：“朕在京师即闻尔居官廉洁，今临幸此地，确加咨访，与前所闻无异。是用赐尔朕亲书手卷一轴，嘉尔清操，以示旌扬。”将官员置于民众的舆论监督之下，通过实地察访，才真正认可知府于成龙的清廉公正、勤政爱民。

图 11-7　“天下廉吏第一”于成龙

康熙帝提出，由上而下层层以廉制廉，才能保证官员队伍的廉政，最终实现国家的长治久安。因此，无论是处理公事还是私人生活，他都以身作则，崇尚俭朴。对于吏治，他认为必须从督抚廉政入手，“简任督抚之时，又必详加察访。盖一方大吏贤能、自能表率僚属”。康熙帝多次在诏谕中强调，“督抚为一省之大吏，惟以奉公守法、洁己爱民为要”。更于康熙二十一年（1682）五月，御书“清慎勤”三大字，“颁发直省各督抚”，以砥砺其为官清廉、勤政、为民之德。由于清廉是其督抚选任的主要标准，所以康熙朝任命的督抚出了不少清官，曾在南京任职的“天下廉吏第一”——两江总督于成龙、以勤勉廉明著称的两江总督傅拉塔等，皆为著称一时的清官督抚。

康熙帝为澄清吏治，还采取了在官员中立廉洁榜样以养廉的举措。例如，康熙二十七年（1688）四月，吏部侍郎傅拉塔被任命为两江总督，离京赴任前，康熙帝谆谆叮嘱道：“前任多位两江总督，没有一位超过于成龙，你就照他的样子去干吧。”傅拉塔当即立誓：“臣无弟兄，只是孤身一人，自当竭力洁己而行。”莅任七年中，傅拉塔以于成龙为榜样，在两江总督任上恪守誓言，清积案，肃贪腐，爱百姓，在两江留下了许多佳话，后死于任所。康熙帝给予高度评价，认为江南江西总督廉洁奉公的人，自于成龙以来只有傅拉塔一人。除此之外，康熙帝还破例派人到江宁，对傅拉塔表示祭奠，赠太子太保称号。与“天下廉吏第一”的于成龙一样，傅拉塔获得的谥号也是“清端”，并赐予骑都尉世职，他的儿子可以承袭。康熙帝第五次南巡经过雨花台时，又赐“两江遗爱”的匾额，命人悬挂在傅拉塔的祠堂。由于康熙帝奖掖廉洁，树立榜样，接连出现了直隶巡抚格尔古德、两江总督范承勋、闽浙总督王骘等一批清官。

鼓楼戒碑所记，亦是康熙帝“面谕养廉”的一种。两江总督王新命、江苏巡抚汤斌、安徽巡抚薛柱斗和江宁府县等官员，听了康熙帝的“面谕”之后，当即表示要做好表率，廉洁奉公，勤俭朴素，教化百姓重礼节，知廉耻，提倡淳朴务实的社会风气，不辜负“皇上谆谆德教至意”，并于江宁、苏州、安庆三地刻立“戒碑”，“以垂永久”。由此可见，康熙帝的训诫及其命人所立的鼓楼戒碑，在当时确实起到了整肃吏治，促进江南地方官员廉政建设的积极作用。

在大力加强党风廉政建设的今天，康熙帝在鼓楼戒碑中要求各级地方官吏“当洁己爱民，奉公守法，激浊扬清，体恤民隐”的训诫，无疑具有一定的借鉴价值。近年来，鼓楼已被建设成为特色廉政文化教育基地，利用戒碑的廉洁形象，不仅让游客欣赏了南京的古迹，也在潜移默化中受到廉政文化熏陶，有利于弘扬反腐倡廉历史文化，推动廉政文化建设。受此影响，附近的鼓楼地铁站也被打造成为廉政文化的特色站，戒碑所示和南京历史上的廉政人物，以不同的形式上墙展示，来来往往的人群，或许能从中有所感、有所悟。

第四节 陶林二公祠

总统府东花园景区内，有一座陶林二公祠。整体建筑坐北朝南，二进三开间，有前厅、大厅、左右廊，构成一个近正方形的院落，院落东侧为厢房。建筑面积 479 平方米，院落面积 683 平方米。陶林二公祠原位于长江东街4号，是晚清名臣左宗棠为纪念两位知遇恩人陶澍、林则徐所建。他还专门题写对联“三吴颂遗爱，鲸浪初平，治水行盐，如公皆不朽；卅载接音尘，鸿泥偶踏，湘间邗上，今我复重来”，以表达对陶、林二公无限敬仰之情。1992年，陶林二公祠被列为南京市文物保护单位，2007年移建于总统府东花园内。

祠堂是中国传统的纪念性建筑，《辞海》解释“祠堂”是“旧时祭祀祖宗或者先贤的庙堂”。祠堂一般分为宗祠和专祠两类，宗祠是同一血缘的宗族或家族祭祀列祖列宗的场所，也称为家祠、祖祠、祠堂等；专祠是专为祭祀某一个或者某几个著名人物而建的，陶林二公祠就是其中之一。《礼记·祭法》云：“夫圣王之制祭祀也，法施于民，则祀之；以死勤事，则祀之；以劳定国，则祀之；能御大灾，则祀之；能捍大患，则祀之。”就是说，有功于民的、为公务而死的、有安邦定国功勋的、为大众防治灾害的、保卫民众免于祸患的才可以碑祭祀。陶澍、林则徐正是这样的典范。陶澍于道光五年（1825）出任江苏巡抚，道光十九年（1839）卒于两江总督任所；林则徐于道光三年（1823）

图11-8　陶林二公祠（吴靖 摄）

出任江苏按察使，道光十七年（1837）由江苏巡抚升任湖广总督。在这期间他们同心协力，恤民抚民，清正廉洁，推行了一系列善政，正如晚清封疆大吏左宗棠向光绪帝所上奏折《已故督抚遗泽在民恳合建专祠春秋致祭折》中所言：陶澍与林则徐合作共事，“筹划海运，兴修水利，整饬盐务，办理荒政，推求至当，彼此和衷共济，措正施行。论者谓其规模宏远，条理缜密，志同道合”。

善政之一，就是整顿漕务，筹划海运。嘉庆、道光年间，江苏漕务严重困难。一方面，官吏大肆贪污，损公肥私；另一方面，连年水灾，河道失修，运输困难，有时要以十数石的代价，才能运粮一石。到道光初年，江苏漕政已是“积重难返”，而且越来越变本加厉。陶澍与林则徐反复商议，决定首先从剔除弊端入手，整顿漕务。道光六年（1826），陶澍奏请明文禁止漕船索取额外补贴，严禁有污点人员承包漕船。后又会同林则徐制定章程，限制州县浮收和旗丁勒索，规定闸坝人夫用费，派遣精干官员验漕督运，修竣河道，保障漕运畅通。其次，积极发展海运，主张漕粮海运。道光五年（1825）七月，道光帝命陶澍筹办次年海运。陶澍受命后，在林则徐、贺长龄、魏源等人的协助下，决定苏、松、常、镇、太五府州漕粮归海运，并拟由林则徐具体负责筹办。第二年，海运成功，成为当时震惊朝野的盛举。漕粮海运被称为“利国、利民、利官，为东南拯弊第一策”。

善政之二，就是筹措资金，兴修水利。江苏是财赋重地，连年遭受水灾，不仅严重影响人们的生产生活，而且直接危及清朝的统治。道光五年，陶澍刚接任江苏巡抚，即筹议兴修全省水利，并奏准拆除有害无利的吴淞江口石闸。在他的主持下，道光七年（1827）以海运余款银20余万两治理了吴淞江；九年筹资治理了练湖及相关工程；十一年治理了武进境内的得胜、澡港二河。林则徐接任江苏巡抚后，两人通力合作，道光十四年（1834）四月疏浚“几成平陆，旱涝俱无从灌泄”的刘河；同年十二月底，疏浚白茆河。由于采取了以工代赈的方式，“水利以兴，穷黎以济，洵为一举两得”。另外，他们还主持疏浚孟渎河、徒阳运河，修筑练湖堤坝圩埂、江都运河堤埂，维修六合堤埂，等等，这些工程质量较好，经受住了大旱、大水的考验。据陶澍《陈奏开浚刘河并建筑石坝涵洞全竣折子》记载，道光十四年七月“苏、松一带，大雨倾盆，太湖附近诸山，陡发蛟水，处处盛涨，拍岸盈堤”，陶林二人“飞饬太仓、镇洋二州县，将该坝涵洞全行启放”，洪水“滔滔东注，两日之内消水二尺有余，而秋汛大潮仍无倒灌”。

善政之三，就是改革盐法，整饬盐务。道光十一年（1831），陶澍受命兼理两淮盐政。他认为：“两淮盐务，为东南财赋之区，国帑民生攸关甚巨。自嘉庆末年，口岸滞销，商情困敝，大局难支，驯至道光十年，盐纲废坏，已一蹶不可复振。”因此，陶澍锐意革新，整顿盐政，其改革的核心是“尽收中饱蠹蚀之权”。不仅裁撤盐政陋规，为了从根本上改变滞岸（淮北）多年无盐课、纲盐不畅销的状态，将淮北盐区的二十九州县“一律变通，改行票盐，以资补救”。废除由纲商垄断经营食盐的纲运法，允许商人自由销运。陶澍主持两淮盐政八年，基本上结束了盐课拖欠、国库亏空的混乱局面。《清史稿·陶澍传》称“天下皆知票盐减价敌私，为正本清源之计”，《安化县志·陶澍传》亦称赞陶澍的盐政改革为“百世之利，后之筹国者必将取法焉”。林则徐一直积极支持和赞助陶澍革新盐法，在他代署两江总督兼理盐政期间，坚决贯彻陶澍的盐政方针。道光十七年（1837）林则徐升任湖广总督后，还积极与陶澍配合，严禁食用私盐，允许挑卖私盐的穷民改为贩运官盐，协助淮盐行销湖广。

善政之四，就是赈灾恤民，办理荒政。道光十一年春夏之交，江苏在连年水灾后，又是大雨连绵，洪水泛滥，许多城镇、农村被水淹没，房屋、田土被水冲毁。陶澍与林则徐深入灾区，实地调查，并在《筹挑刘河白茆河以工代赈折》中，向道光帝描述了“民田庐舍尚在巨浸之中，浅者淹及半扉，深者仅露屋脊”的严重灾情。为赈济灾民，陶澍、林则徐在多次救灾活动中，注意总结经验，根据实际情况，奏写了《缕陈办灾积弊折子》《缕陈江苏办灾章程折子》等奏折，历数赈灾十大弊政，提出四点除弊之法，并拟订赈灾十二条章程：倡率劝捐，以赒贫乏；资送流民，以免羁留；收养老病，以免流徙；劝收幼孩，以免遗弃；劝谕业户，以养佃农；殓瘗葬棺，以免暴露；多设籴厂，以平市价；变通煮赈，以资熟食；捐给絮袄，以御冬寒；劝施种子，以备种植；禁止烧锅，以裕谷食；牧养牛只，以备春耕。这些举措不仅从救灾和生产两方面考虑赈灾，而且对拯救灾民生命、安定灾区社会秩序、恢复和发展生产、重建家园等都发挥了一定作用，处处流露出陶澍、林则徐的爱民为民情怀。

陶澍、林则徐，为官清正廉洁，为百姓办实事，在江苏推行了很多有利于民众的措施，获得了人们的认可。道光十九年（1839），陶澍因病卒于两江总督任内，“讣音所至，僚吏军民，莫不陨涕”。至今在他居官任职过的地方，民间还流传着不少他为官清正、微服私访的故事，如《陶澍私访南京》就作为淮剧的传统保留剧目，在民间常演不衰；在他的家乡湖南安化民间，至今也还在传讲“陶澍回老家，装了十二船砖瓦石”的故事。而林则徐，正如冯桂芬在《林少穆督部小像题辞》写道：“吾吴之民安公之教化，响公亦最深。大江南北数十州之远，亿万户之众，虽乡曲妇人孺子绝不知大吏名氏者，独于公名甚熟，莫不知其为好官。”

今天，我们走进陶林二公祠，怀着对先贤的敬畏之心，敬仰之情，从陶澍、林则徐为官清廉、为民办实事中汲取力量，树立廉政文化建设自信，以史为鉴，开创未来。

第十二章

红色文化代代传

红色文化资源是中国共产党领导中国人民在长期的革命、建设和改革实践中所积聚的文化资源，包括物质形态、信息形态、精神形态的历史文化遗存。中国共产党在领导南京人民进行新民主主义革命、社会主义革命与建设、改革开放和新时代的征程中，留下了丰厚的红色文化遗产。从张闻天、杨贤江、沈泽民等革命先贤积极传播马克思主义，到王荷波建立南京地区第一个党组织——浦口党小组；从四一〇反革命事件南京党组织遭受第一次大破坏，到革命先驱们在国民党统治中枢的斗争中越挫越勇；从新四军将士坚持敌后抗战，到地下情报工作人员策动伪军起义；从中共代表团与国民党政府的谈判斗争，到人民解放军百万雄师横渡长江，将红旗插上总统府；从十月人民公社“组织起来走共同富裕道路”，到长江上第一座由中国自行设计和建造的南京长江大桥；从伟大的脱贫攻坚精神，到抗疫精神，等等，其中的每一位历史人物都是不朽的英雄，每一起历史事件都是永恒的丰碑，每一件历史档案都是真实的记录，每一座纪念性场馆都是展示和收藏这座城市精神的宝库，它们共同铭刻下中国共产党人在南京铸就的红色文化地标，留下了一个又一个历史印记，形成了珍贵的红色文化精神特质，永远鼓舞和激励着南京人民不断攻坚克难、走向更大的胜利。

第一节　红色火种

南京是中华大地上一座钟灵毓秀、雄浑厚重的城市，也是一座富有革命斗争历史的城市，在中国近现代史上具有独特地位。从 1840 年到 1949 年，南京既承接了中国近代史的起始，也见证了旧中国黑暗统治的终结。特别是在经历数次大浪淘沙的革命洗礼后，南京不仅留下了无数可歌可泣的壮烈篇章，也形成了永载史册的南京党史起源和宝贵的红色火种，成为激励一代代南京人民前赴后继、砥砺奋进的党史原点和精神标识。

一、肇始于五四运动的革命火种

20 世纪初，中国社会阶级关系的变化和新的革命力量的成长，为人民革命的到来创造了客观的社会基础。第一次世界大战对西方资本主义制度和旧文化的冲击，俄国十月社会主义革命的胜利，唤起了中国人民的觉醒，推动了南京革命运动的迅速高涨，特别是无产阶级队伍的壮大，为南京党组织的创建奠定了阶级基础。

1919 年 5 月 4 日在北京爆发的五四运动，很快在全国范围内演变为一场轰轰烈烈的群众性反帝爱国运动。南京人民也积极响应与声援。5 月 9 日上午，南京高等师范学校（以下简称“南京高师”）、金陵大学、河海工程学校等数十所学校及教会团体约 6000 人，齐集小营演武厅，举行国耻纪念大会，之后举行游行示威并到督军署请愿。学生运动很快得到了南京各界的支持，在日本洋行和工厂工作的南京工人纷纷离职，人力车夫拒绝拉日本人，全市抵制日货运动日益高涨，最终形成了声势浩大的“三罢”运动，给军阀当局和帝国主义者以沉重的打击。这也是南京工人阶级第一次以罢工的形式登上政治舞台。

二、马克思主义在南京的早期传播

五四运动促成了马克思主义在南京的广泛传播。随后，南京各种新社团先后建立，并纷纷创办刊物扩大影响。南京学生联合会创办的《南京学生联合会日刊》、少年中国学会创办的《少年世界》、南京高师进步学生创办的《少年社会》等，均刊载了介绍苏俄或马克思主义的文章。1919 年 8 月，张闻天在《南京学生联合会日刊》发表的《社会问题》一文，以马克思主义唯物主义历史观，在观察剖析中国社会的现状之后，提出了解决中国社会问题的办法。他认为“现在最要紧的是铲除士大夫阶级”，亦即彻底推翻封建统治阶级。这是我国早期传播马克思主义的重要文献之一，也是张闻天后来成为杰出的无产阶级革命家、政治家和理论家、忠诚的马克思主义者和我党重要领导人之一的闪亮起点。

1920 年春夏之间，在南京高师任职的杨贤江团结对马克思学说感兴趣的先进青年，成立了南京第一个马克思主义研究小组，标志着南京先进的知识分子开始走出书斋，深入到工人中进行社会调查，启发工人的觉悟，鼓动他们起来斗争。

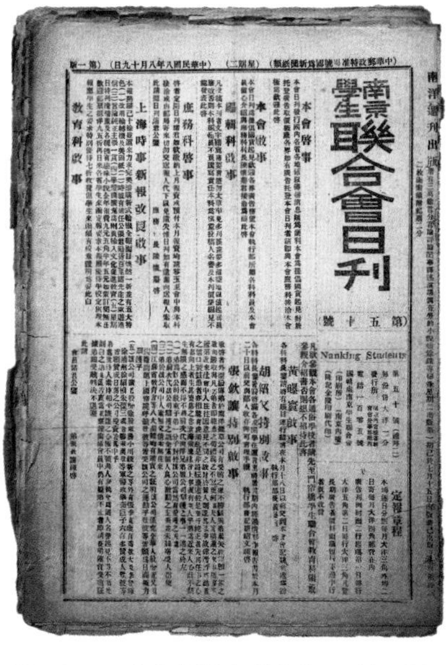
中華民國八年八月十九日 (星期二) 第一版

南京學生聯合會日刊

(第五十號)

Nanking Students

本會啓事

本會啟事

編輯科啟事

庶務科啓事

上海時事新報改良啟事

教育科啟事

黃曝寰啟事

胡紹文特別啟事

張欽讓特別啟事

定報章程

图 12-1　《南京学生联合会日刊》刊影

这既为成立党的组织打下了基础，也使南京成为开展党的活动较早的地区之一。1921 年，张太雷在《在共产国际第三次代表大会上的报告》中称:“截至今年 5 月 1 日止，中国共产党已经有七个省级地方党组织。”即北京组织、天津组织及其唐山站分部、汉口组织、上海组织、广东组织、香港组织、南京组织。同时强调“南京组织，它虽是最年轻的组织，但已经同周围工人建立了牢固的联系”。

三、南京最早建立的中共党组织

1921 年 7 月，从中国共产党全国性组织成立的那一刻起，新的革命火种在沉沉黑夜般的中国大地被点燃。从此，为中国人民谋幸福、为中华民族谋复兴成为中国共产党永恒的初心和使命，中国人民的革命斗争也发生了根本性的变化。

1922 年秋天，南京地区建立了第一个党组织——浦口党小组。1923 年 12 月，又建立了统一的中共南京地方委员会。随着南京党组织的建立，南京人民革命斗争有了坚强的领导者和组织者，学生运动、工人运动和群众斗争此起彼伏，轰轰烈烈，推动了大革命的洪流滚滚向前。1927 年 3 月，北伐军光复南京，推翻了孙传芳的统治，有力地打击了帝国主义和封建军阀，大革命取得阶段性胜利。历史事实证明，南京一切革命斗争的胜利都离不开中国共产党的正确领导。

第二节　红色浪潮

在新民主主义革命时期，南京一直处在中国革命的风口浪尖之中，红色的浪潮曾经一阵连接一阵，一波胜过一波。面对国民党反动派在反革命政变后的白色恐怖统治，南京的党组织“八挫八起”，意志如钢；面对侵华日军惨绝人寰的南京大屠杀，南京的军民抗击日寇，英勇顽强；

面对国民党反动派的垂死挣扎，南京的党组织里应外合，为推翻蒋家王朝做出贡献。南京红色文化发展演进的历程表明，中国共产党始终是培育和生成红色文化的领导力量。

一、乌云遮不住的星光

1927 年 4 月 10 日，蒋介石在南京拉开了反革命政变的序幕，导演了四一〇反革命事件。4 月 12 日，蒋介石又在上海发动四一二反革命政变，大肆抓捕、杀害共产党人，这也是大革命从高潮走向失败的转折点。尽管大革命的失败使中国共产党和中国革命事业遭受了惨重的损失，但中国革命前进的步伐并没有停止。南京党组织从革命失败的痛苦经历中，获得了极为深刻的经验教训，并在革命烈火中继续经受考验，领导南京人民进入最艰难的斗争。

1927 年 8 月，八七会议纠正了陈独秀右倾机会主义错误，随即江苏省委派罗世藩、贺瑞麟来南京恢复党团组织，10 月又派吴雨铭任中共南京市委书记，开始恢复市委工作，发展党团员，组织工农和学生运动。12 月 4 日，在浦镇附近的山上，市委召开了中共南京市第一次党代表大会，出席代表 25 人。在开会前推定孙津川为临时主席。会议学习讨论了中共中央临时政治局关于《中国现状与共产党任务决议案》，并认为主观力量太弱，立即暴动是做不到的。会议选举吴雨铭、史砚芬（严文）、王澄、滕炳炎（何正泉）、杜秀山、陈凤彩、路大奎、杨明清、罗世藩、丁发武、苏爱吾（苏幼农）、王崇典、孙津川、周长福、周长植、李鸿彦、宋震寰（宋日昌）等 17 人为市委委员。吴雨铭任书记，罗世藩任组织委员，孙津川任职工委员，宋震寰任农民委员，苏爱吾任军事委员。

图 12-2　孙津川

1928 年 3 月，吴雨铭调省任巡视员，孙津川任南京市委书记。市委根据省委关于“艰难困苦的集聚无产阶级的力量”“发展工农日常斗争”的策略，积极组织日常的经济斗争，受到极大摧残的工农群众运动开始复苏。不久，全市党员发展到 240 人，编为 10 个支部、41 个小组，南京党组织得到了进一步发展。为了进一步加强党的领导，1928 年 5 月中旬的一个晚上，南京市委在浦口江边芦苇滩秘密举行第二次党代会，选举了 13 人组成的新市委，市委书记仍是孙津川。这次会议，主要研究了困难条件下坚持斗争的问题。

与此同时，国民党通过法律、行政、特务、军事等诸多手段残酷地镇压人民革命活动，集中一切反革命力量向共产党人和革命群众进攻，期间致使南京党组织遭受到八次重大破坏，成千上万的共产党员、共青团员以及党外革命人士倒在血泊之中。面对国民党反动派的血腥屠杀，南京党组织和人民并没有被吓倒，他们依然在黑暗中高举着革命的光辉旗帜，不屈不挠，英勇斗争，重新建立党的组织。1930 年初，党领导的和记洋行工人举行第二次罢工。1931 年怒打国民政府外交部长王正廷和“送蒋北上”抗日爱国学生运动，不仅彰显了南京共产党员、工人、学生大无畏的革命精神和英勇气概，也有力地促进了抗日救亡浪潮的不断高涨。

二、抗日烽火中的金陵古城

1937 年 7 月 7 日，全民族抗战爆发。在全民族抗战的浪潮中，南京人民抗日情绪高涨，各界纷纷出力，不仅发起多次募捐和组织慰劳军队、运输队、救护队到前线服务，而且强烈呼吁蒋介石和南京国民政府放弃“攘外必先安内”的政策，共同抗日。7 月 15 日至 18 日，先后成立首都各界抗战后援会、首都文化界抗敌后援会、首都华侨抗敌后援会。各人民团体纷纷通电前方，声援对日作战的二十九军将士。

7 月下旬，南京中学生开展捐献 5 万条毛巾运动，各工厂工人开展捐献一日工资运动，支援抗战。

8 月上旬，应国民党的邀请，中共中央派周恩来、朱德、叶剑英赴南京参加国防会议，并同国民党继续谈判。这时，平、津已经沦陷，上海的形势也日趋紧张。蒋介石急欲调动红军开赴抗日前线，经谈判双方达成协议：将红军主力改编为国民革命军第八路军（简称八路军），并设总指挥部；在国民党统治区的若干城市设立八路军办事处；出版《新华日报》。9 月 22 日，国民党中央通讯社发表了《中国共产党为公布国共合作宣言》。次日，蒋介石发表对《宣言》的谈话，实际上承认了中国共产党的合法地位。历时 8 个月的国共两党谈判，终于在南京达成协议，标志着国共两党第二次合作的正式形成，为抗日战争的最后胜利奠定了基础。

1937 年 12 月 13 日南京沦陷后，侵华日军制造了震惊中外的南京大屠杀惨案。党领导军队和人民在日伪统治地带进行了艰苦卓绝的斗

图 12-3　八路军驻京办事处旧址（陈向俞 摄）

争。1938 年 6 月，陈毅率新四军（1937 年 10 月由南方 8 省 13 个地区的红军和游击队改编）第一支队挺进江宁、句容、镇江、丹阳、金坛各县，开展游击战争。7 月，张鼎丞率第二支队挺进当涂、江宁、溧水、高淳、宣城各县开展游击战争。1940 年 4 月，党组织派上海英商公共汽车公司地下党员马卓然来南京开展工作。

1940 年 5 月 4 日，党中央指示，在日本占领地区（如上海、南京等地），应和国民党统治区一样，“长期埋伏，积蓄力量，以待时机，反对急性和暴露”。9 月，江苏省委又从青浦游击队抽调朱启銮到南京负责党的重建工作。此时，随着全国抗日救亡运动的兴起，南京已成为开展这一运动的中心城市。在党的领导下，通过“学生互助会”“干字运动实践会”，组织青年学生开展各种活动和倒樊斗争、清毒运动。同时，共产党人还通过发动南京铁路工人、三轮车工人和“南京市工商青年联谊会”的罢工斗争，组织南京各界群众掀起了一波又一波抗日怒潮。

与此同时，随着日本在南京组建华中派遣军司令部，中国共产党的情报工作人员随即从上海来到南京开展情报工作。1940 年 3 月，正

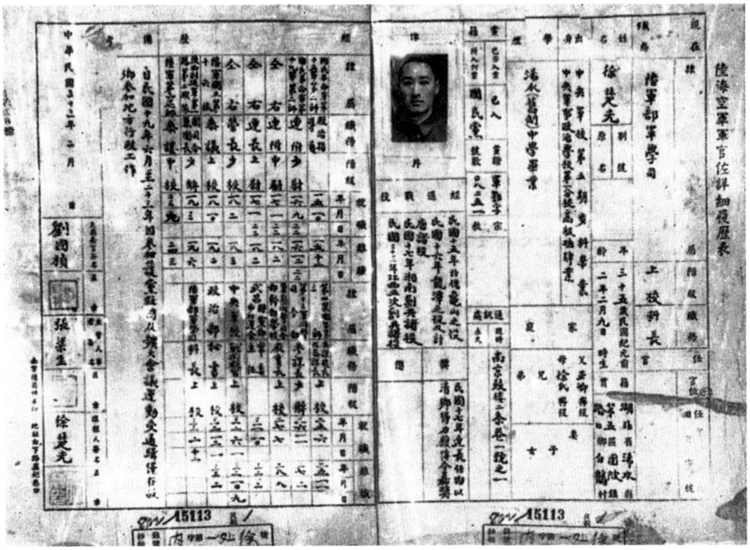
陸海空軍軍官佐詳細履歷表

图 12-4　徐楚光在汪伪陆军部所填履历表

式成立南京情报组。1942 年春，八路军总参谋部派抗大教员徐楚光到南京打入伪军上层，搜集重要军事情报，筹建地下武装，联络爱国人士，成功策动了伪警卫第三师起义，为抗日战争的最后胜利做出了重要贡献。在历时八年的全民族抗日战争中，南京人民在汪伪统治的心脏燃起了星火，和全国人民的抗日烽火连成一片，把日本帝国主义侵吞中国的妄想烧成了灰烬。

三、第二条战线的主战场

抗日战争胜利以后，中国面临着两种命运、两个前途的决战。南京的工人、学生、知识分子和各界人士，又在中国共产党的领导下，为争取和平民主，在各条战线上展开了规模浩大的斗争。在全国解放战争时期，中共南京市委特别在加强学生、工人系统工作的同时，积极开展统一战线和情报工作，为南京解放和成功接管奠定了基础。

为适应抗战胜利后的形势和任务需要，1946 年 4 月，中共华中分局决定在南京建立市委，陈修良为书记、刘峰任副书记。5 月，在磨盘街 42 号党员张杰的家里召开第一次市委会议，陈修良传达分局指示，研究部署工作。市委认为因南京的斗争环境特殊，决定不设专门的市委机关，党员干部必须做到职业化、社会化，立足于群众之中。这时市委所属党员共有 200 多人。

1946 年 5 月，国民政府还都南京。周恩来、董必武率中共代表团（中共中央南京局）也由重庆迁到南京，继续与国民党进行谈判。5 月 23 日，中共代表团南京办事处（11 月 19 日改为中共驻京办事处）一百多人进驻梅园新村 30 号、35 号、17 号，继续进行艰苦的停战谈判，与民主党派一起推动国统区爱国民主运动，并领导国统区党的政治斗争。6 月 26 日，国民党不顾全国人民的强烈反对，以围攻中原解放区为起点，向解放区展开大规模的进攻。全面内战爆发。内战的加剧，不仅导致

图 12-5　周恩来在梅园新村 17 号大门前（1946 年摄）

了国民党政府的经济危机和政治危机，也加深了人民的苦难。人们为求生存，被迫用各种方式进行反抗和斗争。

1947 年 5 月 20 日，京、沪、苏、杭学生首先在南京举行大游行，发起挽救教育危机、反饥饿、反内战运动。同一天，北平、天津学生举行“反饥饿、反内战”大游行。随即，由南京开始的“五二〇”运动，迅速扩展到全国 60 多个大中城市，几十万学生罢课。5 月 30 日，毛泽东在为新华社撰写的《蒋介石政府已处在全民的包围中》的评论中指出：“中国境内已有了两条战线。蒋介石进犯军和人民解放军的战争，这是第一条战线。现在又出现了第二条战线，这就是伟大的正义的学生运动和蒋介石反动政府之间的尖锐斗争。”“中国各阶层人民，包括了工人、农民、城市小资产阶级、民族资产阶级、开明绅士、其他爱国分子、少数民族和海外华侨在内”，正在结成“一个极其广泛的全民族的统一战线”，把人民反抗国民党反动统治的斗争推向了高潮。

到 1948 年底，随着国民党军队在战场上的节节败退，中共南京市委在上海局的领导下，开始为迎接解放做准备。为了里应外合、配合解放南京，市委领导全市工人开展争生存及迫害与反迫害的斗争，同时派遣南京情报系统人员深入到国民党政府和陆、海、空军及警察中，成功组织多次起义。1949 年 3 月底，总前委根据中央军委的意图制定了《京沪杭战役实施纲要》，决定由粟裕、谭震林、刘伯承分别指挥东、中、西三个突击集团，在江阴至湖口间 500 余公里的长江地段上，有重点地分路突破国民党军队的江防。

4月20日，国民党政府拒绝在《国内和平协定》上签字，和谈破裂。4月21日，毛泽东主席和朱德总司令发布了《向全国进军的命令》。随即，人民解放军东、西突击集团分别从镇江、江阴间和贵池、湖口间，强渡长江。与此同时，南京党组织广泛发动群众，维持社会秩序，为迎接南京解放做好准备。4月23日午夜，第三野战军第35军由下关经挹江门进入南京，将红旗插上“总统府”，宣告南京解放。第二天，毛泽东挥笔写下了《七律·人民解放军占领南京》的著名诗词。同日，新华社发表《庆祝南京解放》的社论指出，“南京的解放正式地表示了国民党统治的灭亡”，蒋介石及其死党的“末日真正到来了，中国人民民主革命即将取得完全的胜利，除了疯子以外谁也不会有丝毫怀疑了”。

5月1日，中共南京市委成立。中共中央发来由毛泽东亲笔修改的贺电：“现在整个形势对于人民和人民解放军极为有利，尚望前线将士继续攻进，后方人民努力生产，各界同胞齐起协力，共同为消灭反革命残余力量，解放全国人民，建立统一的民主的新中国而奋斗。”[5]

图 12-6　解放军战士在“总统府”门楼上合影

月 10 日，南京人民政府成立，刘伯承任首任市长。从此，南京人民踏上了接管旧政权、改造旧社会、建设新南京的崭新征程。

第三节　红色基因

红色基因是中国共产党人的精神内核，是中华民族的精神血脉与纽带，它鼓舞着一代又一代中华儿女为了中华民族的伟大复兴而坚强自立、坚持梦想、勇往直前。中华人民共和国成立后，党领导人民建立了富有强大生命力的社会主义制度，实行了富民强国的改革开放，进入了中国特色社会主义新时代。南京作为党领导下的具有红色文化基因的特色城市，红色文化一直是其内在的精神创造力和推动力，从多方面、多角度、多渠道促进了这座古城的建设与发展。从完成对生产资料私有制的社会主义改造，初步建立社会主义基本制度；到经济建设经历艰辛探索的曲折发展，建成举世瞩目的南京长江大桥；到实事求是、拨乱反正的艰辛努力，迎来真理标准讨论和思想解放的曙光；再到自信自强、守正创新，2016 年实现经济总量过万亿的城市，实现了南京历史上的伟大跨越，探索出了一条“强富美高”的建设与发展之路。

一、十月人民公社倡导走“共同富裕”大道

新中国建立初期，我国的农业十分落后，需要采取措施，集中力量，尽快完善耕种环境，实现粮食的快速增产。人民公社的建立，利用农民集体的优势力量，迅速地建设了一大批水利基础设施，提高了粮食产量，并依靠农业的积累，建立起了工业发展的基础。虽然人民公社因时代而诞生，因时代而消亡，但它在我国农村计划经济时期曾经发挥了一定的积极作用。

十月人民公社旧址位于南京城北栖霞镇西部，原名太平村，现名为十月村。1956 年 1 月 11 日，毛泽东亲临视察时发出“组织起来、走共同富裕的道路”的号召，太平村村民旋即联合邻近各村组织起区域第一个高级农业合作社，定名为“十月高级农业合作社”，取俄国“十月革命”之意。1966 年由村民们自筹资金建造的“十月村毛泽东雕像”，至今仍巍然屹立在村前山岗上，被列入南京市文物保护单位，成为全国闻名的红色文化观瞻地之一，每年接待慕名前来参观的全国各地到访者络绎不绝。

二、南京长江大桥被誉为“争气桥”

南京长江大桥于 1968 年 12 月全线贯通，是长江上第一座由中国自行设计和建造的双层式铁路、公路两用桥梁，上层公路桥长 4589 米，车行道宽 15 米，可容 4 辆大型汽车并行，是沟通南京江北新区与江南主城的要道之一；下层为双轨复线铁路桥宽 14 米，全长 6772 米，连接津浦铁路与沪宁铁路干线，是国家南北交通要津和命脉。这座桥梁具有重要的经济、政治和战略意义，有“争气桥”之称。它是新中国经济建设的重要成就、中国桥梁建设的重要里程碑，不仅是新中国技术成就与现代化的象征，更承载了中国几代人的特殊情感与记忆。

图 12-7　南京长江大桥第一个钢围堰下沉庆祝大会（1960 年摄）

长江大桥是南京的标志性建筑、江苏的文化符号，也是著名的红色文化景点，被列入“新金陵四十八景”。从1970年至1993年，先后接待100多个国家和地区的元首、首脑及600多个外国代表团，来此观览的国内外游客更是难以计数。1960年，南京长江大桥以“世界最长的公铁两用桥”被载入《吉尼斯世界纪录大全》，2014年7月入选不可移动文物，2016年9月入选首批《中国20世纪建筑遗产名录》。

三、《实践是检验真理的唯一标准》推动全国性思想解放运动

1978年5月11日，《光明日报》以本报特约评论员的名义，发表了时任南京大学哲学系副主任胡福明的文章《实践是检验真理的唯一标准》。这篇文章指出，检验真理的标准只能是社会实践，理论与实践的统一是马克思主义的一个最基本的原则，任何理论都要不断接受实践的检验。这是从理论上对“两个凡是”的根本否定。这篇文章很快引发了一场全国范围的真理标准问题大讨论，对中国社会发展产生了深远的积极影响。

这场讨论冲破了“两个凡是”的严重思想束缚，推动了全国性的思想解放运动。党的十一届三中全会公报中这样予以肯定：“会议高

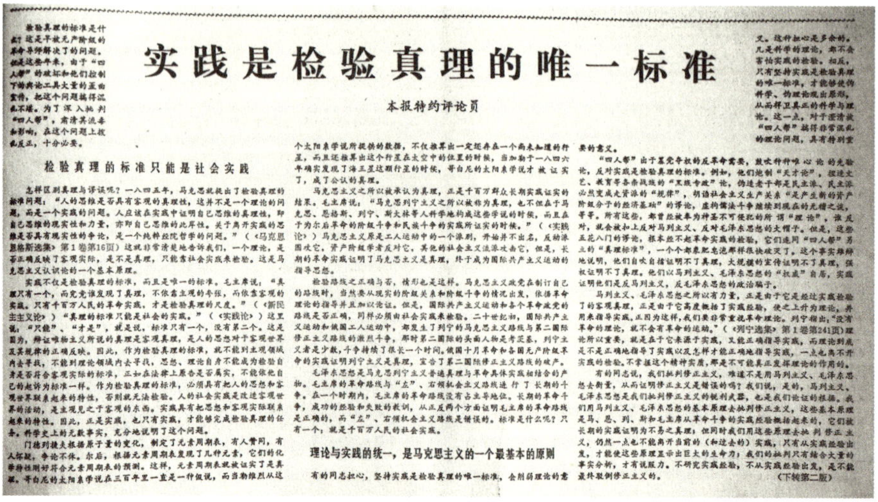

检验真理的标准是什么？这是早被无产阶级的革命导师解决了的问题。但是这些年来，由于“四人帮”的破坏和他们控制下的舆论工具大量的歪曲宣传，把这个问题搞得混乱不堪。为了深入批判“四人帮”，肃清其流毒和影响，在这个问题上拨乱反正，十分必要。

实践是检验真理的唯一标准

本报特约评论员

检验真理的标准只能是社会实践

怎样区别真理与谬误呢？一八四五年，马克思就提出了检验真理的标准问题：“人的思维是否具有客观的真理性，这并不是一个理论的问题，而是一个实践的问题。人应该在实践中证明自己思维的真理性，即自己思维的现实性和力量，亦即自己思维的此岸性。关于离开实践的思维是否具有现实性的争论，是一个纯粹经院哲学的问题。”（《马克思恩格斯选集》第1卷第16页）这就非常清楚地告诉我们，一个理论，是否正确反映了客观实际，是不是真理，只能靠社会实践来检验。这是马克思主义认识论的一个基本原理。

实践不仅是检验真理的标准，而且是唯一的标准。毛主席说：“真理只有一个，而究竟谁发现了真理，不依靠主观的夸张，而依靠客观的实践。只有千百万人民的革命实践，才是检验真理的尺度。”（《新民主主义论》）“真理的标准只能是社会的实践。”（《实践论》）这里说“只能”、“才是”，就是说，标准只有一个，没有第二个。这是因为，辩证唯物主义所说的真理是客观真理，是人的思想对于客观世界及其规律的正确反映。因此，作为检验真理的标准，就不能到主观领域内去寻找，不能到理论领域内去寻找，思想、理论自身不能成为检验自身是否符合客观实际的标准，正如在法律上原告是否属实，不能依他自己的起诉为标准一样。作为检验真理的标准，必须具有把人的思想和客观世界联系起来的特性，否则就无法检验。人的社会实践是改造客观世界的活动，是主观见之于客观的东西。实践具有把思想和客观实际联系起来的特性。因此，正是实践，也只有实践，才能够完成检验真理的任务。科学史上的无数事实，充分地说明了这个问题。

门捷列捷夫根据原子量的变化，制定了元素周期表，有人赞同，有人怀疑，争论不休。尔后，根据元素周期表发现了几种元素，它们的化学特性刚好符合元素周期表的预测。这样，元素周期表就被证实了是真理。哥白尼的太阳系学说在三百年里一直是一种假说，而当勒维烈从这个太阳系学说所提供的数据，不仅推算出一定还存在一个尚未知道的行星，而且还推算出这个行星在太空中的位置的时候，当加勒于一八四六年确实发现了海王星这颗行星的时候，哥白尼的太阳系学说才被证实了，成了公认的真理。

马克思主义之所以被承认为真理，正是千百万群众长期实践证实的结果。毛主席说：“马克思列宁主义之所以被称为真理，也不但在于马克思、恩格斯、列宁、斯大林等人科学地构成这些学说的时候，而且在于为尔后革命的阶级斗争和民族斗争的实践所证实的时候。”（《实践论》）马克思主义原是工人运动中的一个派别，开始并不出名，反动派围攻它，资产阶级学者反对它，其他的社会主义流派攻击它，但是，长期的革命实践证明了马克思主义是真理，终于成为国际共产主义运动的指导思想。

检验路线之正确与否，情形也是这样。马克思主义政党在制订自己的路线时，当然要从现实的阶级关系和阶级斗争的情况出发，依据革命理论的指导并且加以论证。但是，国际共产主义运动和各个革命政党的路线是否正确，同样必须由社会实践来检验。二十世纪初，国际共产主义运动和俄国工人运动中，都发生了列宁的马克思主义路线与第二国际修正主义路线的激烈斗争，那时第二国际的头面人物是考茨基，列宁主义者是少数，斗争持续了很长一个时间。俄国十月革命和各国无产阶级革命的实践证明列宁主义是真理，宣告了第二国际修正主义路线的破产。

毛泽东思想是马克思列宁主义普遍真理与革命具体实践相结合的产物。毛主席的革命路线与“左”、右倾机会主义路线进行了长期的斗争。在一个时期内，毛主席的革命路线没有占主导地位。长期的革命斗争，成功的经验和失败的教训，从正反两个方面证明毛主席的革命路线是正确的，而“左”、右倾机会主义路线是错误的。标准是什么呢？只有一个：就是千百万人民的社会实践。

理论与实践的统一，是马克思主义的一个最基本的原则

有的同志担心，坚持实践是检验真理的唯一标准，会削弱理论的意义。这种担心是多余的。凡是科学的理论，都不会害怕实践的检验。相反，只有坚持实践是检验真理的唯一标准，才能够使伪科学、伪理论现出原形，从而捍卫真正的科学与理论。这一点，对于澄清被“四人帮”搞得非常混乱的理论问题，具有特别重要的意义。

“四人帮”出于篡党夺权的反革命需要，鼓吹种种唯心论的先验论，反对实践是检验真理的标准。例如，他们炮制“天才论”，捏造文艺、教育等各条战线的“黑线专政”论，伪造老干部是民主派、民主派必然变成走资派的“规律”，胡诌社会主义生产关系“是产生新的资产阶级分子的经济基础”的谬论，虚构儒法斗争继续到现在的无稽之谈，等等。所有这些，都曾经被奉为神圣不可侵犯的所谓“理论”，谁反对，就会被扣上反对马列主义、反对毛泽东思想的大帽子。但是，这些五花八门的谬论，根本经不起革命实践的检验，它们连同“四人帮”另立的“真理标准”，一个个都象肥皂泡那样很快破灭了。这个事实雄辩地说明，他们自吹自擂证明不了真理，大规模的宣传证明不了真理，强权证明不了真理。他们以马列主义、毛泽东思想的“权威”自居，实践证明他们是反马列主义，反毛泽东思想的政治骗子。

马列主义、毛泽东思想之所以有力量，正是由于它是经过实践检验了的客观真理，正是由于它高度概括了实践经验，使之上升为理论，并用来指导实践。正因为这样，我们要非常重视革命理论。列宁指出：“没有革命的理论，就不会有革命的运动。”（《列宁选集》第1卷第241页）理论所以重要，就是在于它来源于实践，又能正确指导实践，而理论到底是不是正确地指导了实践以及怎样才能正确地指导实践，一点也离不开实践的检验。不掌握这个精神实质，那是不可能真正发挥理论的作用的。

有的同志说，我们批判修正主义，难道不是用马列主义、毛泽东思想去衡量，从而证明修正主义是错误的吗？我们说，是的，马列主义、毛泽东思想是我们批判修正主义的锐利武器，也是我们论证的根据。我们用马列主义、毛泽东思想的基本原理去批判修正主义，这些基本原理是马、恩、列、斯和毛主席从革命斗争的实践经验概括起来的，它们被长期的实践证明为不易之真理；但同时我们用这些原理去批判修正主义，仍然一点也不能离开当前的（和过去的）实践，只有从实践经验出发，才能使这些原理显示出巨大的生命力；我们的批判只有结合大量的事实分析，才有说服力。不研究实践经验，不从实践经验出发，是不能最终驳倒修正主义的。

（下转第二版）

图12-8 《光明日报》头版刊发《实践是检验真理的唯一标准》

度评价了关于实践是检验真理的标准问题的讨论，认为这对于全党同志和全国人民解放思想，端正思想路线，具有深远的历史意义。”2019 年 8 月 27 日，教育部召开新闻发布会，《实践是检验真理的唯一标准》入选普通高中语文教材 。

南京的红色文化资源十分厚重。据不完全统计，仅新民主主义革命时期的红色文化资源点，南京就多达 165 处，其中包括国家级爱国主义教育基地 2 处，省级爱国主义教育基地 2 处，市级爱国主义教育基地 11 处，南京党史教育基地 20 处。如中国共产党创建与大革命时期的张闻天陈列馆、国立中央大学（国立东南大学）旧址、南京工运纪念馆——两浦铁路工人“二七”大罢工指挥所旧址等，土地革命战争时期的中共九袱洲支部遗址、雨花台烈士陵园、晓庄革命烈士纪念碑等，全民族抗日战争时期的八路军驻京办事处旧址、新四军驻高淳办事处旧址、桂子山烈士陵园等，解放战争时期的中共代表团梅园新村纪念馆、渡江胜利纪念馆等。

这些博物馆、纪念馆，像一枚枚铭刻在南京土地上的红色印记，

图 12-9　雨花台烈士陵园（王宁 摄）

见证了中国共产党艰辛而辉煌的奋斗历程，蕴含了生生不息的红色文化基因，记载了可歌可泣的革命英雄业绩，保存着令人难以忘怀的红色文化记忆，已经凝聚成为南京独具特色的红色文化资源、弥足珍贵的物质和精神财富。

习近平总书记指出：“中国革命历史是最好的营养剂。多重温这些伟大历史，心中就会增加很多正能量。”红色文化具有跨越时空的独特魅力和时代价值，能够为新时代提供重要的思想文化和精神支撑。站在一个崭新的历史起点上，南京人民一定要以习近平新时代中国特色社会主义思想为指引，一定要在改革创新、推动高质量发展上争当表率，在服务全国构建新发展格局上争做示范，在率先实现社会主义现代化上走在前列，为奋力推进中国式现代化南京新实践书写无愧于历史、无愧于时代、无愧于人民的新篇章。

第十三章

对外交流促发展

南京是中国著名的古都之一，自古至今对外交流互鉴频繁，尤以六朝、明代、晚清民国和当代为鼎盛。六朝开拓海上，以输出文化为主；明朝海陆并举，在以输出文化为主导的同时，也接受外来文化输入；晚清民国时期，以西学东渐为主；当代对外交流则呈现由输入为主转变为输入、输出并重的格局。

第一节　六朝拓展海上

六朝都城建康是当时我国对外交流的中心之一。东亚、东南亚、南亚、中亚、西亚，以及横跨欧亚大陆的大秦（罗马帝国和拜占庭帝国）等，都纷纷通过海路或陆路与六朝政权发生交流，交流的内容涉及政治、经济、文化等各个方面。这种国与国（或地区）之间的交流，基本上都是和平交流。就国外到访的人员来看，有王侯、官员、商贾、僧侣、留学生等；就出去的人员来看，有官员、学者、商贾、僧侣、工匠、画师等。

孙吴时期，充分利用自己的水上优势，加强同海外交流。南起南洋诸国，北到朝鲜半岛，都有孙吴使臣、商人、工匠和外国使节活动的身影。据《梁书》等记载，黄武五年（226），孙权派遣宣化从事朱应、中郎康泰等人出使南海诸国，到达林邑（今越南中部）、扶南（今柬埔寨）、南洋群岛等地，他们经过和访问的国家有“百数十国”。回国后，朱应著有《扶南异物志》，康泰著有《吴时外国传》，详细记载了这些国家和地区的历史地理和风土物产。他们的出使，密切了中国与南海诸国的交往。赤乌六年（243），扶南王遣使至建业（今南京），“献乐人及方物”，孙权专门在皇宫附近建造了一座“扶南乐署”，供“乐人”居住以教“宫人”。嘉禾二年（233），孙权派遣太常张弥，执金吾许晏，将军贺达，中使秦旦、黄疆、张群、杜德等人，将兵万人，携带金宝珍货，渡海到辽东，联络辽东太守公孙渊，攻打北方的魏国。公孙渊杀张弥、许晏、贺达等人，夺取其士兵和物资。秦旦、黄疆等人乘机逃脱，到达高句丽，他们虽然未能完成联络辽东共同攻打魏国的重任，但却意外地与高句丽建立了联系。这一时期，孙吴与日本也有交流和往来。在日本的古墓中，出土了许多三角缘神兽镜，制作风格与吴镜有关联，有关专家认为它们是孙吴工匠东渡日本后制作的。中亚、印度、大秦等地的僧人、商人，也从海道来中国，转道

图 13-1　日本奈良出土的三角缘神兽镜

至建业。黄武五年，大秦商人秦论远涉重洋，到达交趾（今越南），经武昌（今湖北鄂州）到建业。赤乌十年（247），康居国（位于今中亚地区）僧人康僧会自交趾（今越南）经广州北上来到建业。吴大帝孙权在建业为其建立了江南第一座佛寺——建初寺。康僧会在建初寺设坛传经，弘扬佛法，并且译出《吴品经》《六度集经》《安般守意经》《法镜经》等佛教经典。康僧会对佛教在江南的传播，起到了开风气之先的作用。南京江宁上坊出土的青瓷胡人俑是孙吴对外交流的重要实物资料，赵土岗出土的孙吴凤凰二年（273）红陶佛像则证实了孙吴时期中外佛教文化的交流和影响。

图 13-2 青瓷胡人俑（南京市博物馆 藏）

东晋时期，高僧法显西行求法。他于东晋隆安三年（399）从长安（今西安）出发，到印度巡礼佛教胜迹，广罗佛典，经过 30 多个国家，后来泛海至狮子国（今斯里兰卡），停留两年后，随商船回国，在东晋义熙九年（413）到达都城建康，住进秦淮河畔的道场寺（今 1865 文化创意产业园），与出生于北印度迦毗罗卫国（今尼泊尔）的高僧佛驮跋陀罗在道场寺共同译出《摩诃僧祇律》《方等泥洹经》《杂阿毗昙心》等。法显还在道

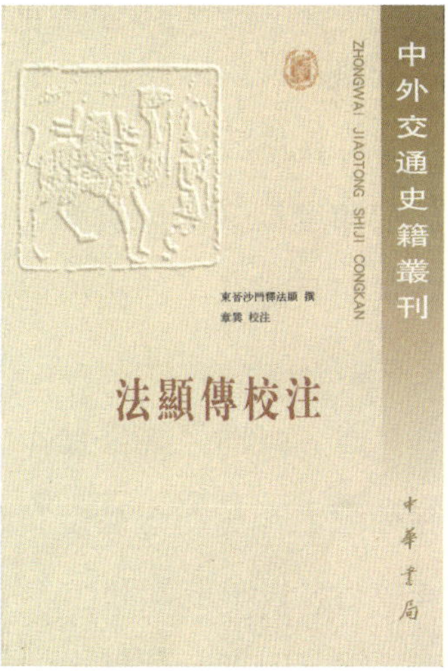

图 13-3 《法显传》（又名《佛国记》）书影

场寺撰写了《佛国记》，这部书不仅是了解当时南亚佛教的重要典籍，也是研究当时历史地理和文化状况的珍贵文献。与此同时，佛驮跋陀罗在道场寺翻译出六十卷的《华严经》，这是华严宗据以立宗的重要经典。这一时期，外国使节不绝于途。遥远的拜占庭帝国（都城在今土耳其君士坦丁堡）也于东晋穆帝在位时期至哀帝兴宁元年（363）遣使到建康。据《宋书·五行志》记载，晋安帝时，秦淮河中“贡使商旅，方舟万计”。1997年在太平门外富贵山二号墓出土的胡人俑，制作精良，表情生动，憨态可掬，它是东晋时期民族迁徙和文化交流的重要实物资料。2015年，在雨花台区铁心桥尹西村东晋家族墓出土的胡人画像砖，前额突出，鼻子高挺，眼窝深陷，证明了东晋时期与海外的密切交往。

刘宋时期，倭国（今日本）国王讚遣使来建康，请回具有熟练技术的纺织、缝纫等技工，促进了日本纺织、缝纫技术的发展。宋文帝元嘉七年（430），狮子国（今斯里兰卡）比丘尼一行8人（一作7人）随船主难提浮海来建康，欲为中国尼众受戒。然而由于人数不足10人，不符合受戒的要求，且初来乍到，语言不通，无法进行受戒。元嘉十一年（434），狮子国比丘尼铁萨罗（一作铁索罗）等11人跋山涉水，风餐露宿，由陆路抵达建康。两批人合在一起人数充足，且第一批先来的比丘尼已学会汉语。铁萨罗遂于秦淮河南的中兴里南林寺设戒坛，邀请印度高僧僧伽跋摩为传戒师，共同为中国慧果、净音等300余尼众重受具足戒（即比丘尼戒），从而开创了中国尼众如律受比丘尼戒之始。

南齐时期，张景真在太子（后为齐武帝萧赜）的授意下，将丝绸和锦缎之类的纺织品走私给“昆仑舶”（东南亚的海船），并传令海关放行，以牟取暴利。

梁朝时期，朝鲜半岛的高句丽频繁遣使到建康贡献方物。百济国不仅频繁遣使到建康贡献方物，并且请求赐给《涅槃》等经义，以及

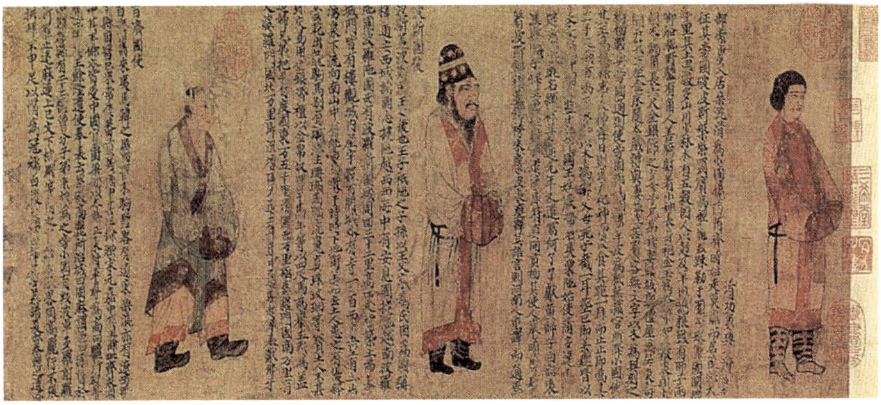

图 13-4 梁朝萧绎《职贡图》（局部）

派遣《毛诗》博士、讲《礼》博士、工匠、画师等前往百济，梁武帝答应了百济国的请求，吴郡人陆诩就是其中的一员，他曾被派往百济讲《礼》。2021 年，在韩国忠清南道公州百济王室陵园武宁王陵附近一座高等级墓（29 号墓）中出土一块切成两半的莲花纹墓砖，侧面刻有铭文“造此是建业人也”，加上此前曾在附近的 6 号墓出土“梁官瓦为师矣”“梁宣以为师矣”铭文砖，由此可以确认这些砖头是由来自中国南朝的工匠制造。波斯帝国于梁中大通二年（530）“始通江左，遣使献佛牙”，中大通五年（533）、大同元年（535）又相继遣使来献方物。

梁朝湘东王萧绎（后为梁元帝）绘制的《职贡图》，真实地再现了当年波斯、倭国、百济等国使臣云集建康的盛况。根据《晋书》《宋书》《梁书》《南史》等记载统计，东晋南朝 270 余年里，仅海外使臣到建康的就有 20 多个国家和地区的近百批次。各地的奇珍异宝、山珍海味源源不断地送到建康，既满足了统治者对浮华生活的追求，也促进了建康商业经济的发展和文化艺术的繁荣。

第二节　明朝睦邻友好

明太祖朱元璋定都南京后，采取对外睦邻友好政策，南京作为大一统王朝的都城，成为对外交流的中心。

洪武元年（1368）十二月，明太祖朱元璋首先派使臣出使高丽（今朝鲜半岛）和安南（今越南），由此拉开了明朝对外交往的序幕。据统计，在洪武朝的31年间，明朝政府先后30次派使节对周边12个国家进行访问，有17个国家的使节先后135次访问中国；永乐年间，有60个国家的使节先后245次访问中国。朱元璋还将对外睦邻政策写入他主持编写的《皇明祖训》中。明朝的对外睦邻友好政策取得了积极的反响，周边诸国不断遣使朝贡。据《明太祖实录》记载："洪武初，海外诸番与中国往来，使臣不断。"在洪武、永乐和宣德朝，一些国家的国王也纷纷前来南京访问，如浡泥（今文莱）、满剌加（今马六甲）国王等。明永乐六年（1408）秋八月，浡泥国王麻那惹加纳乃偕

图 13-5　浡泥国王墓（明珠 摄）

其妻、子、弟、妹、亲戚和陪臣共150余人远涉重洋，前来中国进行友好访问，在南京受到明永乐皇帝朱棣隆重的接待。同年十月，国王忽染急病，经太医会诊抢救无效，病故于会同馆，年仅28岁。去世前留下遗言，希望“体魄托葬中华”。明成祖朱棣满足其遗愿，以王侯之礼将他厚葬于南京城南的石子岗，谥恭顺王，并派人世代守墓，由此留下一段中文两国人民友好交往的动人故事。明永乐九年（1411），满剌加国王拜里迷苏剌率其妻子及陪臣540余人来访，来南京朝见的当天就受到永乐帝的亲自设宴款待，而且赏赐极丰。此后，满剌加国王多次来南京访问，成为中外关系史上的一件盛事。与此同时，日本、高丽、琉球、暹罗（今泰国）等国，纷纷派遣留学生到南京国子监学习，通常有20人左右。明代南京对周边国家和地区的影响力既深且远。在此后相当长一段时间内，南京在日本就是中国的代名词，“南京町”成为“中华街”的代名词。

自明朝初年开始，在聚宝门（今中华门）外设立钦天回回监，在聚宝山（今雨花台）设立测候台（钦天回回台），聘请回回天文历法学家黑的儿、郑阿里、马德鲁丁、伍儒、温尔里、珀珀、迭里月实、贝琳等人进行天文、历法观测和研究。

对于伊斯兰教（当时称为“回回教”），明朝统治者实行宽柔相济政策，在聚宝门外修建回回礼拜寺、在三山街修建净觉寺，推动了伊斯兰教在南京传播，明代南京有清真寺8座，其中净觉寺是中国伊斯兰教的中心和推动伊斯兰教本土化的“金陵学派”诞生地。出生于南京的伊斯兰教著名学者王岱舆曾在南京进行宗教活动，他的主要著作有《正教真诠》《清真大学》《希真正答》等，他是伊斯兰教汉文译著的开拓者，与马注、刘智、马复初被称为回族四大著作家。明朝后期，南京以其包容开放、海纳百川的特质，成为西学东渐的重要场所。意大利籍天主教传教士利玛窦万历年间三度来到南京，在南京承恩寺

（今中华路水游城）、正阳门西营崇礼街（今大光路大阳沟）、中山门外居住期间，广交各界名流，如叶向高、瞿太素、李贽、徐光启等人，在传播西方天文、数学、地理等科学技术知识，促进中西交流方面做出了重要贡献。他在南京崇礼街神甫住所设置的小圣堂是南京历史上第一座天主教教堂。他在南京与大学士、科学家徐光启合作，翻译了世界数学名著《几何原理》。

明朝对外交流的巅峰当属郑和下西洋。为发展海上经济贸易，增进国与国之间的友好交往，展示大明国际形象（一说是为了寻找失踪的建文帝），在 1405—1433 年的前后 28 年间，著名航海家、外交家郑和七下西洋。他率领大明王朝的 200 多艘帆船航行在西太平洋和印度洋海域上，前后途经 30 多个国家和地区，最远到达西亚和非洲东海岸，比意大利航海家哥伦布 1492 年发现美洲大陆早 87 年，是人类航海史上的最伟大壮举之一。跟随郑和船队下西洋的随行人员中，马欢著有《瀛涯胜览》，费信著有《星槎胜览》，巩珍著有《西洋番国志》，

图 13-6　郑和下西洋航海图（又名《古今对照郑和航海图》，该图由海军海洋测绘研究所编制，航线由大连海运学院航海史研究室校订）

分别记载了航海途经国家和地区的历史、地理、人物、宗教、风俗、物产状况，扩大了人们的视野。郑和下西洋还留下了《自宝船厂开船从龙江关出水直抵外国诸番图》（简称《郑和航海图》），收录在茅元仪的《武备志》中，是世界上现存最早的航海图集。2010年，跟随郑和下西洋的副使洪保的墓葬在祖堂山被发现，出土的墓志佐证了郑和下西洋的事实。

第三节　晚清民国西学东渐

中英鸦片战争后，随着1842年《南京条约》的签订，中国被迫对外开放。目睹清廷的腐败落后和西方先进的科技文化，有“睁眼看世界”第一人之称的魏源在其所著《海国图志》里首次提出“师夷长技以制夷”的思想，洋务派代表人物之一张之洞提出了“中学为体，西学为用”的主张，西学东渐成为一股不可阻挡的潮流，而南京则成为这个时代的弄潮儿。

19世纪60—90年代，针对中国面临的“数千年来未有之变局”和“数千年来未有之强敌”，清朝洋务派进行了一场以引进西方军事装备、机器生产和科学技术来挽救清朝统治的自救运动，史称“洋务运动”。1861年，两江总督曾国藩创办安庆内军械所，1864年迁到南京，改称金陵军械所，由徐寿、华蘅芳等人在南京长江边研制出我国第一艘机动轮船“黄鹄”号并试航成功。1865年，署理两江总督李鸿章将苏州洋炮局迁到南京，创办金陵机器制造局，专门制造枪炮。1881年，两江总督兼南洋大臣刘坤一在金陵机器制造局内设置江南官电局，这是南京最早的地方官办电报机构，次年，南京至镇江的电报线正式开通。1890年，两江总督兼南洋大臣曾国荃经海军衙门批准，在南京创立江南水师学堂，专门培养海军人才。1896年，两江总督兼南洋大臣张之洞创办江南陆师学堂及附设矿路学堂，专门培养陆军人才和实业人才。1897 年，为了遏制外国银元的大量涌入，维护清政府金融秩序，两江总督兼南洋大臣刘坤一创办江南铸造银元制钱总局。同年，镇江邮政局在南京贡院街设立南京邮政支局，标志着南京邮政事业的开始。1900 年，江南官电局在南京太平南路润德里建立“德律风总汇处”，设置 50 门磁石式交换机一台，实装 16 部电话，南京成为我国较早开通市内电话的城市。1910 年，两江总督兼南洋大臣端方拨款在南京西华门外设立金陵电灯官厂，南京开始有了电灯照明，等等。这一时期的“西学东渐”以模仿西方兵工、培养军事人才及学习西方科技为特征，促进了我国军事科技的近代化进程。尤其值得一提的是，1870 年，两江总督曾国藩、江苏巡抚丁日昌等人根据容闳的倡议，联名上书清廷，请求派遣留学生出国；1871 年 8 月同治帝批准并拨付 150 万美元专款后，曾国藩在两江总督署与容闳商定派送留洋学生的数额、设立预备学校、筹定留学经费、酌定出洋留学年限，以及设置留学事务所等事宜，由

图 13-7　基督医院旧影

此促成了1872—1875年间120名中国留学生分四批赴美的历程，开启了中国留学生公费出国学习先进科学技术和文化的先河。

与此同时，西学东渐也体现在西方输入宗教、医学、教育、慈善等方面，由西方人创办的教堂、医院和培养新式人才的教会学校陆续在南京建立，如石鼓路天主堂、四根杆子（今莫愁路）基督教汉中堂、太平南路基督教圣保罗堂、金陵神学院、基督医院、汇文书院、基督女书院、基督书院、益智书院、明德女校、畲清女校等。晚晴民国时期的南京，不仅是基督教的传教中心，还是中国伊斯兰教和天主教的中心。

1899年春，南京作为通商口岸正式实现对外开放，外国商人、传教士和游客随之蜂拥而来，下关一带，商铺街、大马路、二马路、金陵关、邮局、饭店、车站、码头等陆续修建起来。1900年义和团运动爆发后，八国联军乘机发动侵华战争，攻入北京城。次年，清政府被迫签订丧权辱国的《辛丑条约》。同年，清政府宣布实行"新政"，进行政治、军事、法律、教育和社会方面的改革，而"废科举，兴学堂，派留学"是"新政"的一项重要内容。

1902年，两江总督刘坤一将文正书院改为上元、江宁两小学堂，钟山书院改为江宁府学堂。刘坤一病逝后，署理两江总督张之洞于北极阁之南筹办三江师范学堂，1904年正式招生入学，首任总办（校长）杨觐圭。它是清末实施新教育后规模最大、设计最新的一所师范学堂，也是中国近代师范学堂之嚆矢。学堂模仿当时的日本教育体制，以"中学为体、西学为用"为办学方针。1905年，两江总督端方在南京薛家巷创办暨南学堂，这是我国国内第一所专门培养华侨子弟的学堂。1906年，三江师范学堂改名为两江优级师范学堂，李瑞清担任监督（校长）。1911年武昌起义后因战事停办。在李瑞清的主持下，学堂发展为东南第一学府，培养出一批优秀人才。今天的南京大学和东南大学即起源于此。1907年，两江总督端方奏请清廷许可，在龙蟠里惜阴书院旧址建藏书楼，并委派缪荃孙为总办（相当于馆长）、陈庆年为坐办（相当于副馆长）。藏书楼珍藏宋、元、明、清各代秘籍珍本、名家批校本、精抄本共达5万余册。1910年12月19日正式对开馆，定名为江南图书馆，它是中国第一座公共图书馆，也是南京图书馆的前身。

宣统二年四月二十八日至十月二十八日（1910年6月5日至11月29日），清政府在南京举办的南洋劝业会，是我国首次举办的大型国际博览会。该会有全国22个省和国外14个国家参加展览，参展展品共分24部、440类，总计约100万件。异彩纷呈的展览形式、琳琅满目的参展展品、丰富多彩的论坛，以及剧院、游艺场、马戏团和专供参观用的小铁路等娱乐设施，吸引了近30万的观摩者，包括来自美国、日本等国的考察团，对于开拓国人视野、推动工商业和技术进步、促进南京城市现代化进程、加强中外科技和文化交流，都具有开风气之先的作用。

图13-8　南洋劝业会开幕式场景

民国南京的中外文化交流，更多地体现在对外来文化的吸收。

以教育为例，1912 年南京临时政府成立后，教育总长蔡元培参照日本明治维新后的新学制，在清政府 1902 年“壬寅学制”和 1903 年“癸卯学制”的基础上，进行一系列教育改革，逐步废除封建教育制度。当年 9 月颁布《学校系统令》，即“壬子学制”；1913 年 8 月，对“壬子学制”进行补充完善，又陆续颁布了各种学校规程，涉及各类学校的目的任务、课程设置、学校设备、入学条件、教职员任用、经费及领导管理等方面，史称“癸丑学制”。民国初年的学制改革，将教育年限缩短到 18 年，废除了封建特权和等级限制，明确了男女共享教育的权利，增加了自然科学课程和劳动生活技能训练等。1922 年 11 月，教育部针对现有教育制度的不足，进一步吸收西方教育理念，以大总统令颁布《学校系统改革案》，史称“新学制”或“壬戌学制”，由此形成我国现代教育体系。“新学制”根据少年儿童身心健康发展特点，以学生为中心，重视平民教育、师范教育和职业教育等，规定中

图 13-9　晓庄师范学校旧影

小学教育采用两段式的“六三三”学制，即小学6年，其中初级小学4年，高级小学2年；初级中学3年；高级中学3年；大学4到6年，另设师范学校和职业学校，同属中等教育。“六三三”学制因符合中国的实际情况，一直沿用到今天。民国时期，南京涌现出一大批著名的与国外教育制度接轨的学校和幼儿园，如南京高等师范学校（先后更名国立东南大学、国立第四中山大学、国立中央大学）、金陵大学、金陵女子大学、河海工程专门学校、晓庄师范学校、国立戏剧专科学校、国立音乐院、南京高等师范附属中学、南京第一中学、金陵大学附属中学、钟英中学、汇文女子中学、明德女子中学、南京市第一模范小学、晓庄师范附属小学、力学小学、鼓楼幼稚园、燕子矶幼稚园等。同时，受到西方文化影响，这一时期南京还产生了国立编译馆、中央地质调查所地质矿产陈列馆、国立中央博物院筹备处、国史馆、国立美术陈列馆、国立中央图书馆、国学图书馆、孟芳图书馆、江苏省民众教育馆、秀山公园（又名第一公园）、五洲公园（又名玄武湖公园）、鼓楼公园、公园路体育场、中央体育场等一批著名的文化翻译引进机构、文博场馆、公园和体育场，它们在传播科学文化知识、推进学术研究、促进社会进步、培养各类人才、提高全民素质等方面发挥了积极作用。

在科学研究方面，由胡明复、赵元任、周仁、秉志、任鸿隽、杨杏佛、过探先、章元善、金邦正9人于1914—1915年间在美国发起成立的中国科学社，以任鸿隽为首任社长，宗旨是“提倡科学，鼓吹实业，审定名词，传播知识”，同时创办《科学》杂志。1916年在南京建立支社。1918年10月，总部迁到南京，直到1931年总部迁到上海新址为止。中国科学社在南京的12年，为中国近代科学事业的发展做出了巨大贡献。它在普及科学知识、创立科研机构、集成科研群体，以及推动中国科学体制化的形成、促进近现代高等教育的发展等方面，起到了重要作用。

1928 年 6 月 9 日，民国学术研究最高机关——国立中央研究院的成立更是意义重大。该院完全仿照西方的科研体系设立，它的成立，标志着我国科学体制化的正式形成，并走上与国际体制接轨的道路。中央研究院任务主要有两方面：一是从事科学研究；二是指导、联络、奖励学术研究。1928 年中央研究院成立后，陆续按学科分科设置各研究所，到 1937 年全面抗战爆发时为止，已设立物理、化学、工程、地质、天文、气象、历史语言、心理、社会科学及动植物十个研究所。除理、化、工三研究所设在上海外，其余各所均设于南京，并在南京成贤街旧法制局内设立总办事处（北极阁新址落成后，办事处迁往新址办公），以办理全院一般行政事宜。其中气象研究所于 1929 年建成的气象台，是我国第一座现代意义上的气象台；而天文研究所于 1934 年建成的紫金山天文台，标志着我国现代天文学研究的开始，被誉为“中国现代天文学的摇篮”。抗战期间，中央研究院各研究所分设于重庆、北碚、

图 13-10　紫金山天文台鸟瞰（明珠　摄）

李庄、昆明四区。抗战胜利后，数学研究所、物理研究所、化学研究所、动物研究所、植物研究所、医学研究所筹备处、工学研究所、心理学研究所八单位，暂设于上海，总办事处及天文、地质、气象、历史语言、社会五个研究所，共六单位，设于南京。中央研究院的首任院长是蔡元培，继任院长为朱家骅。中央研究院设有全国最高学术评议机关——学术评议会，对内促进学术进步，对外谋求国际合作。1948 年 3 月 27 日，中央研究院第二届评议会第五次年会选举姜立夫等 81 人为中央研究院院士。1949 年 10 月，中央研究院留在大陆的各机构都被中华人民共和国中国科学院接收，为新中国科学研究事业的发展奠定了基础。

民国南京的西学东渐还体现在城市规划设计上。鉴于首都南京是中外观瞻之所系，为提升南京的城市形象，将南京打造成世界一流大都市，1928 年 1 月，国民政府专门成立了首都建设委员会，并在首都建设委员会下面设立了国都设计技术专员办事处，负责制定首都南京的城市规划。美国建筑师墨菲、古力治等人被聘请为顾问。在工程建设组主任孙科的直接领导下，经过一年多的努力，《首都计划》于 1929 年 12 月 31 日正式公布，其内容包括史地概略、百年后的人口预测、首都界限、中央政治区地点、市行政区地点、建筑形式、道路系统、水道改良、路面、市郊公路、公园和林荫大道、交通管理、铁路与车站、港口与飞机场、自来水与电厂、排水系统、市内交通设备、电线与路灯、公营住宅、学校、工业、浦口开发计划，以及实施程序、款项筹集等方面，并附有各类地图、模型图、设计图、效果图、照片等将近 70 幅。该规划的制订，也使得南京成为我国历史上第一座按照国际标准，运用西方都市的现代功能、技术，采用棋盘街和放射状规划模式，进行综合分区规划的城市，奠定了现代南京城市布局的基本框架。

第四节　当代交流互鉴

1949 年新中国成立后，到 1978 年改革开放前，南京的对外交流基本上是以政府间交流为主，服务于国家外交工作。

1978 年改革开放以来的 40 余年，是南京打开城门、拥抱世界、融入全球的 40 余年。在这 40 余年里，南京的对外交流发生了巨大变化，呈现出政府与民间交流全面繁荣景象。大致可以分为三个阶段。

第一阶段是虚心学习阶段。这一阶段，主要是向其他国家尤其是发达国家学习并借鉴先进的科学技术、管理经验等，以改革传统的计划经济体制，尤其注重招商引资，通过吸引外资，发展南京经济，加快建立社会主义市场经济体制。

第二阶段是学习与传播并重阶段。这一阶段，我国的经济、社会、文化发展取得了巨大进步，积累了宝贵的经验，在对外交往过程中，既招商引资，更注重招才引智；既向发达国家学习和借鉴，又积极传播我国改革开放以来取得巨大发展的经验和做法。

第三阶段是重在传播中华文化阶段。这一阶段，我国的政治经济制度更加成熟完善、经济体量更加庞大、社会管理更加科学、人民生活更加富足，中国在国际上的地位与日俱增，中国的吸引力和影响力日益扩大，通过展现南京，让世界了解真实、立体、全面的中国，成为当务之急。因此，现阶段在经济交往过程中，我们应更加注重人文交流和传统文化的弘扬，我们走出去的目标对象不再仅仅集中于欧美主要发达国家，而要更加关注“一带一路”沿线国家。

海内存知己，天涯若比邻。自 1979 年 11 月 2 日南京与美国圣路易斯市结为友好城市（Twin Cities）以来，对外友好交流和开放合作深入开展。截至 2021 年 12 月，南京已在全球结交了 23 个友好城市、76 个友好合作城市，共计 99 个，遍及五大洲 52 个国家。其中，亚洲友城21个，欧洲友城43个，非洲友城7个，美洲友城25个，大洋洲友城3个。南京与友好城市的官方和民间交流，不仅促进了南京和友城的经济发展，而且为讲好中国故事南京篇章做出了重要的贡献。

2014年3月27日，习近平主席在法国巴黎联合国教科文组织总部发表演讲时强调："文明因交流而多彩，文明因互鉴而丰富。文明交流互鉴，是推动人类文明进步和世界和平发展的重要动力。"回顾南京的对外交流历史，我们可以发现，南京正是通过文明的交流互鉴，以文明交流超越文明隔阂、文明互鉴超越文明冲突、文明包容超越文明优越，从而增强了与国外城市的民心相通，促进了相互之间的经济、文化、科技和教育等方面的发展；而中外文明的交流互鉴，又铸就了南京海纳百川、开放包容的城市精神。

第十四章

大江东去今胜昔

南京是江苏省内唯一的跨江发展的城市，拥有约190千米长的长江主岸线，占江苏省内长江岸线总长的23%。长江对于南京城市文明的起源、变迁和未来发展都起着至关重要的作用。长江孕育了南京生生不息的地域文明，成就南京中华古都的历史地位，深刻影响了历代南京的城市建设和发展格局，也为当前和未来城市生态文明建设提供了空间廊道和创新载体。

从源头上看，早在6000多年前，长江的支流秦淮河哺育了南京早期文明，奠定了南京在整个长江下游地区的文明根基。南京早期的考古学文化类型如北阴阳营文化、点将台文化、湖熟文化和吴越文化等，均属于典型的长江文化。南京依托长江成为我国历史上长江流域唯一的统一王朝的都城。在中国近现代历史发展过程中，南京见证了从中英《南京条约》签订到中国人民解放军取得渡江战役胜利，再到中国第一座自主设计建造的南京长江大桥建成等一系列重大历史事件。可以说，没有任何一个其他长江沿线的城市可以像南京这样清晰地展现中国近代历史的沧桑，集中体现中华民族的不屈和抗争。近年来，南京贯彻落实长江经济带“共抓大保护、不搞大开发”的精神，贯彻“绿水青山就是金山银山”的发展理念，坚定不移抓好长江环境问题整改、生态修复和产业布局优化，推动长江环境质量持续改善。

第一节　长江成就了南京中华古都地位

滚滚长江在苏皖交界一带，受江南山势阻遏，由西南折向东北，直到南京城北下关附近，突然以近乎垂直的转折再向东行，形成一个“厂”字形的大曲折。江南地区因此被称为“江左”“江东”。由于长江在南京这一段的独特走势，使得南京成为长江下游地区最接近淮河，也最接近中原地区的城市，历史上割据江南的政权一方面需要长江天堑来防守北方入侵，一方面也需要在区位上足够抵近中原，随时储备力量，开展北伐，南京恰恰是最满足这一要求的地区。这给中华文明进程带来了深远的影响，其中一个重要的结果就是南京成为长江流域唯一的四大古都城市。

东汉末年，割据东南的孙权选择定都建业，首开南京建都史。孙吴政权在建业城西部沿江山脉建石头城，其西就是浩荡的长江。

历代帝王将相选择定都南京，有一个最重要的因素，就是天堑长江。正如南宋史学家郑樵《通志》所言：“建邦设都，皆凭险阻。山川者，天之险也；城池者，人之阻也；城池必依山川以为固。大河自天地之西，而极天地之东；大江自中国之西，而极中国之东。所以设险之大者，莫如大河；其次，莫如大江。故中原依大河以为固，吴越依大江以为固。”

朱偰在《金陵古迹图考》中也指出，南京“居长江流域之沃野，控沿海七省之腰膂，所谓‘龙蟠虎踞’‘负山带江’是也”。自孙吴开始成为都城后，续以东晋、宋、齐、梁、陈历朝为都，号称“六朝古都”。这其中，长江所起的作用功不可没。

五代十国时期，南京成为南唐国都。南唐偏安江南，倚仗长江天堑，立国将近 40 年。

1368 年，朱元璋在应天府（今南京）称帝，以应天府为都城，改名南京，南京有史以来第一次成为统一王朝的都城。朱元璋认为：“今建业长江天堑，龙蟠虎踞，江南形胜之地，真足以立国。”明代南直隶管辖 14 府、4 直隶州、17 州、97 县。其中应天府跨过长江，自此，南京的辖区第一次真正意义上越过长江，成为跨江而治的城市。长江在世人眼中的形象为之一变，明代著名文人高启《登金陵雨花台望大江》赞美道：“大江来从万山中，山势尽与江流东。钟山如龙独西上，

图 14-1　应天府境方括图（《金陵古今图考》）

欲破巨浪乘长风。江山相雄不相让，形胜争夸天下壮。……我生幸逢圣人起南国，祸乱初平事休息。从今四海永为家，不用长江限南北。”明代都城西北以长江天堑为障，敌人难以近城，竭尽地利优势。明人杨荣《皇都大一统赋》称：“既渡江左，乃都金陵。金陵之都，王气所钟。石城虎踞之险，钟山龙蟠之雄。伟长江之天堑，势百折而与流。炯后湖之环绕，湛宝镜之涵空。状江南之佳丽，汇万国之朝宗。此其大略也。”

清代，南京一度成为太平天国政权都城。当时，洪秀全执意定都南京，认为南京地连三楚，势控三江，群山屏围，长江襟带，钟阜有龙蟠之像，石城有虎踞之形。

1912年，孙中山先生在此创立民国。他在《建国方略》之《实业计划》中盛赞：“南京为中国古都，在北京之前，而其位置乃在一美善之地区。其地有高山，有深水，有平原，此三种天工，钟毓一处，在世界中之大都市诚难觅如此佳境也。”1927年，国民政府定都南京，直到1949年4月南京解放。

可以说，南京是依托长江而成为推动中华文明连续发展的重要中华古都城市，是中国四大古都中唯一跨长江而立的古都。考古工作者先后发现的越城遗址、石头城遗址、六朝都城遗址、南唐都城遗址、明代都城遗迹等，均与长江有着密切关系。

第二节 长江见证了南京历代军事战争

由于长江在南京段有一个近乎90度的大拐弯，限制了城市北部和西侧的发展，这一独特的地理空间格局，决定了长江是南京最后的也是最为倚重的军事防线，因此在南京建都的历代统治者都非常重视长江一线的防御，南京历史上决定城市命运的重大战争大都发生在沿江一侧。

六朝时期，多次战争都发生在长江沿线，有晋灭吴之战，王敦之乱，苏峻之乱，刘裕攻建康之战，孙恩、卢循农民军袭建康之战，宋击刘休范之战，侯景叛梁之战，萧绎讨侯景之战，陈霸先袭杀王僧辩，北齐攻梁之战等。其中刘禹锡《西塞山怀古》一诗描写的就是晋灭吴的场景。

隋开皇八年（588）十月，杨坚以晋王杨广为最高统帅，率领大军南下平陈。隋军利用长江干流航道顺流而下，与此同时，隋军抓住有利时机从江北宣化渡渡过长江，迅速占领都城建康，从而取得平陈之役的胜利。

南宋初期，建康是南宋的抗金前哨，曾发生过多次抗金战役。其中发生在南京江面的是宋军于黄天荡（今南京龙潭）大胜金兵。据《韩世忠碑》记载，金兀术率军入侵后，与南宋军队在南京和镇江之间的江面黄天荡一带相持 48 天。兀术被困，自知力惫粮竭，久或生变，连夜开凿一条小河三十里，通达长江，逃之夭夭。黄天荡之战稳定了南方政局，在此后的 150 年内金兵再也没有渡过长江。

明建文二年（1400），燕王朱棣率军南下与建文帝争夺皇位，建文四年（1402）四月进至长江北岸。六月，统领水师镇守南京江防的陈瑄在燕军抵达浦口时，主动率水师迎降，使得燕军顺利渡过长江，谷王朱橞和李景隆等人打开南京城门投降，朱棣随即即位，改元永乐，是为明成祖。

中国近代史始于第一次鸦片战争，这次战争发生在广州却结束在南京的江面。1842 年，《南京条约》在南京静海寺议定，在停泊于长江江面上的英国军舰“康华丽”号上签订，这是中国与西方入侵者签订的第一份不平等条约。英军选择进军南京江面，与南京在明清漕运体系中的咽喉要道地位有关，侵入长江的英国舰队的翻译官马礼逊就

图 14-2 《南京条约》签约场景（美国画家 John Burnet 绘制）

说过：“燕京漕运，以江宁为咽喉，今但盘据江面，阻绝南北，即可要挟所求当无不如志。”

1937 年 12 月南京保卫战期间，日军一方面从东侧、南侧向南京发动攻击，同时也封锁长江江面，从江上攻击城内守军。12 月 12 日南京保卫战失利后，中国守军各部因撤退失序，均通过挹江门到下关渡江，而下关沿江码头仅有两三只渡船，导致成千上万的军民都拥挤在江边。还有大量无船可乘的老百姓，为了逃生，找来木盆、门板、树棍、竹竿等漂浮器材渡江，江面上哀声一片。13 日，南京在极度混乱中沦陷，日军开始了长达 6 个星期的惨绝人寰的南京大屠杀。

渡江战役是解放战争战略追击阶段第一个大的战役。1949 年 4 月 22 日，被称为“江北桥头堡”的江浦、浦镇、浦口得到解放，南岸的南京城门户大开。4 月 23 日，人民解放军第 35 军渡过长江，占领南京，将红旗插上“总统府”，南京宣告解放。

第三节　长江促进了南京“海丝”文化交流

中国四大古都中，唯独南京具有海洋文化因子，因其通江达海的独特地理区位。古代的长江口就在今扬州以东不远处，当时国内外的各类船舶可以直接驶入南京。如六朝时期有著名的“石头城”，城下即有停靠江海船舶的国际性港口“石头津”。据《晋书·五行志》记载，石头城旁的江面上，商旅船只最多时达到万艘，可见其水上交通之盛。

孙吴黄武五年（226），吴王孙权派遣朱应、康泰等人出使南海诸国，经历和访问的国家有100多个。这是中国第一次派专使通过海上丝绸之路加强对外政治、经济、文化联系，其意义不亚于汉代张骞、班超通西域。黄龙二年（230），孙吴船队抵达台湾，也是首次见诸史籍的大陆与台湾交往。东晋和南朝常有船队从石头津出发，南至海南岛和东南亚、南洋诸国，北至辽东半岛、朝鲜半岛和日本，进行海外贸易。建康输出的货物主要是丝织品，输入的则有琉璃、象牙、犀角、珍珠、珊瑚、玳瑁、木棉、香料以及珍禽异兽。这种交流不仅丰富了建康人的物质和精神生活，开阔了他们的眼界，也促进了商业经济与手工业技艺的发展。据统计，六朝时有20多个国家和地区的100多批使臣来到建康，其中有位于海上丝绸之路“南海线”的扶南国、林邑国、师子国、天竺国、诃罗单国、波斯国、婆达国等，有位于“东海线”上的高句丽国、百济国、新罗国、倭国等。此外，还有不少南亚及东南亚地区的高僧、商舶经海路到达建康。外国使者来到中国后，除购求佛教和儒家经典外，还聘请中国的学者、工匠、画师去外国。梁元帝萧绎所画《职贡图》中有倭国、百济、波斯等数十国使臣形象。在此过程中，南京发挥了引领“海上丝路”由传统的南海区域向东海和黄海区域延伸的重要作用，并且把“海丝”与长江相联系，南京也由此成为连接海上丝绸之路“南海线”与“东海线”的中心城市。也正因为如此，今天保存下来的最早记录通过海上丝绸之路进行跨国文化交往的重要典籍，如孙吴康泰的《吴时外国传》（辑本）、万震的《南州异物志》（辑本），东晋法显的《佛国记》等，都与南京密切相关。

明朝立国之初，太祖朱元璋即展开和平外交活动，连续派出外交使团出访日本、高丽、安南等36国。成祖朱棣登基后，自永乐三年（1405）到宣德八年（1433）的28年间，由郑和统领的庞大船队七下西洋，远航十余万里，到访三十余国，成为世界航海史上的壮举。航行所需要的大型海船大多在下关附近的宝船厂打造，《自宝船厂开船从龙江关出水直抵外国诸蕃图》详细说明了南京对海上丝绸之路的贡献。如今，作为这一壮举决策地、造船地与始发地的南京，已经成为海上丝绸之路申报世界文化遗产的联合申遗城市。

图 14-3　宝船厂示意图（《自宝船厂开船从龙江关出水直抵外国诸蕃图》局部）

图 14-4　宝船厂作塘遗址（南京市考古研究院 提供）

近现代南京仍然是我国重要的海港城市，也是活态的“海上丝路”城市的重要一环。1842 年，从海上侵略中国的英国军舰在南京下关强迫清政府签订了中国近代第一个不平等条约——《南京条约》；民国初年，孙中山先生在《建国方略》中也曾指出，南京拥有“横贯大陆直达海滨之干线”的优势地位。

当代南京被国务院定位为“长江国际航运物流中心”，国家正在进行的长江口至南京 12.5 米深水航道疏浚工程，将确保南京历史上曾拥有的“海港城市”地位的复兴，使南京真正成为长三角辐射带动中西部地区融入海洋区域发展的重要门户城市，成为将国家“一带一路”和“长江经济带”两大战略有机融合的重要节点城市。

据调查，从公元 3 世纪上半叶的孙吴时期一直到明代中后期，南京都有海上丝绸之路文化遗产保存至今。郑和及其下西洋活动更是在南京留下了诸多遗迹，包括宝船厂遗址、郑和墓、马府街“郑和府邸”

遗迹、大报恩寺遗址、洪保墓、静海寺遗址、天妃宫碑、净觉寺遗迹等，以及当时因到南京互通友好却不幸病故于此的浡泥（今文莱）国王墓等。

留存至今的南京海上丝绸之路的文化遗产，具有承载和见证中国古代由国家力量主导的经由海上丝绸之路与世界相关国家进行经济、政治、文化、技术、思想、宗教以及商品、知识和价值交往互动的多重价值。目前，南京市正在积极推动南京“海丝”申遗工作，确定将宝船厂遗址、浡泥国王墓、郑和墓、洪保墓4处史迹列入“海上丝绸之路”申遗点。

第四节　长江蝶变为南京生态文明廊道

长江水资源丰富，滋养着沿线的城市与乡村。南京作为一座特大城市，“靠江吃江”，全城90%的城市供水依赖长江，全市10个城市集中饮用水源地全部集中分布在长江沿线，如南京最早的自来水厂——北河口水厂的取水点即位于河西新城与江心洲间的夹江，今天仍是南京最大的水厂。

南京地处长江下游，是典型的“洪水走廊”，汇集了上游180多万平方千米的来水，每到汛期，大量的洪水过境给南京城市的防汛安全带来了空前的压力，长江洪水导致的水灾见诸南京历代方志史籍。实现江水安澜和水资源的有效供给保障，也一度成为南京市各级党委、政府和人民群众的夙愿。改革开放以来，南京市通过实施长江堤防达标工程，使江堤的防洪标准由过去的50年一遇提高到100年一遇。此外，水利部门还在秦淮河、水阳江、滁河以及石臼湖、固城湖等重要水系进行堤防改造工程，水利基础设施抵御洪涝灾害的能力和标准不断提高，南京人已不再谈（洪）水色变。

南京依水而建，因水而发展，密布的水网不仅给古城增添了灵气，更是山水园林城市的一大特色。着力打造城市优美的水环境，也是南京人积极探索的一道新课题。南京城市能够在水环境方面取得较好的工作成绩，也是依赖于长江。南京水利部门在主城区内外河道水系中设立了三汊河口闸、南河闸、莲花闸、武定门节制闸、天生桥套闸、秦淮新河闸等“六闸联动”，不断调取长江水灌注城区水系河道，有效地调节和控制了城区河道水位，确保水质的达标，让这些城市河道与周边的环境融为一体，而健康的水生态是“流动的河，美丽的河，繁华的河”目标得以实现的前提和基础。

近年来，南京坚持还江于民、还岸于民，通过严控污染等方式，将岸线清理与环境综合整治相结合，因地制宜开展岸线修复与打造提升，全面加强长江岸线保护。据不完全统计，经过近年来的持续整治，南京市长江生态岸线比例已经从 2017 年的 66.2% 增加到目前的 80.26%。

为了加强文旅融合，南京在长江文化保护利用等方面做了积极探索。一是在保护传承中挖掘长江文化内涵。坚持保护为先，完成宝船厂等保护规划，建成南京城墙博物馆等项目。二是在生态修复中彰显长江文化特质。以“长江文化”为内核，建成“一江两岸”滨江绿道，幕燕滨江、鱼嘴公园等修复项目成为网红“打卡地”。三是在文旅融合中提升长江文化价值。以长江文化为内核，打造牛首山、栖霞山等文化旅游品牌，推出长江下游唯一滨江游轮线路“长江传奇”等拳头产品。四是在城市更新中注入长江文化活力。深化人民城市理念，以“微更新”推进颐和路、长江路等历史文化街区保护利用，有机更新浦口老火车站等片区，让历史文化和现代生活融为一体。同时，建成江苏大剧院、国际青年文化中心、江北新区市民中心、南京江心洲长江大桥（南京长江第五大桥）等一批长江沿线功能类型多元的公共建筑。

目前，南京正充分利用长江岸线附近丰富的历史文化遗存和自然风光景观，发展文旅融合业态。依托长江这条“黄金水道”，南京通过发展游轮观光旅游，促进“黄金水岸”的生态保护和合理利用。

大事记

距今 50 万年前

南京汤山一带已有人类活动。

距今 10 万年前

南京地区的长江南北已有旧石器时代早期先民活动。

距今 1.1 万年前

南京先民已经开始制作陶器。

距今 6000 年左右

南京地区先民在长江南岸的秦淮河、金川河（包括玄武湖）、古丹阳河（胥河）和长江北岸的滁河水系建立了许多原始聚落，先后创造了南京北阴阳营文化、江宁点将台文化、江宁湖熟文化。

周

自商末太伯、仲雍奔吴始，南京地区先民陆续在秦淮河、水阳江、青弋江、姑溪河、慈湖河和长江两岸，建立众多聚落。

周灵王十三年（前559）秋，楚军伐吴，进驻长江北岸滁河下游的棠邑（今六合），棠邑成为南京最早见于历史记载的城邑。

周景王四年（前541），吴王余眛在今高淳区固城街道固城村创建濑渚邑（又名固城，亦名楚王城），成为南京长江以南建立的最早的一座政治、军事中心。

春秋末年，吴王夫差在今南京朝天宫建立一座规模较大的冶铸作坊，史称冶城。

周元王四年（前472），越王勾践派遣大夫范蠡在南京城南长干里修建军事堡垒越城（又名长干城、范蠡城），被认为是南京建城史的发端。

周显王三十六年（前333），楚威王熊商在南京石头山建金陵邑，标志着南京主城区设置行政区划的开始。

秦汉

秦始皇三十七年（前210），改金陵邑为秣陵县，金陵邑城遂为秣陵县治，治所位于秦淮河中游的今江宁区秣陵街道。

光和四年（181），立《汉溧阳长潘乾校官碑》（即《校官之碑》），该碑是南京和江苏地区发现的最早碑刻。

建安十六年（211），孙权自京口（今镇江）徙治秣陵。次年（212），改秣陵为建业，并在石头山楚国金陵邑故址上修筑石头城，作为军事堡垒和屯粮之所。

六朝

孙吴黄龙元年（229）四月，孙权于武昌（今湖北鄂州）称帝；九月迁都建业（今南京），此为南京建都之始。

孙吴黄龙二年（230），派将军卫温、诸葛直率领士兵万人乘船寻找夷洲（今台湾）和亶洲（今琉球），后得夷洲数千人而还。

孙吴赤乌三年（240），开凿城西南的运渎，连接秦淮河和皇宫后的仓城。八年（245），开凿破岗渎，筑方山埭，沟通秦淮河和三吴地区。

孙吴赤乌十年（247），康居国僧人康僧会自交趾（今越南）经广州北上来到建业，孙权在建业为其建立了江南第一座佛寺——建初寺。

东晋建武元年（317），司马睿创建东晋，以建康（今南京）为国都。

东晋义熙十三年（417），刘裕北伐后秦，迁后秦都城长安百工之人，在建康城南秦淮河畔斗场里设置“斗场锦署”，从此南京织锦业登上历史舞台。

刘宋元嘉十五年（438），宋文帝在建康设四学馆，由雷次宗主持儒学馆，何承天主持史学馆，何尚之主持玄学馆，谢元主持文学馆，首开中国分科教育之先河。

萧齐永明六年（488），祖冲之在乐游苑（今小九华山）造水碓磨。此前，他创造出《大明历》、千里船和指南车，计算出了中古时代最先进的圆周率的数值。

萧齐永明八年（490），谢朓作《入朝曲》，名句“江南佳丽地，金陵帝王州”流传千古。

萧齐中兴元年（501）至二年（502），刘勰著《文心雕龙》，作为首部体系严密的文学理论专著，在中国文学理论批评史上占有重要地位。

萧梁中大通三年（531），萧统去世。他组织编选的《文选》，是中国现存最早的诗文总集。

萧梁武帝时期（521—549 在位），徐陵受太子萧纲之命编写的《玉台新咏》，是汉代至南朝梁代的有关妇女的诗歌总集。

隋唐

开皇九年（589），隋文帝杨坚灭陈，统一中国，将建康城邑宫阙荡平为耕地，并在石头城设立蒋州。

仁寿元年（601），始建栖霞寺舍利塔，为五级方形木塔，为天下八十三州舍利塔之首。

贞观十年（636），法融来到江宁南郊牛头山幽栖寺北岩下，得禅宗四祖道信和尚传授，创立牛头宗。

上元三年（676），唐高宗李治撰文为栖霞寺创立者明僧绍立《明徵君碑》。

开元十三年（725）至上元二年（761），李白多次遍游金陵名胜，为南京作诗59首，其中《长干行》《登金陵凤凰台》《金陵酒肆留别》等是脍炙人口的千古名篇。

乾元元年（758），颜真卿担任昇州刺史。次年（759），书写《乌龙潭放生池》等碑记。

宝历二年（826），刘禹锡在和州（今安徽和县）任上创作《金陵五题》，此前创作《西塞山怀古》，抒发吊古伤今之叹。

太和七年（833）至大中六年（852），杜牧多次往来于金陵，留下《江南春》《泊秦淮》等名作。

五代十国

杨吴天祐十二年（915），杨吴政权的实际掌握者、齐国公徐温对金陵城进行大规模建设。至武义二年（920），金陵城竣工。

杨吴大和四年（932），徐温养子、镇守金陵的徐知诰在已筑金陵城的基础上拓广周围达二十里。

南唐昇元元年（937），徐知诰改金陵府为江宁府，并正式受杨吴禅让，在江宁即皇帝位，国号大齐。三年（939），徐知诰恢复其本姓李氏，更名为李昪，改国号为大唐，史称南唐。

保大八年（950），重修栖霞寺舍利塔，建成五级八面密檐式石塔。

宋

开宝八年十一月二十七日（976 年 1 月 1 日），金陵城被北宋和吴越联军攻陷，后主李煜被俘，南唐灭亡。

天圣七年（1029），建江宁府学于冶城故址文宣庙（今朝天宫），景祐元年（1034）迁至城南秦淮河北岸（今夫子庙）。

熙宁九年（1076），王安石二次罢相后定居金陵，留下了许多描写南京的作品，如《桂枝香·金陵怀古》等。元丰七年（1084），苏轼来到江宁，会晤隐退在半山园家中的王安石，写下《同王胜之游蒋山》《次荆公韵四绝》等作品。

乾道四年（1168），知府史正志在建康建贡院。次年（1169），重修建康府城及镇淮、饮虹两桥。

淳熙元年（1174），辛弃疾任职建康期间创作《水龙吟·登建康赏心亭》。

淳祐元年（1241），明道书院建成，后又建成南轩、昭明书院。

景定二年（1261），周应合纂《景定建康志》五十卷成。

德祐元年（1275），元兵占领雨花台，攻占建康城，改建康府为建康路。

祥兴二年（1279），抗元失利后被俘的文天祥，在被押解北上途经金陵驿时，创作《金陵驿二首》《酹江月》，为宋代慷慨爱国诗词之绝唱。

元

至元十七年（1280），白朴迁居建康，其重要著作多在此完成。

天历二年（1329），改建康路为集庆路。

至顺三年（1332），萨都剌移居建康，写下《满江红·金陵怀古》《念奴娇·登石头城》等多篇怀古作品。

至正四年（1344），张铉受聘纂成《至正金陵新志》十五卷。

至正十六年（1356），朱元璋攻占集庆路，改为应天府。

至正二十六年（1366），朱元璋下令在应天建造宫阙、城池，由刘基等卜地，定新宫于钟山之阳。

明

洪武元年（1368），朱元璋即皇帝位于应天府，改国号为明，以应天府为京师，改称南京。

洪武二年（1369），朱元璋诏修《元史》。

洪武十三年（1380），明孝陵开始修建，位于紫金山独龙阜玩珠峰下。永乐三年（1405）完工，前后达 25 年之久。

洪武十四年（1381），在城北鸡鸣山下修建国子监，至十五年（1382）完工。

洪武十八年（1385），在鸡鸣山上设观星台，由钦天监管理。

永乐元年（1403），朱棣令翰林学士解缙等人在南京编修《永乐大典》。

永乐三年（1405），郑和奉命首次出使西洋。至宣德八年（1433），郑和率领船队共七次出使西洋，其航线最远到达西亚和非洲东海岸。

永乐六年（1408），浡泥国王率领亲属及近臣 150 余人访问明朝，抵达南京，受到永乐皇帝盛情款待。后因染急症不幸病故，葬于南京城南安德门外乌龟山。

永乐十年（1412），明成祖朱棣敕工部在天禧寺原址建大报恩寺，并建大报恩寺琉璃塔，该塔被誉为“世界第八大奇观”。

永乐十六年（1418），明成祖下诏刻大藏经，版存金陵大报恩寺，称为《永乐南藏》。

永乐十八年（1420），明成祖朱棣下诏于次年迁都北京，改京师为南京。

正德十六年（1521），散曲大家陈铎撰成《滑稽余韵》，该书生动描绘了南京社会风俗，是文学史上独具特色的散曲集。

万历十五年（1587），汤显祖在南京任职时创作的《紫钗记》，是中国古典戏曲瑰宝，与《牡丹亭》《南柯记》《邯郸记》合称为“临川四梦”。

万历二十一年（1593），李时珍去世。二十四年（1596），《本草纲目》在南京刊印。

万历二十三年（1595），意大利籍天主教传教士利玛窦第一次来到南京；二十六年（1598）、二十七年（1599），又两度来到南京，得到许可在城内居住，并建立教堂，进行传教活动。

万历二十八年（1600），徐光启赴南京，从利玛窦学习天文、历算及枪炮等西方科技知识，并皈依天主教，与利玛窦在南京合作翻译了《几何原理》，后又译《泰西水法》《测量法义》《勾股义》等书。

天启七年（1627），胡正言编印的《十竹斋书画谱》刊行。

清

顺治元年（1644），福王朱由崧在南京登基，史称“南明”。

顺治二年（1645），清兵入南京，南明弘光政权灭亡，清廷改南京为南直隶，改应天府为江宁府。

康熙六年（1667），寓居南京芥子园的李渔创作中国戏剧理论重要著作《闲情偶寄》。

康熙十八年（1679），王概等人在南京编辑刻印《芥子园画传》，该书是中国流传时间最久、影响范围最广的古代中国画启蒙教材。

康熙二十三年（1684），康熙帝首次南巡至南京，同年，康熙《江南通志》在南京刊刻成书。

康熙四十五年（1706），伊斯兰学者刘智的汉文译著《天方典礼》

在南京成书。

雍正元年（1723），两江总督查弼纳捐资建立钟山书院。

雍正九年（1731），两江总督尹继善等征集在籍儒臣，开局于南京，纂修《江南通志》。至乾隆元年（1736），乾隆《江南通志》付梓。

雍正十一年（1733），吴敬梓离开家乡全椒，寓居南京秦淮水亭。此后，他在南京写下中国讽刺小说的代表作《儒林外史》。

乾隆三十年（1765），曹雪芹完成《红楼梦》，这部具有世界影响力的中国古典小说，在创作原型、语言风格、人物形象等方面，皆与南京有紧密联系。

乾隆五十五年（1790），袁枚《随园诗话》首次出版，阐发“性灵说”，倡导真情、个性、诗才，是清代影响最大的诗歌评论著作。

道光十八年（1838），两江总督陶澍在南京创办惜阴书院。

道光二十二年（1842），由于在第一次鸦片战争中战败，清政府被迫与英国在停留在南京下关江面的“康华丽”号上签订了近代史上第一个不平等条约《江宁条约》（即《南京条约》）。

咸丰三年（1853），太平军攻克南京，改名天京，定为都城，正式建立了与清王朝相对峙的太平天国政权。

同治三年（1864），两江总督曾国藩迁安庆内军械所至南京，改称金陵内军械所，由徐寿、华蘅芳等人在南京长江边成功研制出中国第一艘蒸汽机轮船“黄鹄”号并试航成功。

同治四年（1865），署理两江总督李鸿章将苏州洋炮局迁至南京，创办金陵机器制造局，专门制造枪炮。

同治七年（1868），杨仁山居士在南京创立金陵刻经处，首刻《净土四经》，“为近世佛教重光之始”。

光绪十四年（1888），美以美会传教士傅罗在南京创办汇文书院。

光绪十六年（1890），两江总督兼南洋大臣曾国荃在南京创办江南水师学堂，专门培养海军人才。

光绪十八年（1892），基督医院（俗称马林医院）在南京鼓楼落成使用。

光绪二十二年（1896），署理两江总督兼南洋大臣张之洞创办江南陆师学堂及附设矿路学堂。

光绪二十四年（1898），为配合戊戌变法，钟山、尊经、惜阴、文正、凤池、奎光六所书院改为府县学堂。变法失败后，学堂重新改为书院。

光绪二十八年（1902），署理两江总督张之洞奏请于北极阁之南筹办三江师范学堂，1904 年正式招生入学，成为清末实施教育新政后规模最大、设计最新的一所师范学堂。

光绪三十三年（1907），两江总督端方在惜阴书院旧址创办江南图书馆，缪荃孙任总办，为中国第一所公共图书馆。

宣统二年（1910），汇文书院与宏育书院合并，取名金陵大学堂。同年，历时半年的南洋劝业会在南京举行，为中国第一次举办国际性博览会。

民国

民国元年（1912），1 月 1 日，中华民国临时政府建立，孙中山在南京就任中华民国临时大总统。

民国四年（1915），8 月，南京高等师范学校开始正式招生，江谦任校长。9 月 17 日，金陵女子大学正式开学，美籍传教士德本康夫人任校长，设文、理两科。

民国十年（1921），9 月，国立东南大学正式开学，郭秉文任校长。

民国十二年（1923），陶行知等发起成立了平民教育促进会，并试办平民教育学校。同年，朱自清与俞平伯以白话写作同题散文《桨声灯影里的秦淮河》，成为现代文学史上的佳话。

民国十六年（1927），3 月，东南大学教授陶行知辞职赴南京郊外创办晓庄师范，同时创办附属晓庄小学。同年，国民政府决定将东南大学在内的八所院校合并改建为国立第四中山大学，主校址设在原国立东南大学。次年改称国立中央大学。

民国十七年（1928），2月，国立中央研究院天文研究所、气象研究所在南京成立，高鲁、竺可桢分别为首任所长。

民国十八年（1929），6月1日，国民政府举行孙中山灵柩奉安中山陵大典。

民国二十年（1931），中央体育场建成，全场可容纳观众6万人，其规模为当时“远东第一”。建成当年，在此举行了全国运动会。

民国二十一年(1932),6月,国立编译馆成立,隶属国民政府教育部,负责文化书籍及教科图书的编译和审查等。

民国二十二年（1933），4月，国立中央博物院筹备处成立，隶属教育部，以傅斯年为主任。

民国二十三年（1934），9月1日，中央研究院天文研究所举行紫金山天文台落成典礼，标志着中国天文学研究向前迈出了一大步，南京由此成为中国现代天文学的研究中心。

民国二十六年(1937),11月,国民政府决定迁都重庆,政府各机关、大中学校、科研院所等随之纷纷撤离南京。12月13日，日本侵略军攻占南京，制造了长达六周的惨绝人寰的大屠杀。

民国三十五年（1946），5月5日，国民政府在南京举行“还都”典礼，曾经外迁的文教单位、研究机构等相继回返南京。11月，南京市设立通志馆。

民国三十七年（1948），3月，国立中央研究院正式选举了第一届81名院士。

民国三十八年（1949），4月23日，南京解放，国民党反动统治被推翻。

主要参考资料

[民国]礼部纂修，[明]陈沂撰：《洪武京城图志·金陵古今图考》，南京出版社2006年版。

[民国]国都设计技术专员办事处编：《首都计划》，南京出版社2006年版。

[民国]朱偰著：《金陵古迹图考》，中华书局2006年版。

王伯敏主编：《中国美术通史》，山东教育出版社1987—1988年版。

蒋赞初著：《南京史话（上）》，南京出版社1995年版。

江苏省美术馆编：《六朝艺术》，江苏美术出版社1996年版。

丛文俊、刘恒等著：《中国书法史》（七卷本），江苏教育出版社1999—2002年版。

崔之清等著：《天国悲歌——太平天国兴亡实录》，南京大学出版社2000年版。

邹劲风著：《南唐国史》，南京大学出版社2000年版。

卢海鸣著：《六朝都城》，南京出版社2002年版。

周瀚光、戴洪才主编：《六朝科技》，南京出版社2003年版。

杨秉德、蔡萌著：《中国近代建筑史话》，机械工业出版社2004年版。

阮荣春、胡光华著：《中国近现代美术史》，天津人民美术出版社2005年版。

刘成著：《和平学》，南京出版社 2006 年版。

王志高、杨国庆著：《南京城墙志》，凤凰出版社 2008 年版。

范金民主编：《南京历史上的清官》，中国方正出版社 2009 年版。

南京市地方志编纂委员会编：《南京民族宗教志》，南京出版社 2009 年版。

叶兆言等撰文，俞康骏收藏：《老明信片·南京旧影》，南京出版社 2011 年版。

叶皓著：《重读南京》，南京出版社 2011 年版。

徐传德主编：《南京教育史》（第 2 版），商务印书馆 2012 年版。

王志高著：《六朝建康城发掘与研究》，江苏人民出版社 2015 年版。

吕凌峰、李亮著：《明朝科技》，南京出版社 2015 年版。

朱成山、李慧著：《第 21 次是国家公祭》，江苏人民出版社 2015 年版。

王露明、万宝宁编著：《南京历代非物质文化遗产》，南京出版社 2016 年版。

卢海鸣著：《南京民国建筑》，江苏凤凰美术出版社 2017 年版。

薛冰著：《格致南京》，东南大学出版社 2017 年版。

欧阳摩壹著：《南京历代经典书法》，南京出版社 2017 年版。

朱明娥著：《旷世城垣——南京明城墙》，南京出版社 2018 年版。

江苏省档案馆编：《江苏近代民族工商业档案史料研究成果汇编》，南京出版社 2018 年版。

雨花台烈士陵园管理局编著：《初心永恒——雨花英烈话语解读》，南京出版社 2018 年版。

中共南京市委宣传部、中共南京市委党史工作办公室编：《南京红色印迹》，南京出版社 2018 年版。

中共南京市委党史工作办公室编：《南京党史一百年（1921—2021）》，中共党史出版社、南京出版社 2021 年版。

《世界文学之都：南京》编写组编：《世界文学之都：南京》，南京出版社 2022 年版。

卢海鸣著：《南京文化概览》，南京出版社 2023 年版。

后　记

※

文化是一个国家和民族的灵魂，也是南京这座城市的底色和灵魂。为践行习近平新时代中国特色社会主义思想，以文化铸魂，以文化强市，建设“强富美高”新南京，中共南京市委组织部、南京市委宣传部、南京市委党校和南京市地方志办公室经研究决定，联合编纂一本既权威可靠、又通俗耐看的《南京历史文化干部读物》，作为全市机关干部培训读物，以激发机关干部热爱南京、建设南京、争为南京做贡献的热情。

为编好《南京历史文化干部读物》，我们邀请相关专家学者对这个选题进行反复论证，确定了编纂提纲。全书除《品读南京》之外，分为 14 章，共 29 万字，约 170 幅图片。承担撰写任务的作者均为社会知名度较高，并对南京历史文化研究造诣颇深的专家学者，具体分工如下：

《品读南京》，卢海鸣撰写；第一章，胡阿祥、薛冰撰写；第二章，王志高、邹劲风、朱明娥、曹志君、魏星、韩文宁撰写；第三章，宋世明撰写；第四章，欧阳摩壹撰写；第五章，王卫星、尹磊撰写；第六章，胡勇、杨荣良、米寿江撰写；第七章，王志高、卢海鸣撰写；第八章，万宝宁撰写；第九章，卢海鸣撰写；第十章，刘成撰写；第十一章，李琳琳撰写，范金民审稿；第十二章，朱成山、吴光祥、吴小宝撰写；第十三章，卢海鸣撰写；第十四章，干有成撰写；大事记和主要参考资料，徐智汇编。全书由卢海鸣统稿。

本书在组稿过程中，受邀的各位专家学者给予了大力支持，克服各种困难，慨然接受写作任务并准时交稿。著名作家叶兆言先生闻讯，欣然为本书作序。南京出版传媒集团（南京出版社）对本书的出版，提供了各种便利条件，在此，我们一并表示感谢。由于编写水平和时间有限，书中难免有疏漏和不足之处，敬请大家批评指正。